指向核心素养的学科作业设计与实施指导丛书

丛书主编 赵德成 李春密 张玉峰

Principle and Application of Schoolwork Design

作业设计原理与应用

推动教—学—评一致
促进学习方式变革

赵德成 ◎ 著

教育科学出版社
·北 京·

出 版 人　郑豪杰
责任编辑　张　霄　李馨宇
版式设计　宗沅书装　沈晓萌
责任校对　马明辉
责任印制　叶小峰

图书在版编目（CIP）数据

作业设计原理与应用 / 赵德成著. — 北京：教育科学出版社，2024.1
（指向核心素养的学科作业设计与实施指导丛书）
ISBN 978-7-5191-3628-4

Ⅰ. ①作…　Ⅱ. ①赵…　Ⅲ. ①学生作业—教学设计—中小学　Ⅳ. ①G632.46

中国国家版本馆CIP数据核字（2023）第230276号

指向核心素养的学科作业设计与实施指导丛书
作业设计原理与应用
ZUOYE SHEJI YUANLI YU YINGYONG

出版发行	教育科学出版社		
社　　址	北京·朝阳区安慧北里安园甲9号	邮　　编	100101
总编室电话	010-64981290	编辑部电话	010-64981248，64989436
出版部电话	010-64989487	市场部电话	010-64989009
传　　真	010-64891796	网　　址	http://www.esph.com.cn
经　　销	各地新华书店		
制　　作	北京思瑞博企业策划有限公司		
印　　刷	中煤（北京）印务有限公司		
开　　本	720毫米 × 1020毫米　1/16	版　　次	2024年1月第1版
印　　张	18.25	印　　次	2024年1月第1次印刷
字　　数	253千	定　　价	56.00元

推荐序

构建指向核心素养的作业设计理论与实践体系

近年来，随着我国教育改革的不断深化，一些长期制约教育事业发展的体制机制壁垒逐渐得到破解，一大批基层改革创新的经验、做法不断涌现，教育面貌正在发生格局性变化。其中，中小学生的“减负”工作就是教育改革过程中面临的一个大课题，也是推动教育回归本源、助力教育生态重塑的关键性举措之一。

2021 年 7 月，中共中央办公厅、国务院办公厅印发《关于进一步减轻义务教育阶段学生作业负担和校外培训负担的意见》(简称《意见》)，指出要全面提高学校教学质量，同时全面规范管理校外培训机构，优化教育生态，减轻学生作业负担与校外培训负担，缓解教育中的焦虑情绪，推动形成科学合理的教育教学模式。可以说，国家出台“双减”政策是深刻影响我国教育改革的战略性举措，是青少年健康成长的转型之路，它不仅回应了当下我国基础教育亟须解决的问题，在一定程度上推动了我国基础教育生态的重构，同时也对包括课内外教学、作业管理、考试与评价等在内的教育诸环节提出了新的要求，为培养德智体美劳全面发展的社会主义建设者和接班人创造了条件。

长期以来，作业的育人功能被严重窄化。在我国中小学教学实践中，作业主要承担了“练习与巩固课堂知识”这一功能，导致学生被困于大量费时、低效的重复性、单一性作业之中，参与热情不高，甚至丧失对学习的兴趣。那么，在“双减”政策下，如何将学生从繁重的课业中解放出来，同时又实现“提质增效”呢？ 这是不少一线教师面临的困惑与难题。《意见》明确提出，要在健全作业管理机制、分类明确作业总量、提高作业设计质量、加强作业完成指导、科学利用课余时间上下功夫。作业作为教学的重要组成部分，是培养核心素养及各学科素养的重要途径和手段。只有设计出有效、适度的高质量作业，才能充分激发学生的学习兴趣、巩固学习效果、发展学生的思维能力，从而真正发挥作业的育人功能。

近些年，随着课程改革与课程研究的不断深入，尤其在义务教育阶段新课程标准颁布之后，作业的教学诊断与教学改进功能逐渐引起了教育行政部门、教育工作者的密切关注，各方试图以作业设计为突破口，深化对作业设计的理论认识，提高作业设计的质量，丰富作业设计的实践，以此助力教育教学改革，提升学校教育质量，落实立德树人的根本任务。

在这样的背景下，教育科学出版社组织专家、学者编写的这套“指向核心素养的学科作业设计与实施指导丛书”是适时的，更是满足实践急需的。一方面，丛书依据国家政策对作业设计的新要求，针对学校、教师最为迫切的作业问题，指出了引领作业设计发展方向的新理念、新思路，深入探讨了作业设计促使深度学习真正发生的原理与机制，构建了指向核心素养的作业设计理论与实践体系；另一方面，丛书根据不同学段、学科的特点，提炼出了符合核心素养要求、具备创新特色的作业设计的具体路径与策略，并借助一系列优秀的作业设计案例，引导一线教师真正掌握作业设计的规范流程和设计方法。事实上，优质的作业设计不仅要发挥巩固所学、拓展思考和整合课堂教学内容的基本功能，同时还必须充分体现情境性、开放性、创新性、个性化等设计原则。我相信，在这套丛书的指导下，教师们能够设计出激发学生自主学习、探究实践的动力，让深度学习真正实现的高质量作业，从而将发展核心素养落到实处。

当然，核心素养视域下的作业设计发展和创新不可能一蹴而就，对于作业设计理论和实践研究的深化仍需要更多的教育工作者贡献智慧、不断探索。我衷心地希望，这套丛书能够起到“先行者”和“探路人”的作用，在此基础上不断涌现出更多关于新时代作业设计的理论研究与实践创新，大大丰富我国高质量教育建设体系中的相关理论成果，满足教育实践中的现实需求，切实帮助一线教师提高作业设计水平，让作业回归“立德树人”这一最本真的功能，让学生能够通过作业真正学习知识、提升能力、提高素养，成为能学、乐学之人，砥砺品格，增长本领，最终成长为社会发展、国家建设、民族复兴的栋梁之材。

我相信，本套丛书的出版，对于丰富作业设计的基本理论和实践策略，进一步引领一线教师探索核心素养导向的作业设计，充分发挥作业在育人中的独特作用，都具有重要的指导意义和参考价值。

田慧生

序言

作业设计很重要。

说它重要，不仅仅因为它能带领学生预习新知、巩固旧知，或将知识向更宽领域、更高水平拓展延伸，还因为它深刻体现了教师的儿童观、学习观与教学观。教师设计的作业不同，在很大程度上决定学生学什么与怎么学。如果教师设计的作业局限于低水平、孤立、碎片化的知识与技能，以重复性练习与机械训练为主，就难以激发学生的情境学习、综合学习、跨学科学习、合作学习或探究式学习，也难以培养学生在真实情境中的问题解决能力、批判性思考能力、交流与合作能力、创造性思维等核心素养。教师在作业设计中落实课改新理念，增加作业的情境性、实践性、应用性、探究性与开放性，不仅可以提高作业的吸引力，让学生愿意完成作业，在轻松的心理状态中高效学习，而且可以促进学生学习方式的转变，有效培养学生终身发展所需的关键能力。

最近几年，在“双减”政策推动下，作业设计的重要性进一步凸显，受到教师、家长、研究者，乃至社会各界人士的广泛关注。2021 年 4 月，针对实践中一些学校作业数量过多、质量不高、功能异化等突出问题，教育部办公厅颁布《关于加强义务教育学校作业管理的通知》，提出在严格控制书面作业总量的同时，创新作业类型方式与提高作业设计质量。同年，中共中央办公厅、国务院办公厅颁布《关于进一步减轻义务教育阶段学生作业负担和校外培训负担的意见》，再次强调提高作业设计质量，将作业设计纳入教研体系。一方面系统设计符合年龄特点和学习规律、体现素质教育导向的基础性作业；另一方面鼓励布置分层、弹性和个性化作业，坚决克服机械、无效作业，杜绝重复性、惩罚性作业。如何改进作业设计，充分发挥其诊断、巩固、促进学习的积极作用，推动教育减负提质，逐渐成为当前课程改革领域的热点问题。

在中国知网全文数据库中，以“作业设计”为篇名、主题或关键词进行搜索发现，“双减”背景下有关中小学作业设计的文章发表量快速增长，2021 年及以前每年有关文章保持在 100 篇上下，而 2022 年全年的发表量增长到 465 篇。此外，有关作业设计的著作或指导手册也得以大量出版，如《重构作业：课程视域下的单元作业》《学科作业体系设计指引》《高质量作业赏析国际样本》等，据不完全统计，总量接近 30 种。综述分析发现，现有相关成果以学科实践探索为主，大多数期刊发表文章和学术著作主要针对具体学科中的作业设计展开讨论，通过简单说理和举例说明探讨特定学段和学科如何推动作业设计，而跳出学科，站在理论、政策高度上，对作业设计一般性原理进行深度探讨的研究少之又少。

作业设计实践需要理论的滋养，中小学教师呼唤强有力的专业支持。作为一名大学教师，我长期从事教育评价研究，对测验与评价设计研究较为深入，发表了很多文章，不少还是相关领域的高被引文章，如《教学中的形成性评价：是什么及如何推进》《表现性评价：历史、实践及未来》《新课程实施中的情感、态度与价值观评价》。而作业既是一种重要的教学方式，也是教学实践中不可或缺的评价手段，作业设计与评价设计有很多相似之处。于是，在新课标与新教材推动下，我想将评价研究向作业设计领域延伸，撰写一本有关作业设计基本原理的专著。

但想归想，真正动手写作已是 2022 年的事情。2022 年下半年，教育科学出版社综合编辑部祖晶主任、北京师范大学资深物理教育专家李春密教授、北京教科院物理特级教师张玉峰博士等人，邀请我参与“指向核心素养的学科作业设计与实施指导丛书”的策划与编写，我才开始真正启动这本书的写作。教育科学出版社对这本书的出版非常重视，希望它能成为作业设计领域具有广泛影响力的力作，能经得起理论的推敲与实践的检验。所以，书的取名方正质朴，返璞归真，叫《作业设计原理与应用》，不玩新概念，不追热点。

在很多教师看来，作业是他们教学工作中的寻常环节。有些教师从未对作业设计进行过理论探讨，没有思考过怎样的作业设计才能促进学习发生，才能提高学习效率；有些教师不能从政策高度上认识作业设计对于减负提质、课程改革、教育高质量发展的重要意义；有些教师在实践中只顾低头走路，没有停下来对以往的作业设计进行批判性反思。因此，要写好这本书，必须从理论、政策和实践等多个层面上综合发力，力争理论上有深度、政策上有高度、实践上有力度。

科学高效的作业设计，离不开理论的引领。作业作为教学活动的重要组成部分，其核心目的是促进学生学习，也就是让学生在知识、技能、能力、策略、价值观、态度、行为等方面发生预期的改变。因而，探讨作业设计的原理与应用，需要回顾学习理论发展历史，深入认识、理解学习的本质与发生机制，从重要学习理论中寻找规律和启发。本书在第一章先探讨作业基本性质、功能、类型和效果等，然后在第二章对行为主义学派、认知学派、建构主义学习理论的假说和观点进行了深入阐释。行为主义理论将学习视作刺激与反应之间的联结，注重强化在学习中的作用，启示教师重视作业的反馈与激励。认知学派心理学家试图探讨学习者内部心理结构的性质及其是如何变化的，要求教师在作业设计中关注作业所能激发的认知过程，加强作业的实践性、应用性、探究性与开放性，促进学生的有意义学习。建构主义心理学家则认为，世界是客观存在的，但对于世界的理解和赋予的意义却是每个人自己决定的，所以教师要重视作业情境创设，增加探究性与开放性，还要探索分层作业与个性化作业，将作业难度控制在学生的最近发展区。每一种学习理论都对作业设计形成重要启发，让我们从中领略作业设计改进的原则与要点。

作业设计关乎学生的学习方式与成效，影响着学校教育质量的提升，一些政策专门针对它提出了具体的方向性指引。“我们要培养什么样的人”“我们需要怎样的教学”以及“作业设计怎么改”，有关政策对这些问题的规定，会在很大程度上影响作业的内容与形式。要做好作业设计，教师要加强政策意识，学习有关文件，明确政策制定的背景、目标、理念与原则等。本书第三章对国家宏观政策、课程改革政策及作业管理政策等进行深度分析，强调教师应秉持以学生发展为本的理念，以面向世界、面向未来、面向现代化的胸襟，从学科特点与学生实际出发，明确本学科需要高度重视的跨学科核心素养与学科核心素养，以核心素养为导向，在核心素养引领下推动作业设计。在具体设计上，有关政策明确提出要把握作业育人功能，切实避免机械、无效训练，杜绝重复性、惩罚性作业，以有效减轻学生过重学业负担，同时创新作业形式，倡导设计探究性作业、实践性作业、跨学科综合性作业，布置分层、弹性和个性化作业，增加作业的针对性与实效性，促进教学改进与质量提升。

实践是本书的重点。理论探讨再有深度，能指导实践才有意义；政策分析再有高度，也必须回归和引领实践。在实践中，什么样的作业是好作业、作业设计要坚持哪些新理念、作业设计的基本程序和要求是怎样的，这些是教师需要思考与回答的基本问题。本书第四章从学习与评价的视角出发，提出好的作业要促进教—学—评一致、确保评分者信度、把握好难点与区分度，还要符合伦理与公平原则。第五章基于相关政策与理论，讨论了作业设计新理念，指出作业设计要强化核心素养立意，加强作业的情境创设，提高趣味性、综合性与实践性，增加探究性与开放性，以充分发挥作业的育人功能。第六章从以生为本和因材施教理念出发，提出作业设计要经过如下几个步骤：明确作业设计的目的——操作化界定作业目标——选择作业类型与形式——设计作业情境与任务——明确评价标准和评分细则——审查与改进。第七章对作业设计质量提升的保障机制进行讨论，指出教师是教学的实施者和学生学习的促进者，也是作业设计的主体，教师的素质决定了作业设计的质量，也在很大程度上影响着课程改革的深度、教学方式转变的力度，以及教育质量提升的幅度，因此学校要加强与改进校本研训，优化教师知识结构，提高教师自主设计作业的专业能力。

本书的读者主要是中小学教师、教研员，以及有志于将来从事教师职业的年轻人。所以，在写作过程中，我在追求理论深度与政策高度的同时，力图增强本书的实践指导力度。具体做法有：首先，本书在写作时秉持理论联系实践的原则，用来自教师身边的真实案例阐释作业设计的基本原理，在理论与实践之间架设沟通的桥梁。值得一提的是，我在分析作业案例时，强调作业设计改进，并在多个章节的末尾将典型改进过程以“作业设计 AB 案”形式进行总结。从最初的 A 案到改进后的 B 案，作业设计在原理、理念指导下实现了一次“华丽的转身”，彰显理论之于实践的意义。其次，为便于阅读，我在每章开头不仅撰写了一份简短的导读，而且提供了概览，让读者能先对本章内容有一个整体的了解，再根据个性化需要决定阅读的起点和节奏。如果您是一名研究者，想对某些问题进行细致推敲，在每部分末尾我还列举了参考文献，便于拓展阅读，深入探讨。最后，我还尽力增加本书的可读性。可读性是任何一本书发挥影响力的前提。一本书只有能激发读者的阅读兴趣，吸引读者读下去，才能用自己的观点去影响人。在书稿写作时，我“心中”始终装着读者，仿佛在与读者面对面对话一样，而且力求语言朴实、简练和流畅，有吸引力。

现在，拙作即将付梓，到底这本书写得怎么样，有待实践的检验。如果您对本书有什么意见与建议，或者想就某些相关问题与我进行深入探讨，欢迎与我联系。我的电子邮箱是：zhaodecheng@bnu.edu.cn。

教育无小事，作业设计是大事。让我们怀着敬畏之心，以严谨务实的态度，认真钻研作业设计，推动学生学习方式转变，促进教育减负提质。

赵德成

2023 年 8 月

于北京师范大学英东楼

目 录

Contents

001 第一章 认识作业

作业的定义 005
作业的功能 013
作业的类型与形式 023
作业的效果 030
作业设计 AB 案 036

041 第二章 作业设计的理论基础

认识学习 045
学习的分类 050
学习是怎样发生的 054

067 第三章 作业设计的政策分析

我们要培养什么样的人 071
我们需要怎样的教学 086
作业设计怎么改 094
作业设计 AB 案 106

111 第四章　什么样的作业是好作业

教一学一评一致 115

评分者信度 132

难度和区分度 144

伦理与公平 149

作业设计 AB 案 157

163 第五章　作业设计新理念

以核心素养为导向 167

加强情境创设 179

增加探究性与开放性 190

作业设计 AB 案 196

203 第六章　作业设计的程序与要求

明确作业设计的目的 207

操作化界定作业目标 212

选择作业类型与形式 224

不要为了创新而创新 230

设计作业情境与任务 234

明确评价标准与评分细则 246

审查与改进 251

作业设计 AB 案 252

257 第七章　作业质量提升的保障机制

改进校本教研　260
促进教师专业成长　269
作业设计 AB 案　274

第一章

认识作业

本章导读

作业是教师为实现教学目标，根据课程标准和教学进度布置给学生的学习任务。根据完成的时间和地点，作业可分为随堂作业（或课内作业）与家庭作业（或课外作业）。作业设计中蕴含着教师的儿童观、学习观与教学观，教师的作业设计在很大程度上决定了学生学什么与怎么学，进而影响学生的发展与学校的教育质量。因此，作业设计在教育现代化进程中扮演着十分重要的角色。

概览

1. 作业设计中蕴含着教师的儿童观、学习观与教学观，教师的作业设计在很大程度上决定了学生学什么与怎么学，进而影响学生的发展与学校的教育质量。

2. 作业是教师为实现教学目标，根据课程标准和教学进度布置给学生的学习任务。根据作业完成的时间和地点，可以将其区分为随堂作业（或课内作业）与家庭作业（或课外作业）。

3. 随堂作业是教师在课堂教学过程中布置给学生的作业。在“双减”政策的推动下，书面家庭作业数量受到严格控制，要真正做到减负提质，学校必须向课堂要效益，加强学生的课上学习，因而需要适度增加随堂作业的数量，不断提高随堂作业的质量。

4. 家庭作业是教师为实现教学目标，根据课程标准布置给学生，由学生利用非教学时间完成的作业。它是教学的有机组成部分，是课堂学习的有效延伸，是联结学校教育与家庭教育的桥梁。家庭作业既不应加重学生的学业负担，也不能带给家长不必要的负担和困扰。

5. 作业是教学活动中重要的一环，它具有多样性的功能，主要包括：巩固练习，增强知识与技能的熟练程度；预习新知，为学习新知做准备；检查评价，评判教师教得怎么样和学生学得怎么样；综合育人，促进学生全面发展。

6. 一道作业题在实际教学中可以发挥多重功能。因而教师要站在综合育人的高度，充分发挥每一次作业的积极育人作用，让作业育人效果最大化，以四两之力拨千斤之重，切实推动减负增效。

7. 作业可以分为不同的类型与形式。依据作业的实施途径，可将作业分为口头作业与书面作业；依据作业的内容，可将作业分为学科作业与跨学科作业。当前提倡的作业类型主要有实践性作业、探究性作业、跨学科作业、项目式作业等。

8. 作业是一把双刃剑。作业效果能否充分发挥不仅与量有关，更受到质的影响。高质量的作业设计可以促进学生转变学习方式，推动学生走进生活、自主探究、合作沟通，提升学生的核心素养，它同时是提升学校教育质量、落实立德树人根本任务的重要途径之一。

作业设计中蕴含着教师的儿童观、学习观与教学观，教师的作业设计在很大程度上决定了学生学什么与怎么学，进而影响学生的发展与学校的教育质量。从这一意义来说，作业设计是课程与教学改革的关键领域，是落实立德树人根本任务、提升学生核心素养的重要环节。因此，近些年来，我国相关部门颁布了《关于深化教育体制机制改革的意见》《关于深化教育教学改革全面提高义务教育质量的意见》《关于新时代推进普通高中育人方式改革的指导意见》《关于进一步减轻义务教育阶段学生作业负担和校外培训负担的意见》等多个政策文件，对作业设计及作业管理提出了指导意见。2021 年 4 月，教育部办公厅发布了《关于加强义务教育学校作业管理的通知》，针对作业数量过多、质量不高、功能异化等突出问题，对作业设计与作业管理提出了明确的规范性要求[6]。在这样的背景下，加强对作业的认识与理解，将有助于中小学教育工作者贯彻执行相关政策，完善作业设计，促进教学方式变革，助力教育高质量发展。

作业的定义

本书的核心概念是“作业”，只有核心概念有了操作化界定，研究领域、内容才会清晰，不同研究者之间才能无障碍地进行对话。要探讨作业设计的原理与应用，同样需要先明确作业概念的内涵，并就相关概念进行辨析。

作业

从词源学上分析，作业不是教育领域的专有名词，它散见于多种文献之中。目前可以查到最早的关于作业的记录出自《管子》，这本书的作者相传是春秋时期著名的政治家管仲（约公元前723年—公元前645年），但也有人认为此书部分内容由后人撰写，大致成书于战国时期。《管子·轻重丁》中有这样一段话：

> 桓公曰："粜贱，寡人恐五谷之归于诸侯，寡人欲为百姓万民藏之，为此有道乎?"管子曰："今者夷吾过市，有新成囷京者二家，君请式璧而聘之。"桓公曰："诺。"行令半岁，万民闻之，舍其作业而为囷京以藏菽粟五谷者过半。桓公问管子曰："此其何故也?"管子曰："成囷京者二家，君式璧而聘之，名显于国中，国中莫不闻。是民上则无功显名于百姓也，功立而名成；下则实其囷京，上以给上为君。一举而名实俱在也，民何为也?"

这段话大意如下：

> 桓公说："粮价贱，我怕粮食外流到其他诸侯国去，我要为百姓储备粮食，有什么办法吗?"管仲说："今天我路过街市，看到有两户人家新建了粮仓，请君上分别去拜访一下，送上玉璧。"桓公说："可以。"行令半年，百姓听说以后，有半数以上的人家都舍弃了日常事务而去建仓存粮。桓公问管仲说："这是什么原因呢?"管仲说："新建粮仓的两户人家，君上分别去拜访，还送上玉璧，名扬国中，国中无人不知。这两家对国家并无实在的功劳而扬名全国，一下子功成名就；对个人而言既存了粮食，又可以交纳给国家。一举而名实兼得，人们何乐而不为呢?"

在这段文字中，"作业"指劳作、工作、事务、日常生产活动，与当下在非教育领域使用的作业内涵基本一致。比如，"带电作业很危险""促进货运站作业标准化""煤炭企业要加强作业成本管理"等，其中所说的"作业"都是指企业提供产品或劳务过程中的各个工作程序或工作环节。

在教育领域，最早专门论述教育和教学问题的专著《学记》中，也有与“作业”相关的文字记载。

> 大学之教也，时教必有正业，退息必有居学。不学操缦，不能安弦；不学博依，不能安《诗》；不学杂服，不能安礼；不兴其艺，不能乐学。故君子之于学也，藏焉修焉，息焉游焉。夫然，故安其学而亲其师，乐其友而信其道，是以虽离师辅而不反。《兑命》曰：“敬孙务时敏，厥修乃来。”其此之谓乎！

这段话大意如下：

> 大学的教学应按照时序进行，必须有正式的课业，课后休息时也应有课外练习。不练习弹奏琴弦，就不能懂得音乐；不学习各种比喻的方法，就不能理解《诗经》；不学习各种服饰的用途，就不懂得礼仪；不重视练习各种技艺，就不能激发对学业的兴趣。所以，君子对于学业，不仅要记在心里，还要反复修习，休息或闲暇时也不忘练习。做到了这些，就能专心于学并尊敬师长，乐于同朋友交往并信守正道，即使离开了师长的教导，也不会违背他们的教诲。《兑命》中说：“专心、渐进又能及时领悟，他的学业就能成功。”说的就是这个道理吧。

这段话强调了作业的重要意义：在学校里，学生要认真学习正式的课业内容，课后还要勤于练习，课内学习与课后作业相辅相成、相互促进。如果没有课外的练习作业对所学加以巩固，各门课程都很难学有所成。

西周时期的国学与大学

西周时期，我国已经建立起最早的官学制度。学校由国家兴办，即“学在官府”。当时的学校分为两个级别，一个是国学，另一个是乡学。其中，国学设立于京畿及各诸侯国的国都，培养对象以贵族子弟为主；乡学是地方学校，根据辖地大小有不同的名称，如闾塾、党庠、州序、乡小等。

国学又分为小学和大学。其中小学为8—15岁少年儿童的学习之处，学习内容为“小六艺”——礼、乐、射、御、书、数。小学学习结束后，学生进入大学。大学学习内容为“大六艺”——《诗》《书》《礼》《易》《乐》《春秋》。此外，在大学内还要进行礼仪、音乐、军事训练。大学既是教育场所，同时又是贵族子弟集体行礼、集会、奏乐、习武的地方，相当于贵族子弟的社交场所。国家一些重大礼仪活动也会在大学举行。

及至当代，各种辞书对“作业”一词的解释基本上沿用了古代汉语中的含义。《辞海》将“作业”解释为“为完成生产、学习等方面的既定任务而进行的活动”[1]，指出作业一词不仅在教育领域内使用，在企业生产中也使用该说法。具体到教育领域，《中国大百科全书（教育）》将作业分为课堂作业和课外作业两大类，并指出课外作业是“教学工作不可缺少的有机组成部分”“布置课外作业，经常是各种类型课的一个不可缺少的教学环节”。[2]《教育大辞典》同样把作业分为课内和课外两类，认为作业泛指为完成某种学习任务而布置的各类练习。[3]

在英语中，与“作业”对应的单词是 schoolwork。柯林斯（Collins）词典对 schoolwork 的解释是：学生在学校内完成的任务或在学校里由教师布置给学生，学生在家完成的任务。[4] 也就是说，我们学习英语时经常接触的 homework 一词专指教师、学校或其他教育机构布置给学生，由学生在课外完成的作业，它是 schoolwork——作业——的一种。在英语语境中，schoolwork 有时被赋予更广泛的意义，泛指学生要完成的各种学业任务，在外延上还包含了考试和测验。与 schoolwork 接近的另外一个单词是 coursework，它也是学生要完成的各种学业任务，但它针对的是大学生，是大学教授布置给大学生的任务。

综上，作业可以这样定义：**作业是教师为实现教学目标，根据课程标准和教学进度布置给学生完成的学习任务**。根据作业完成的时间和地点，又可以将其区分为随堂作业（或课内作业）与家庭作业（或课外作业）。

随堂作业

随堂作业，即课内作业，也称为课堂作业，由教师在课堂教学过程中布置给学生，是作业的一种，也是课堂教学活动的有机组成部分。

随堂作业具有如下特点：

- 随堂作业由教师布置给学生完成。学生在课上给自己安排的学习任务一般不称为随堂作业。
- 随堂作业布置的时间可以发生在一堂课的任意时间内，只要发生在课上，就是随堂作业。
- 根据要求，学生可以独立完成随堂作业，也可以小组合作完成。
- 随堂作业内容通常与本堂课的教学目标紧密联系，可以是探究今天要学习的新知，也可以是练习、巩固刚刚学习的内容。当然，作业内容有时也可以有所拓展，涉及本堂课之前或之后学习的内容。
- 随堂作业功能多元，可以是探究新知，可以是复习所学，也可以是评价学习进展。有时候，一道作业题可以同时发挥多种功能。
- 随堂作业量一般不会很大，占用的时间不多。

在课改与“双减”备受关注的背景下，随堂作业具有特殊的价值与意义，教师应给予更多关注。理由有两点。第一，本轮课改强调转变学习方式，特别是改变教师“一言堂”的教学现状，把课堂还给学生，让学生主动参与到学习活动中。而随堂作业减少了教师讲授时间，能让学生更加主动地参与学习活动。如果作业设计得到位，随堂作业还可以激发学生的深度思维参与、加强同学间的交流合作，可以在巩固所学的基础上，有效培养学生的独立思考能力、沟通合作能力、批判性思考能力、问题解决能力等核心素养。第二，**在“双减”政策的推动下，书面家庭作业数量受到严格控制，要真正做到减负提质，学校必须向课堂要效益，要加强学生的课上学习，适度增加随堂作业的数量，其质量也要不断提高，以帮助学生在课上能更好地达成目标，不把学习任务带回家**。这些都要求教师重视随堂作业的设计与管理。

在作业设计上，教师要紧密围绕教学目标，特别是核心素养培育来设计作业任务，增强作业的针对性，而且要减少重复性练习与机械训练，加强探究性、开放性、挑战性与趣味性，增加作业的吸引力，让学生愿意完成随堂作业，在轻松的课堂氛围中高效学习。在作业管理上，教师要控制好作业总量，适度增加随堂作业，不能让随堂作业成为学生学业负担和心理焦虑的又一来源，同时也要加强作业的评改与反馈，让学生及时了解自己的学习进展，发现学习中的薄弱点，有针对性地加以改进，充分发挥作业的积极功能。

家庭作业

家庭作业，即课外作业，也称课后作业，它是教学的有机组成部分，是课堂学习的有效延伸，是联结学校教育与家庭教育的桥梁[5]，是培养学生综合能力与核心素养的有效途径。

家庭作业与随堂作业都是作业，两者之间有很多共性，两者的差异主要体现在以下几点：

- 家庭作业是教师要求学生在非教学时间完成的作业，一般由学生利用课后延时服务时间或课外生活时间完成。
- 家庭作业以学生独立完成的书面作业为主。教师在家庭作业中也可以布置需学生合作完成的作业，但相对随堂作业来说数量较少。
- 家庭作业提倡布置实践性作业。家庭作业不一定非要在家庭这个物理空间内完成。相对而言，学生在课外的时间可以更自由、更充裕，更便利地走进各种真实生产生活场域（如社区、田间、工厂、科技馆、青少年宫），获取成年人的支持也更容易，因此家庭作业突破了课堂学习乃至家庭生活的时空限制，实践性较强。
- 书面家庭作业总量要严格控制。为切实减轻学生过重的学业负担，教育部办公厅《关于加强义务教育学校作业管理的通知》明确要求：学校要确保小学一二年级不布置书面家庭作业；小学其他年级每天书面作业完成时间平均不超过 60 分钟；初中每天书面作业完成时间平均不超过 90 分钟。[6]
- 家庭作业在功能上更强调评价性。家庭作业与随堂作业都具有多样化功能，但家庭作业一般在教学结束后布置，因而教师可以通过学生完成作业的表现评价学生学习目标的达成程度，将其作为反思与改进教学的依据。

2021 年 8 月，教育部办公厅发布《关于加强义务教育学校考试管理的通知》，要求中小学大幅压减考试次数，学校和班级不得组织周考、月考、单元考试等其他各类考试，也不得以测试、测验、限时练习、学情调研等各种名义变相组织考试。[7] 在这样的背景下，教师要强化家庭作业的评价功能，通过家庭作业评价学生学习的进展，发现学生学习中的成绩与不足，并及时给予有针对性的辅导。

一个亟待关注的问题是，家庭作业是教师布置给学生在课外时间完成的作业，它不是布置给家长的作业。当前，不少家长抱怨家庭作业不仅加重了学生的学业压力，而且给家长带来了很多负担。家庭作业给家长带来的负担主要体现在三个方面：

第一，有些教师布置了超出学生能力范围的作业，导致家长需要协助、指导学生完成，甚至需要直接代替学生做作业。比如，给低年级小学生布置手抄报、研究性学习报告、学习展示演示文稿，甚至读书报告，有时候教师明知学生没有时间完成，或者能力上无法胜任，但还会给学生布置这样的作业。**在某些情况下，学生拿着与家长共同完成，或者完全由家长代替完成的作业交给教师，教师甚至在全部学生面前展示后，不仅不批评作业由家长代劳的学生，还会表扬这些所谓“做得好”的学生。这对于独立完成作业的学生，或家长受教育水平不高、指导能力偏弱、没有时间介入家庭作业的学生不公平，也有悖于诚信原则。**

第二，有些学校和教师要求家长检查、批改和辅导学生的家庭作业。家校共育是当前的教育趋势，但家校合作中家长该做什么、不该做什么、能做什么、不能做什么，似乎边界并不清晰。要求家长每天检查、批改和辅导学生的家庭作业，这对于绝大多数工薪阶层的家长而言，无疑是一种负担。当家长缺乏辅导能力或情绪控制不好时，还可能引发亲子冲突乃至家庭矛盾，影响家庭和谐。更重要的是，**一旦教师要求学生在家里正确完成全部作业后，才可以在第二天提交，那么学生真正的掌握状况，学生在作业完成中有哪些常见困难和问题，教师就无从知晓，作业的诊断功能、评价功能和改进功能也就无法实现**。教师只有亲自批改作业，了解学生作业完成的真实表现，才能准确判断自己的教学成效，知道自己哪里教明白了，哪里没有讲清楚，从而启动有针对性的批判性反思与教学改进。

第三，有些学校和教师会以推动家校共育之名，直接给家长布置任务，比如亲子共读一本书，又如为学校运动会准备入场式服装、道具，并负责活动设计与排练。这样的作业可以布置，但必须把握好量和度。从量上来说，需要家长参与的作业必须在绝大多数家长可接受的范围之内，需要征得家长委员会的同意；从度上来说，要以不给家长增加负担、不引发“攀比”闹剧为尺度。

家庭作业是教师在常规教学期间，为实现教学目标而根据课程标准布置给学生，由学生利用非教学时间完成的作业。在“双减”背景下，家庭作业不能加重学生的学业压力，更不能给家长带来负担。

寒暑假作业

寒暑假作业是课外作业的一种特殊类型，是指学生在寒暑假期间自主完成的学习任务。其布置者通常为教师，执行者为学生，执行地点为学校外。寒暑假作业是连接相邻两个学期的纽带，具有巩固旧知、预习新知的作用，对学生学习知识和发展能力具有重要的价值。

鉴于寒暑假具有时间跨度长、实践空间大、学生独立自主性强的特点，因此寒暑假作业在总量、目标、内容、形式、评价等方面，都与平时的家庭作业有较大区别。寒暑假作业按内容属性可以分为学科性作业和非学科性作业两大类。传统的寒暑假作业主要是围绕《寒（暑）假作业》学习册展开的书面作业。自第八轮基础教育课程改革以来，寒暑假作业也在新课程理念的引领下，出现了一些新的特点。

- 作业目标开始由学科教学转向全面育人[8]，更注重综合学习、跨学科学习、研究性学习、探究性学习以及实践能力培养。
- 作业内容不再局限于学科教学，更重视跨学科学习、联系生活实际的学习，强调学生走出去，走进广阔的生活世界。
- 作业形式由纸笔作答转向动手操作、实验、手工制作、表演、劳动等多样化形式。

- 作业设问由单一转变为增加作业的探究性与开放性，引导学生深入参与，不断提高新知学习能力、探究能力与问题解决能力。
- 注重作业的趣味性，精心选材，布置有吸引力的作业，让学生主动参与，热情投入学习，成为主动的学习者。
- 注重差异性，因材施教，布置分层作业或个性化作业，让每个学生都能体验到学习的成就感。

当然，寒暑假作业在总量上是否合适、如何做好过程性监控与指导、怎样进一步提高其趣味性与实效性，仍然是亟待研究和解决的重要问题。

作业的功能

作业是重要的教学活动，具有多样化的功能。对于学生来说，作业的功能可以归结为以下几点：巩固课上所学，增加知识与技能的熟练程度；预习下节课内容，为学习新知做准备；拓展探究，基于已学探究新知识，或将知识应用于新情境；让学生始终处于主动、高效的学习状态；提高学生的时间管理和自我管理能力；促进学生之间的沟通合作。对于教师来说，作业的功能主要体现在三方面：引导、督促学生学习，养成良好的学习习惯，建立优良的学风；评价学生的学习，知晓教学效果，促进批判性反思与有针对性的改进；综合育人，将学习延伸到课堂之外，拓展到更广阔的生活情景中，促进学生全面发展。对于家长来说，作业也具有积极的功能，它可以促进亲子之间的交流，可以帮助家长了解子女的学习，以便为子女提供个性化的支持。接下来，我们对作业最重要的几项功能分别进行深入讨论。

巩固练习

巩固练习是指学生在完成作业的过程中，通过讨论、思考、实验、反思等方式反复练习所学的知识，从而加深对知识的理解和记忆，增加知识与技能运用的熟练水平。这是作业最基本的功能。当然，学生在巩固练习过程中的附带收益是多样化的，包括掌握学习方法，提高学习能力；改善思维品质，促进各种核心素养的发展；养成学习习惯，提高自我管理能力。

古罗马的昆体良（Marcus Fabius Quintilianus，约 35—100），是教育史上大力发展与完善教育方法和教育思想的先驱。他将教学分成三个相互联系、不断递进的教学阶段，即模仿、接受理论指导和练习。其中，练习是指学生在前两个阶段的基础上，通过重复训练与实践，深刻理解所学理论的真正含义，并不断提高自身能力的过程。[9] 他的理论充分肯定了作业练习对于知识掌握与能力提升的积极作用。

夸美纽斯（Johann Amos Comenius，1592—1670）在《大教学论》中也特别强调布置作业让学生巩固练习的重要性。他认为，巩固性是教育的基本原则之一，教学必须让学生牢固地掌握所学知识，达到随时可以应用的程度，这是衡量教学与学习是否彻底的重要标准。所以，巩固性原则又被称为“彻底性原则”。[10] 如果学生只是学了知识但没有巩固，就像不断向筛子上泼水一样，最终不会留下有用的东西，不会使人增长智慧。而要达到巩固性原则，首先，儿童所获得的知识必须是易于理解的；其次，经常地练习和复习是巩固知识的重要方法。因此，教师要重视作业练习的布置。

到 19 世纪，在赫尔巴特（Johann Friedrich Herbart，1776—1841）教育思想的影响下，欧洲学校开始将作业延伸到课后，家庭作业（homework）正式出现在学校教育中。赫尔巴特将教学过程分为明了、联想、系统和方法四个阶段。其中，在“方法”阶段，教师要采用作业、练习、改错等具体方法，让学生将领会到的知识应用于实际，促进知识的理解与掌握。他还提倡学生在课后运用和实践所学知识，完成家庭作业，以留下更多时间在学校课堂上开展新知的教学。[11]

心理学的发展也为作业的巩固练习功能提供了理论支持。在心理学中，根据信息在人脑中保留时间的长短，记忆被分为三种：瞬时记忆、短时记忆和长时记忆。知识在经过学习之后，便成了人的瞬时记忆或短时记忆。但如果课后不及时复习，这些知识就会很快被遗忘。而经过合理、及时的复习，短时记忆就逐渐成为长时记忆。德国心理学家艾宾浩斯（Hermann Ebbinghaus，1850—1909）对记忆进行过系统研究，并提出记忆在开始时遗忘得很快，而在后面则遗忘得很慢[12]的结论。他研究绘制的“遗忘曲线”（参见图 1-1）对于作业的设计与布置，具有重要的指导意义。图中，竖轴表示在记忆活动中所保留的知识量比率，横轴表示记忆活动发生后的时间，曲线表示在大脑中记忆量比率随时间变化的规律。

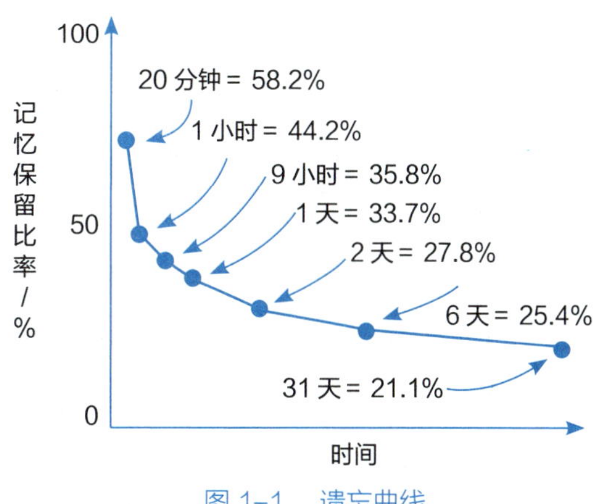

图 1-1 遗忘曲线

由图可见，在记忆的最初阶段，记忆材料遗忘的速度很快，随着时间的推移遗忘速度逐渐放慢。实际上，遗忘进程不仅受时间因素的影响，还受到记忆材料的制约，受到学习者生理状态、学习习惯、学习氛围等因素的影响。这启发我们，必要的练习或日常作业是有效学习的科学保障。当然，不是所有的作业都能达到预期效果，这一论点的成立需要以作业设计本身的有效性为前提。在教学实践中，教师应综合研判学情，合理安排随堂作业、家庭作业和寒暑假作业，引导学生根据自身情况，合理安排作业的数量与频次，以更好地巩固所学，延长记忆保持时间。

《论语》有云：“学而时习之，不亦说乎？”这句话就强调了，学习知识之后要经常在实践中练习应用，温故而知新，是一件很有成就感、令人愉悦的事情。它说明了作业对于知识巩固的意义。然而，由于一段时期以来，学生的学业负担与校外培训负担过重，激起了公众对作业过多，尤其是重复性作业的批判。**在批判声中，有人又从一个极端走向另外一个极端，认为重复性作业一无是处，应予以取缔，这种认识与认为重复性作业一定越多越“熟能生巧”的观点一样是有害的**。我们反对将作业的巩固练习功能污名化。有关政策呼吁学校和教师要杜绝的是重复性、惩罚性作业[6][13]，即以惩罚学生为目的的重复性作业，而不是所有的重复性作业。必要、合理的重复性练习对学生学习是有积极意义的。

预习新知

预习新知是作业的另一项重要功能。教师在新课开始前，让学生预先自学即将学习的全部内容或部分内容，并完成相关作业，在中小学教学实践中是一种比较普遍的做法。随着课程改革的深入推进，有些学校倡导“先学后教”理念，在新课开始前要求教师布置“前置性作业”，让学生预先学习，然后根据学生“先学”的情况校准教学目标，明确教学重难点。[14] 翻转课堂（Flipped Classroom，或 Inverted Classroom，也有人将其译为“颠倒课堂”）模式在中小学的推广，也让中小学教师更加重视课前预习。在翻转课堂模式中，学生在课前要通过看视频、听音频、阅读电子书、与同学讨论等多种方式，提前学习教师即将讲授的新内容，并完成相关的作业任务。[15] 在课堂上，教师不再像传统课堂那样从头到尾地讲授新知，而是针对学生在课前预习中的误解做深入讲解和答疑解惑，最后留出一定时间让学生巩固练习。

实际上，预习作业在教学中具有多重价值。预习作业可以引导学生自主思考，并主动寻求答案，从而培养学生独立学习的能力和科学探究的精神；预习作业可以帮助学生提前了解和掌握新知，从而在教师讲课时更容易跟上进度，有助于学生树立学习新知的信心，激发课堂学习的兴趣，为进一步深入学习做好心理准备；预习作业可以提高课堂教学的效率，教师可针对学生预习中尚未完全掌握的知识进行讲授和指导，促进学生深度学习，有针对性地突破教学重难点。

预习作业的设计需要注意以下几点：

- 预习作业一般要有明确的任务，让学生带着任务预习。但在小学高年级，教师有时也可以只布置预习，不提预习任务和要求。这种做法可以引导学生像教师一样思考，根据以往的预习经验自行确定预习任务（比如认读生字、解释生词、概括段落大意），给学生更大的自主空间，提升学生预习的自主性。
- 控制好预习作业的量。有些教师重视预习，希望学生通过预习尽量提前掌握所学，所以布置的预习作业量较多，有时候会加重学生的学业负担，让学生产生抗拒或厌倦心理，反倒不利于新知学习。教师要适当控制预习作业的量，必要时可在课上留出专门的预习时间，以减少学生回家预习的时间与精力投入。
- 预习作业的难度不宜过大，要将难度控制在学生的“最近发展区”之内。预习作业一般指向基础性知识，应难度适宜。如果预习作业的难度过大，会让学生在课前就产生挫败感，久而久之，会降低学生预习的信心与兴趣。教师设计的预习作业要符合多数学生的实际水平，必要时要搭设学习支架，让学生借助支架发现问题解决的思路，甚至完全解决问题。
- 在预习作业中探索分层设计。每个学生的基础与潜力各不相同，每日的学习时间安排也有差异，因而教师在预习作业中可以适当分层，让有时间、有余力的学生拓展预习范围和深度。这样，在正式学习时，预习水平和对知识的掌握水平不同的学生就可以“兵教兵”，开展同伴互助与合作探究。
- 应鼓励学生在预习中提出疑问和困惑。将预习过程中遇到的困难、疑问和困惑提出来，教师在教学中可以更有针对性、有效地答疑解惑，增强实效性。
- 不是所有的课都需要预习作业。有时候，学习新知前不给学生布置预习作业，甚至明确要求学生不预习，不预先看教材和相关资料，可以使学生保持对新知的好奇心与新鲜感，提升情境创设的效果，让学生在真正陷入困顿时，通过探究式学习更好地掌握新知。这种由未知到明了的探究过程，能带给学生拨云见日、柳暗花明般的成就感，也是一种成功的教学安排。

检查评价

学生在课后完成家庭作业的情况，反映了学生课上学习的成效。家庭作业具有检查评价的重要功能。然而，在实践中，这种功能有时候容易被忽视。传统意义上，多数教师把周考、月考、单元考、期中考、期末考看作是评价学生学习进展的过程，而家庭作业主要是巩固练习的过程。在“双减”政策推动下，测验与考试在中小学被严格控制和大幅压减，学校和班级不得组织周考、月考、单元考试等各类考试，也不得以测试、测验、限时练习、学情调研等各种名义变相组织考试。[7] 那么，教师课讲完了，学生到底学得怎么样，教师教得怎么样，教师就需要通过家庭作业加以了解。

通过作业检查评价学生的学习进展，可以帮助教师了解自己的教学成效，反思教学中的得失，寻找改善教学效果的思路与方法。从这一意义来看，**教师要高度重视家庭作业的设计，要基于教—学—评一致原理，根据教学目标，针对教学重难点设计家庭作业，这样既能从整体上评判学生达成目标的程度，又能在具体上分析学生是否突破了重难点**。另外，教师还要亲自批改学生作业，不能让学生自评自改，更不能让家长检查和评改。教师只有做到全批全改，才能从整体上把握学生的学习进展，针对共性问题给予集体辅导，并针对每个学生的问题给予个性化支持。

学生也要重视家庭作业的评价功能，从评价视角分析自己的作业表现。学生作业表现好，得分率高，在一定程度上说明他达成了学习目标，掌握了目标知识与技能，学生可以因此体验到成就感，积累积极的学习信念。学生作业表现不佳，正确率不高，就说明他对某些知识与技能还没有掌握，或者某些能力亟待提升，学生要加强反思，分析问题产生的原因，寻找改进的方法，调整与优化自己的学习。这一过程可有效提高学生的自我监控、自我反思、自我管理能力。有时候，教师还可以让学生自行按评价思路，为自己或同学设计家庭作业。若学生能基于学习目标设计出评判目标达成程度的作业，就能在一定程度上反映学生学习的深度。这体现了“评价即学习”（assessment as learning）这一最新评价理念[16]，有利于促进学生在评价中成长。

评价即学习

早期，人们将评价视作对学习过程和成效的评判，用英语表达为assessment of learning（对学习的评价）。后来，人们开始重视评价的发展性功能，指出评价的核心目的是为了改进学生的学习，用英语表达为assessment for learning（为学习的评价）。现在，更多人希望将评价与学习自然、有机地整合起来，强调assessment as learning（评价即学习）。

“评价即学习”理念重视学习过程中的形成性评价，希望评价及时、动态、自然地嵌入在学习活动中，鼓励学生认识评价标准，自行收集有关自己学习的数据，通过自我评价和同伴评价发现学习中的成就与不足，并在此基础上提出下一步学习计划。这种嵌入在学习中的评价活动，不仅可以引导学生正确认识自身及其学习表现，而且可以提高其自我管理能力、批判性反思能力、学习改进能力。

当然，不仅家庭作业具有评价功能，发生在课堂教学时间内的随堂作业也能检查与评价学生的学习进展。教师在讲完部分或全部新知后，在课上让学生随堂完成一份作业，甚至在课上向部分学生提出几个问题，也可以评价学生学习的即时效果，能在一定程度上反映教学的成效。因此，教师要强化检查评价意识，将终结性评价与形成性评价有机结合，及时了解学生的学习动态。这在“双减”备受关注的当下十分重要。因为，出于减负的考虑，与大幅压减考试次数相呼应，中小学课后作业总量也受到严格控制，所以教师需要精心设计与布置每一份家庭作业，同时结合随堂作业，客观分析学生的学习情况，及时发现自己教学中的优势、成就、经验与不足。

综合育人

作业的功能是多元化的，一道作业题在实践中也可以发挥多重功能。教师要站在综合育人的高度，充分发挥每一次作业的积极育人作用，让作业育人效果最大化，以四两之力，拨千斤之重，切实推动减负增效。

以一道小学四年级数学学科前置性作业为例。一位数学教师在讲授“相遇问题”时，布置了这样一道预习作业。

> 仔细观察教材中的这幅情境图，请你写一写：

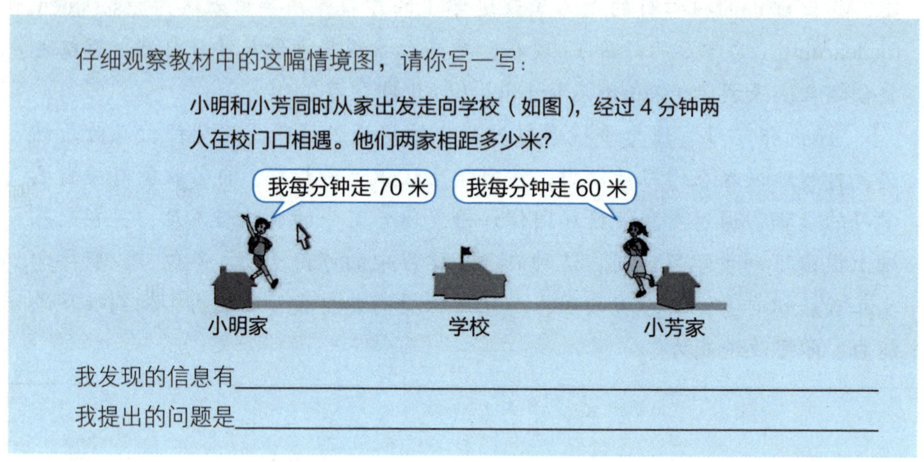

> 我发现的信息有________________________
>
> 我提出的问题是________________________

这道题让学生基于有关“速度、时间和路程”的知识，计算小明家和小芳家两家之间的距离。其中，相遇是解题的条件，它说明小明和小芳最后汇合在一起，两个人走的路程相加就是两家的距离。实际上，这个预习作业只让学生对相遇问题产生了非常初步的认识。只有当题目涉及两方能否相遇、在某种条件已知的情况下两方怎样才能相遇（比如何时出发、用怎样的速度、花多少时间）等问题时，才算触碰到相遇问题的核心。

同样是教“相遇问题”，一位教师在课前布置了这样的预习作业。

> 1. 轨道交通是北京市城市综合交通体系的重要组成部分。请你了解一下，截至目前，北京市轨道交通运营里程达到多少公里？如果驾车去天安门，从我校到天安门广

场的行车距离约是 21.5 公里，那么**北京市轨道交通运营里程相当于从我校到天安门广场多少个来回?**

2. 地铁建设需要在地下开掘隧道，这离不开盾构机的帮助。盾构机集多种技术于一体，能在向前开掘的同时铺设隧道之“盾”(支撑性管片)。采用盾构机施工的掘进量占北京地铁施工总量的 45%。

A、*B* 两个站点之间的距离是 2 公里。有人建议用两台盾构机分别从 *A*、*B* 两个站点同时开挖，相向而行。假设 *A* 站点盾构机的开掘速度是 9 米 / 天，*B* 站点盾构机的速度是 11 米 / 天。请问，**两台盾构机需要施工多少天后，才能完全挖通?**

这份预习作业所蕴含的育人价值，比上一份作业大得多。如果充分发挥，其价值可体现在以下几个方面：

- 推动教—学—评一致。题目最后问，两台盾构机需要施工多少天才能相遇，学生需要理解相遇问题的核心特点后才能解答这个题目。而在上一题中，学生似乎不用理解相遇问题的核心特点也可以解决问题。

- 促进新知预习。这道题能让学生在学习新知前就接触相遇问题，对相遇问题形成初步认识，探讨解决相遇问题的方法，为课上学习新知做准备。

- 复习巩固旧知。这道题让学生计算北京市轨道交通运营里程相当于从学校往返天安门多少次，计算两台盾构机同时挖掘的相遇时间，巩固练习了有关四则运算的知识与技能。

- 这道题能让学生了解北京市轨道交通发展现状，了解自己生活的城市，了解城市建设的成就，从而培养爱国爱家的情感，将教学成果从情感态度与价值观层面体现出来。

- 激发学习兴趣，培养责任担当。学生通过这道题可以感受到科技进步的重要性，发现我国技术进步的紧迫性，从而促使学生立志努力学习科技知识，为国家和社会发展做贡献。

- 促进亲子交流。学生在完成这道题的过程中，通常会借助家长的帮助，或与家长进行交流，从而在亲子之间创造共同话题，促进亲子沟通。

很多作业都可以通过优化设计，发挥综合育人价值。再以一道九年级化学作业为例深化讨论。一位化学教师在讲完“合金”以后，布置了这样的家庭作业：

我们目前常用的 1 元、5 角、1 角硬币各是用什么合金制造的？这些合金具有什么性质？

姑且不说作业中所说的“我们目前常用的”人民币硬币有两个系列品种，都是以花卉为主题，被称为“老三花”和“新三花”，分别属于第四套、第五套人民币，另外，部分地区还在流通第三套人民币，每一套人民币中硬币的材料并不一样。这里所问的硬币指代不清楚，会使学生无从下手。关键是，这道题指向有关合金的基础知识，学生通过上网查找资料即可找到答案，所以它发挥的作用主要是复习巩固所学。而另外一名化学教师在讲完同一课后，对这份作业进行了优化，如下：

人民币中的 1 元、5 角、1 角硬币都是用合金制造的。请回答下面的问题：

（1）第四套人民币中 5 角硬币是铜锌合金，如何鉴别铜与铜的合金？请你设计一个实验方案，并简述可能出现的现象与结论。（强调，禁止用 5 角硬币做实验）

（2）第五套人民币中 1 元硬币是铜芯镀镍，镍的化学性质是怎样的？

（3）Zn（锌）、Ni（镍）、Cu（铜）三种金属的活动性顺序如何？

优化后的作业不再局限于知识的搜索和记忆，而是融合了实验探究能力的培育。为完成作业，学生不仅要设计实验区分铜与铜的合金，而且要设计实验探讨 Zn、Ni 和 Cu，谁的活动性更强。此外，作业中强调学生不能用 5 角硬币做实验，学生会好奇原因是什么，查资料或询问教师才知道，这是因为国家有规定，禁止故意损毁人民币。这样，通过一道化学作业既传达了法律知识，也激发了学生的爱国情感，综合育人价值得到充分彰显。

作业的综合育人价值功能的发挥，有赖于每位教师的努力。教师要强化育人意识，要站在民族复兴、国家发展、学生终身发展的高度上设计作业，让学生完成作业的过程，不仅是学习知识与技能的过程，而且是培育创新精神、提高实践能力、发展批判性思维、培养必备价值观的过程，有利于促进学生全面发展。

作业的类型与形式

作业分为不同的类型与形式。依据作业的实施途径，可将作业分为口头作业与书面作业；依据作业的内容，可将作业分为学科作业与跨学科作业。但有时候，作业类型比较复杂，某一种类型的作业本身就可能涉及多种类型的综合。依据不同标准区分的作业类型之间，也可能存在交叉。接下来，仅就几种教师经常接触的作业类型进行讨论。

口头作业

口头作业，顾名思义，就是学生以口头方式完成的作业。书面作业，或由学生以既非口头方式、又非书面方式完成的作业，比如操作器械、舞蹈、劳动等，都不是口头作业。

口头作业比较多地应用于语言类学科，比如语文、英语。在语言学科教学中，语言建构与运用作为核心素养，可以具体区分为听、说、读、写等能力。针对这些能力的作业都可以采用口头作业的形式实施。举例如下：

- 认读生字词
- 背诵古诗文或白话文的篇章段落
- 有感情地朗读课文
- 复述某个故事或某篇文章的内容
- 创编一个小故事

- 以……为题发表演讲
- 口头作文
- 就某个议题与他人进行交流
- 口头回答几个问题

口头作业在表现形式上也可以有不同的安排。例如：

- 学生个人单独完成，或小组合作完成
- 完成口头作业的过程中是否使用电子演示文稿
- 是否同时结合书面作业

当口头作业指向交际语言，且具有很强的互动性时，口头作业也可以有不同的形式。例如：

- 课上问答
- 会议发言
- 小组讨论
- 辩论
- 谈判
- 对话
- 导游

实际上，除了语言学科，各门学科教学中都可以使用口头演示或问答形式的作业。对于非语言学科而言，用口头形式完成作业，既促进了学生的学科学习，又提高了学生的口头语言表达能力，这也是一种有意义的跨学科作业。只是口头作业不能集体实施，实施起来相对费时费力，所以实际应用较少。

书面作业

书面作业是当前中小学教师使用最多的一种作业类型。它要求学生以纸笔形式，或借助电子设备完成，是可视化的作业。书面作业在外在载体上有笔记本、辅导书、导学案、试题册、课后题、作业本、试卷等。

书面作业可分为客观题和主观题两大类。客观题是只有一个确定答案的题目，而主观题答案需要学生根据自己的理解和判断来建构，答案不唯一。书面作业又可以进一步细分为具体的不同题目类型，包括但不局限于下列这些：

- 选择
- 判断
- 匹配
- 填空
- 简答
- 论述
- 计算
- 绘图
- 书信
- 作文
- 论文
- 计划书
- 实验记录
- 研究报告

这些题型既有每个学科都可以使用的类型，也有体现学科个性化的类型。例如，每个学科都可以设计选择、判断、填空、匹配、简答等题型，但是物理、生物学、数学学科有图表题、计算题，政治、历史学科有辨析题、论述题，语文学科有作文题等。每种题型都有其优势与不足，教师要根据教学目标选择合适的题型。整体而言，为有效培育核心素养，教师要有意识地减少标准化、具有唯一答案的客观题，适度增加题目的开放性。[17]

另外，书面作业，特别是开放式题目，一般具有一定的格式要求，在呈现内容和形式上要求具有逻辑性、条理性、规范性、清晰性、完整性等特点。

实践作业

过去，人们一想到作业，无非是口头作业与书面作业。实际上，在口头作业和书面作业之外，还有一些强调操作的实践作业。本轮新课程改革启动以来，实践能力作为核心素养之一受到高度重视，因而实践作业也成为应用比较广泛的一种作业类型。

实践作业是在教师指导下，从课本中的知识点出发，让学生走进真实的生产生活场景，利用所学完成某个任务、解决某个问题、制作某个产品。实践作业的表现形式多种多样，包括但不局限于以下几种：

- 海报制作
- 调查
- 资料搜集和采访
- 观察记录
- 野外考察
- 标本制作
- 实物解剖
- 探究实验
- 美食制作
- 动物饲养
- 种植
- 手工
- 体验生活
- 志愿服务
- 社区劳动
- 表演
- 实习
- 谈判

实际上，实践作业本身是一种具有综合形式的作业类型，它可以是口头形式，也可以是书面形式；它可以同时具有探究性、开放性，或跨学科等特点。实践作业的实质是利用所学，解决生产生活情境中的真实问题。这种作业设计得当，可以有效培育学生的多种核心素养。诸如：

- 调查研究能力
- 数据处理能力
- 科学探究能力
- 合作沟通能力
- 批判性思考能力
- 创新能力
- 动手能力
- 实践能力
- 问题解决能力
- 为他人服务的意识
- 责任感
- 自我管理能力

总体而言，实践作业使学生有机会从书面世界、教材世界中走出来，走进鲜活的生活世界，有利于激发学生的好奇心与学习兴趣，让学生在实践过程中巩固所学和获得新知，可以培养学生的多种核心素养，具有综合育人的重要价值。也正因如此，《关于深化教育教学改革全面提高义务教育质量的意见》《关于新时代推进普通高中育人方式改革的指导意见》《关于加强义务教育学校作业管理的通知》等文件都提出，中小学要强化实践作业。

项目式作业

项目式作业发端于项目式学习（Project-Based Learning，简称 PBL），是一种新的作业形式。项目式学习通常从某一个学科切入，聚焦关键的学科知识和能力，用问题驱动学习发生，学生在解决问题的过程中进行学科与学科、学科与生活、学科与人际的联系与拓展，用项目成果呈现出对知识的深度理解与创造性运用。[18] 项目式学习强调以问题为锚点，通过系统设计，让学生运用已学知识分析和解决问题，有些作业还需要学生长期持续地观察、思考、记录和分析。[19]

项目式作业通常强调学生参与整个项目的规划、设计、执行和总结过程。从确定项目目标、制订工作计划等开始，到执行阶段的资源协调、问题解决、进度跟踪等，再到总结阶段的数据分析、经验总结、交流分享、成果展示等，学生都要深度参与其中。在这个过程中，学生需要团队合作、主动思考、协商沟通，所以，它不仅可以帮助学生巩固练习所学知识，探索和获取新知，还可以培养学生拓展探究、沟通合作、组织管理等多方面的能力。

项目式作业突破了传统作业知识单一、缺乏体系的缺点，注重知识的联结与迁移。通常，项目式作业涉及多个学科领域的知识，并包含团队协作、信息收集、分析与评估、实践操作等环节，具有很强的综合性。因此，项目式作业的实施周期通常比较长，很多教师会在寒暑假期间布置项目式作业。

跨学科作业

跨学科作业指的是以某一学科为中心，以某一主题为载体，融合多学科相关知识，使学生在多学科融会贯通、交叉渗透的综合化实践的基础上，提升问题解决能力的一种作业形式。新颁布的《义务教育课程方案（2022 年版）》，要求在各门课程中，跨学科主题学习的课时不少于总课时量的 10%。[20] 因此，跨学科作业逐渐成为教师广泛关注的一种作业新形式。其设计意图旨在调动学生的多重认知，使学生在本学科与其他学科之间建立横向联系，进行思维整合，完成较高质量的学习任务，重建自己的知识体系。[21]

跨学科作业在本质上具有知识多元化和破壁性的特点，同时强调情境性、主题性、开放性、合作性。跨学科作业有助于学生综合运用不同的学科知识，打破学科壁垒，淡化学科间的界限从而促进知识整合与创造性应用。

跨学科作业的形式多种多样，既包括口头作业、书面作业，也包括实践作业和项目式作业。跨学科作业在时空要求上具有很强的延展性，能拓宽学习时空。在人员组成上，它既鼓励个人探究，也倡导小组合作。因此，跨学科作业有助于发挥作业综合育人的功能。

跨学科作业的设计要遵循具体性、可衡量性、可实现性、相关性、时限性等原则，在实现学习资源整合的同时，将跨学科作业落地为一种可操作的教学举措。教师在设计跨学科作业时，可以采用串联法、渗透法、主题法等方式，将跨学科作业分为立足学科的跨学科作业以及基于真实问题的跨学科作业。在作业安排与学科间协调上，教师可以选择以合作教学的方式为主，协调不同学科教师的授课进度，协同指导学生完成跨学科作业，这种方式对教师间的合作要求较高；教师也可以选择自行统筹设计跨学科作业，辅导学生综合运用跨学科知识解决问题，这种方式对教师的个人能力要求较高。在完成跨学科作业的过程中，教师要引导学生进行跨学科的思维整合，切实提高他们解决实际问题与复杂问题的能力，真正做到学以致用。

跨学科作业的性质，决定了它是基础性作业的有力补充，具有其独特的学习价值。但值得注意的是，**并不是所有的跨学科作业都能综合育人，设计不到位的跨学科作业只有跨学科之形，但不能有效促进知识整合与能力提升。教师要应需而“跨”，应时而“跨”，应景而“跨”，不能“为跨而跨”。**

作业的效果

家庭作业多点好，还是少点好

让学生多做作业，特别是家庭作业，到底好不好？古今中外，关于这个问题，一直都存在争议。

在早期的美国，家庭作业不怎么受欢迎。当时，很少有学生最终能够接受高等教育，许多儿童和青少年回家后还需要投入大量时间做家务或农活，不仅家长不喜欢家庭作业，一些学校也不喜欢，因为如果学校布置过多的家庭作业，比如要求学生在家背诵课文，就会导致学生在相对较早的时候辍学。不同社会阶层的家长都经常投诉学校布置家庭作业。1880 年，经济学家沃克（Francis Amasa Walker）说服波士顿的学校董事会禁止教师在正常情况下布置数学作业。1900 年，记者博克（Edward Bok）抨击学校给 15 岁以下的学生布置家庭作业。有人依据美国童工法，指出上学时间加上家庭作业，超过了允许儿童为工资而工作的小时数。1901 年，加州立法机构通过了一项法案，废除了 15 岁以下任何人的家庭作业。

虽然家庭作业在 20 世纪上半叶普遍不受欢迎，但还是有些人支持家庭作业改革，而不是禁止它。例如，使作业与学生的非学校生活关系更密切，引导学生走进真实的生产生活情境，发展问题解决能力。到 20 世纪 50 年代，随着苏联卫星上天，美国在冷战中保持领先地位的压力越来越大，越来越多的学校开始布置家庭作业。从那时起，社会对家庭作业的态度大约以 15 年为周期反复摇摆：家庭作业在 20 世纪 50 年代到 60 年代中期受到鼓励；从 20 世纪 60 年代中期到 1980 年被拒绝；从 1980 年开始再次受到鼓励，一直持续到 20 世纪 90 年代中期；在这之后，家庭作业又开始不那么受欢迎了。

在我国，自从 20 世纪 80 年代以来，家庭作业及其所带来的学业负担过重问题，一直都是教育改革的热点问题。国家发布了多个文件对家庭作业管理做出规定。图 1–2 展示了 20 世纪 80 年代以来有关作业政策的时间线。

1988 年
国家教委

关于减轻小学生课业负担过重问题的若干规定[22]

一年级不留书面课外作业，二、三年级每天课外作业量不超过三十分钟；四年级不超过四十五分钟，五、六年级不超过一小时。不布置机械重复和大量抄写的练习，更不得以做作业作为惩罚学生的手段。学校和班主任老师应负责控制和调节学生每日的课外作业总量。

1994 年
国家教委

关于全面贯彻教育方针减轻中小学生过重课业负担的意见[23]

作业的分量和难度要适当。小学一年级不留书面家庭作业，二、三年级每日课外作业量不超过 30 分钟，四年级不超过 45 分钟，五、六年级不超过 1 小时，初中各年级不超过 1.5 小时（以上均按中等水平学生完成的时间计算）。高中各年级每日作业量由各省制定。

课余时间和节假日（期）由学生自主支配，学校或教师都不得占用，不得给学生集体补课或上新课。

2000 年
教育部

关于在小学减轻学生过重负担的紧急通知[24]

要提倡布置活动性、实践性的小学生的家庭作业。小学一、二年级不留书面家庭作业，其他年级书面家庭作业控制在一小时以内。严禁用增加作业量的方式惩罚学生。

2009 年
教育部

关于当前加强中小学管理规范办学行为的指导意见[25]

科学安排作息时间，切实减轻学生过重课业负担。地方各级教育行政部门要根据当地实际情况，按照不同学段和年级、走读生和寄宿生的实际需要，对学生休息时间、在校学习（包括自习）时间、体育锻炼时间、在校活动内容和家庭作业等方面做出科学合理安排和严格规定，并组织全面检查。

2013 年
教育部

小学生减负十条规定（2013 年 9 月 4 日再次征求意见稿）[26]

减少作业。一至三年级不留书面家庭作业，四至六年级要将每天书面作业总量控制在 1 小时之内。要积极与家长互动，指导好学生的课外活动。

2017 年
教育部办公厅

关于做好 2017 年中小学生暑期有关工作的通知[27]

减轻学生过重暑假学业负担。各地中小学校要引导学生参与社会实践活动，走进大自然，开展观察性、探究性学习。要引导家长不盲目给孩子报各类补习班，引导学生自主合理安排活动内容和活动时间，过一个轻松、快乐的假期。

2021年4月 教育部办公厅

关于加强义务教育学校作业管理的通知 [6]

学校要确保小学一二年级不布置书面家庭作业，可在校内安排适当巩固练习；小学其他年级每天书面作业完成时间平均不超过60分钟；初中每天书面作业完成时间平均不超过90分钟。周末、寒暑假、法定节假日也要控制书面作业时间总量。

2021年7月 中共中央办公厅 国务院办公厅

关于进一步减轻义务教育阶段学生作业负担和校外培训负担的意见 [13]

健全作业管理机制。学校要完善作业管理办法，加强学科组、年级组作业统筹，合理调控作业结构，确保难度不超国家课标。建立作业校内公示制度，加强质量监督。严禁给家长布置或变相布置作业，严禁要求家长检查、批改作业。

分类明确作业总量。学校要确保小学一、二年级不布置家庭书面作业，可在校内适当安排巩固练习；小学三至六年级书面作业平均完成时间不超过60分钟，初中书面作业平均完成时间不超过90分钟。

提高作业设计质量。发挥作业诊断、巩固、学情分析等功能，将作业设计纳入教研体系，系统设计符合年龄特点和学习规律、体现素质教育导向的基础性作业。鼓励布置分层、弹性和个性化作业，坚决克服机械、无效作业，杜绝重复性、惩罚性作业。

加强作业完成指导。教师要指导小学生在校内基本完成书面作业，初中生在校内完成大部分书面作业。教师要认真批改作业，及时做好反馈，加强面批讲解，认真分析学情，做好答疑辅导。不得要求学生自批自改作业。

图1-2　20世纪80年代以来我国有关作业政策的时间线

由图可知，每隔一段时间，国家就会出台相关文件，对作业问题进行规范。最近几年，学生作业负担与校外培训负担成为整个社会关心的重大问题，中共中央办公厅和国务院办公厅于2021年7月，联合发布《关于进一步减轻义务教育阶段学生作业负担和校外培训负担的意见》，对作业负担治理提出了明确规定。这是当前有关作业问题层次最高、内容最全面、规定最严格的一份文件。

作业是教学活动的重要组成部分，具有积极的教育意义。首先，作业可以弥补课堂教学的不足，在课外延续学校教育，促进学生学习能力和思维能力的提升，提高学生的学习效率和成绩，进而提高学校的教学质量。其次，作业还可以培养学生的自我管理能力，有助于学生学习自制力的提高以及独立性和责任感的培养。此外，适量的作业有助于家长参与学校教育、了解教学的进展，促进家校合作。但凡事要有度，过犹不及，作业过多则弊大于利。图1-2中有关规定表明，国家及各级教育主管部门已经认识到，作业过多会加重学生负担，影响学生的健康成长。总结起来，作业过多、学业负担过重带来的不良后果体现在以下几方面：学生近视率上升；睡眠时间减少；身体素质下降；心理健康问题突出；学习兴趣下降；综合素质不高；影响师生关系和亲子关系等。

当然，在教师、家长、学生等利益相关群体中，不同的人对家庭作业效果的意见并不一致。这正如有人主张为学生的成长创设宽松民主的环境，而有人却奉行“狼爸”“虎妈”的教育理念一样，相关争议在持续产生。

目前，对于“过多和过少的家庭作业对学生学习与发展都不利”这一点，多数人应该能达成共识。但是，多少量算过多，多少量算过少，不同年级学生的最佳量是多少？如何考虑学生差异？分层或个性化作业究竟是利大于弊，还是弊大于利？作业量多与少，应该由谁来确定会更好？有关问题亟待进一步讨论和研究。

对作业效果的实证分析

实证研究和循证研究是教育研究的重要范式，实证数据是了解与揭示教育现象和教育问题的关键。通过实证数据来分析作业效果可以提供相对客观的研究证据，有利于更客观、全面地认识作业。

近年来，中小学生作业负担现状与作业实际效果成为教育研究领域的热点问题。2012 年，国际学生评估项目（ PISA ）详细收集了上海市 15 岁学生的各类学习时间，结果表明，学生作业时间与数学、阅读和科学成绩都呈显著的正相关，但是这三科成绩与作业时间的正相关关系，在每天的总体作业时间超出 1.5 小时后明显减弱。[28] 基于 PISA 2018 在中国北京、上海、江苏、浙江四地的另一项研究数据揭示，超课时投入并不会使学生的学业成就得到显著提升；课时增加的主要受益群体是学弱生，但其对学优生则会造成显著的负面影响。[29] 这也从一个侧面说明了作业量对学生学习的影响。

有研究者曾对 2013 年北京市 34652 名小学五年级学生的问卷调查与学业水平测试结果进行分析，发现完成家庭作业时间在 1 小时以上各时段的学生的成绩，均低于能够在 1 小时以内完成家庭作业的学生，分数相差 0.94—

4.79分。并且，随着作业用时的增加，分值差距逐渐增加，即完成作业时间越长的学生所获得的成绩越低。[30]

国外有关作业时间与成绩相关性的研究得出的结果差异很大，可以分为四类：正相关、曲线相关、负相关和零相关。库帕（Harris Cooper）对这些研究进行元分析后指出，不同学段学生的学习成绩与作业时间的相关关系具有差异性。相对而言，作业时间对高中生成绩的影响更大，具有实质性，两者相关系数是0.25；作业时间对初中生成绩的影响作用减半，相关系数只有0.07；作业时间对小学生成绩的影响更小，几乎为0。[31]另外一项元研究也发现，年龄是调节作业时间与学业成就之间关系的重要变量。对中学生而言，两者之间正相关的强度更大。[32]

这些研究不仅证实了过多作业对学生成绩并没有多大促进作用，而且揭示了作业时间的差异对不同学段学生成绩的影响不尽一致。这些研究对学校与教师讨论作业效果，制定学校作业政策具有启发意义。

要让作业发挥好的效果，就必须以学生为中心，根据学生的学段特点，结合学情实际，设计适量且高质量的作业。

我们该如何看待作业

作业有利有弊，是一把双刃剑。作业效果的发挥不仅与量有关，也受质的影响。

在量上，学校和教师要根据学生所处的学段设置合适的作业总量。总体上，年级越低，布置的作业总量应该越少。这不仅是因为低年级学生完成作业速度慢、抗压能力弱、学业任务相对较轻，而且有研究表明，随着年级和学段的升高，作业量增加对学生成绩的提升作用更大。在低年级，作业量的多少与学生成绩相关性非常小，小到可以忽略。从这一角度而言，《关于进一步减轻义务教育阶段学生作业负担和校外培训负担的意见》中，关于分学段控制作业总量的有关规定，是有科学依据的，并且得到了实证研究的支持。这一文件规定，一、二年级不布置家庭书面作业，可在校内适当安排巩固练习，三至六年级书面作业平均完成时间不超过 60 分钟，七至九年级书面作业平均完成时间不超过 90 分钟。[13]

在质上，作业设计至关重要。高质量的作业可以促进学生转变学习方式，在过程上走进生活、自主探究、合作沟通，在结果上提升学生核心素养，作业设计是提升学校教育质量、落实立德树人根本任务的重要途径之一。在未来，如果作业设计能够进一步聚焦跨学科核心素养以及相关学科核心素养，加强情境创设，增加题目的实践性、应用性、探究性与开放性，必然会在教育的高质量发展中发挥更加重要的作用。

作业设计 AB 案

作业设计 A 案是教师设计或布置的作业，B 案则是我们针对相同或相似目标设计的改进作业。从 A 案到 B 案，作业设计实现了一次“华丽的转身”。在每一章结尾，我们将正文中提及的作业设计改进过程，总结在作业设计 AB 案对比表中，供大家在对比中学习与思考。

序号	内容	A 案	B 案
1	小学 四年级 数学 相遇问题	仔细观察教材中的这幅情境图，请你写一写： 我发现的信息有________ ________________ 我提出的问题是________ ________________ （参见本书第 20 页）	1. 轨道交通是北京市城市综合交通体系的重要组成部分。请你了解一下，截至目前，北京市轨道交通运营里程达到多少公里？如果驾车去天安门，从我校到天安门广场的行车距离是 21.5 公里，那么北京市轨道交通运营里程相当于从我校到天安门广场多少个来回？ 2. 地铁建设需要在地下开掘隧道，这离不开盾构机的帮助。盾构机集多种技术于一体，能在向前开掘的同时铺设隧道之“盾”（支撑性管片）。采用盾构机施工的掘进量占北京地铁施工总量的 45%。 *A*、*B* 两个站点之间的距离是 2 公里。有人建议用两台盾构机分别从 *A*、*B* 两个站点同时开挖，相向而行。假设 *A* 站点盾构机的开掘速度是 9 米 / 天，*B* 站点盾构机

序号	内容	A 案	B 案
			的速度是 11 米 / 天。请问，两台盾构机需要施工多少天后，才能完全挖通？（参见本书第 20—21 页）
2	初中 九年级 化学 合金	我们目前常用的 1 元、5 角、1 角硬币各是用什么合金制造的？这些合金具有什么性质？（参见本书第 22 页）	人民币中的 1 元、5 角、1 角硬币都是用合金制造的。请回答下面的问题： （1）第四套人民币中 5 角硬币是铜锌合金，如何鉴别铜与铜的合金？请你设计一个实验方案，并简述可能出现的现象与结论。（强调，禁止用 5 角硬币做实验） （2）第五套人民币中 1 元硬币是铜芯镀镍，镍的化学性质是怎样的？ （3）Zn（锌）、Ni（镍）、Cu（铜）三种金属的活动性顺序如何？ （参见本书第 22 页）

1. 有些教师对作业设计的重要性认识不足，请你结合一个具体的例子，向他们阐释作业设计对教学方式转变和教育质量提升的重要意义。

2. 在班级或年级内抽取若干名教师，进行一对一深度访谈，了解他们对学生家庭作业的真实感受、意见和建议，然后在政策框架下提出家庭作业设计与布置的改进方案。

3. 教师在作业设计过程中要眼中有学生，以学生的全面发展为教学目标，而不仅仅是掌握知识与技能。请你结合所教学科，举一个例子，说说你是如何通过作业设计促进综合育人的。

4. 一位二年级语文教师在讲识字课“中国美食”之前，布置了一份前置性作业，用来了解学生的学习准备情况。

（1）你喜欢什么美食？它是用什么方法制作出来的？（不会写的字，可以用拼音代替）

（2）你的家乡在哪里？你知道家乡的特色美食吗？

你认为这份作业设计得怎么样，能否实现作业的预期功能？如果你认为不能，请说明理由，并提出改进建议。

本章参考文献

[1] 辞海编辑委员会 . 辞海 [M]. 上海：上海辞书出版社，1999：2880.
[2] 中国大百科全书编辑部 . 中国大百科全书（教育）[M]. 北京：中国大百科全书出版社，1985：211.
[3] 教育大辞典编纂委员会 . 教育大辞典 [M]. 上海：上海教育出版社，1990：212.
[4] 辛克莱 . COBUILD 英汉双解词典 [M].《柯伯英汉双解词典》编译组，译 . 上海：上海译文出版社，2002：1737.
[5] 任宝贵 . 国外家庭作业研究综述 [J]. 上海教育科研，2007（03）：31–34.
[6] 教育部办公厅 . 关于加强义务教育学校作业管理的通知 [EB/OL].（2021–04–06）[2022–01–05]. https: //www.moe.gov.cn/srcsite/A06/S3321/202104/t20210425_528077.html.
[7] 教育部办公厅 . 关于加强义务教育学校考试管理的通知 [EB/OL].（2021–08–30）[2023–06–06]. http: //www.moe.gov.cn/srcsite/A06/s3321/202108/t20210830_555640.html.
[8] 王旭东，叶倩 ."双减"背景下寒暑假作业管理新样态 [J]. 教学与管理，2022（19）：76–79.
[9] 昆体良 . 昆体良教育论著选 [M]. 任钟印，选译 . 北京：人民教育出版社，2001：180–181.
[10] 夸美纽斯 . 大教学论 [M]. 2 版 . 北京：教育科学出版社，2014：93–94.
[11] 赫尔巴特 . 普通教育学 [M]. 李其龙，译 . 北京：人民教育出版社，2015：96–97.
[12] 艾宾浩斯 . 记忆 [M]. 曹日昌，译 . 北京：北京大学出版社，2014：90–94.
[13] 中共中央办公厅，国务院办公厅 . 关于进一步减轻义务教育阶段学生作业负担和校外培训负担的意见 [EB/OL].（2021–07–24）[2023–06–06]. https: //www.gov.cn/zhengce/2021-07/24/content_5627132.htm.
[14] 郭思乐 . 以生为本的教学观：教皈依学 [J]. 课程 · 教材 · 教法，2005（12）：14–22.
[15] 王金华，吕霞志 . 结构化预习：深度学习的开始 [J]. 人民教育，2014（16）：17–19.
[16] 黄显涵，李子建 . 西方评价理念的转型之路：兼谈对中国课程改革的启示 [J]. 教育发展研究，2013，33（20）：36–40.
[17] 王月芬 . 重构作业：课程视域下的单元作业 [M]. 北京：教育科学出版社，2021：149.
[18] 夏雪梅 . 在学科中进行项目化学习：学生视角 [J]. 全球教育展望，2019，48（02）：83–94.
[19] 陈法宝 . 美国小学生项目式作业的设计及其启示 [J]. 教学与管理，2022（23）：74–76.
[20] 教育部 . 义务教育课程方案（2022 年版）[S]. 北京：北京师范大学出版社，2022.
[21] 李涛，刘晓婷 ."双减"背景下有效作业设计 [M]. 沈阳：辽宁人民出版社，2023：213.
[22]. 国家教委 . 关于减轻小学生课业负担过重问题的若干规定 [N]. 人民教育，1988（09）：13.
[23] 国家教委 . 关于全面贯彻教育方针减轻中小学生过重课业负担的意见 [N]. 人民教育，1995（04）：5–6.

[24] 教育部 . 关于在小学减轻学生过重负担的紧急通知 [N]. 中华人民共和国国务院公报，2000（08）：38–39.

[25] 教育部 . 关于当前加强中小学管理规范办学行为的指导意见 [EB/OL].（2009–04–22）[2023–06–06]. http: //www.moe.gov.cn/srcsite/A06/s3321/200904/t20090422_77687.html.

[26] 教育部 . 小学生减负十条规定（2013 年 9 月 4 日再次征求意见稿）[EB/OL].（2013–09–05）[2023–06–06]. http: //www.moe.gov.cn/jyb_xwfb/s248/201309/t20130905_156983.html.

[27] 教育部办公厅 . 关于做好 2017 年中小学生暑期有关工作的通知 [EB/OL].（2017–07–27）[2023–06–06]. http: //www.moe.gov.cn/srcsite/A06/s3325/201708/t20170802_310538.html.

[28] 沈学珺 . 基于 PISA 数据探究上海中学生学习时间的合理性 [J]. 教育发展研究，2014，33（04）：9–14.

[29] 李昶洁，杨雨航 . 课时投入对中学生学业成就的异质性影响：基于 PISA 2018 中国四地阅读成绩的经验证据 [J]. 教育发展研究，2023，43（04）：74–84.

[30] 王云峰，郝懿，李美娟 . 小学生课业负担与学业成绩的关系研究 [J]. 中国教育学刊，2014（10）：59–63.

[31] COOPER. Synthesis of research on homework.[J]. Educational leadership, 1989, 47(03)：85–91.

[32] TRAUTWEIN. The relationship between homework and achievement：still much of a mystery [J]. Educational psychology review, 2003(15)：115–145.

第二章

作业设计的理论基础

本章导读

作业是教学活动的重要组成部分，其核心目的是促进学生的学习，即让学生在知识、技能、能力、策略、价值观、态度、行为等方面发生预期的改变。因而，探讨作业设计的原理与应用，就必须回顾学习理论的发展历史，深入认识、理解学习的本质与发生机制，从重要的学习理论中寻找规律和启示。行为主义学派、认知学派与建构主义是学习理论的重要流派，他们的观点为作业设计提供了不同的启发。

概览

1. 作业是教学活动的重要组成部分，其核心目的是促进学生的学习。所以，探讨作业设计的原理与作用，就必须回顾学习理论的发展历史，深入认识、理解学习的本质与发生机制，从重要的学习理论中寻找规律和启示。

2. 学习是由经验引起的行为或思维持久变化的过程。要促进学生行为的变化，必须让学生在学习过程中有“练习或反复经验”，有实践的过程。教师要主动分析学生完成作业时的认知过程、情感过程与动作过程，确保作业能带给学生有意义的经验。

3. 学生的学习有如下主要特点：以掌握间接经验为主；目的不仅是掌握知识与技能，还要指向适应终身发展与社会发展需要的核心素养；在教师有目的、有计划、有组织的指导下进行；在学校班集体中进行；具有一定程度的被动性。

4. 安德森等人于 2001 年对布卢姆的认知目标分类体系进行了修订，从知识与认知过程两个维度定义学习目标。在认知过程上，认知能力被分为六个层次，分别是记忆、理解、应用、分析、评价、创造。

5. 20 世纪上半叶，行为主义理论一直占据主流地位。该理论将学习看作刺激与反应之间的联结。它强调根据可观察的现象解释学习，所以作业设计的目标关注操作化；同时，它还注重强化作业在学习中的作用，教师要加强作业的反馈与激励。

6. 20 世纪五六十年代，认知主义（也称认知学派）心理学理论迅速发展。与行为主义心理学不同，认知心理学家试图探讨学习者内部心理结构的性质以及它们是如何变化的，其研究成果对教学实践与作业设计具有更强的指导意义。

7. 布鲁纳是发现学习理论的提出者。他主张教师要让学生通过参与探究活动，发现基本的概念、原理或规则，让学生像科学家一样思考，探索与发现未知世界，解决自己在生产生活中面临的新问题。发现学习理论认为，能力的提升比掌握知识更重要。

8. 建构主义心理学家认为，世界是客观存在的，但对世界的理解和赋予的意义却是每个人自己决定的。教师要把课堂还给学生，让学生成为学习的主人。而在作业设计中，教师要重视情境创设，增加作业的探究性与开放性，探索分层作业与个性化作业，将作业难度控制在学生的最近发展区。

理论在人们认识世界和改造世界的过程中发挥着重要的作用。理论不仅具有解释功能，而且在实践的意义上具有规范功能、批判功能、启发功能和引导功能。作业作为教学活动的重要组成部分，其核心目的是促进学生的学习，即让学生在知识、技能、能力、策略、价值观、态度、行为等方面发生预期的改变。因而，探讨作业设计的原理与应用，就必须回顾学习理论的发展历史，深入认识、理解学习的本质与发生机制，从重要的学习理论中寻找规律和启示，增加作业设计的科学性与有效性。

认识学习

学习在生活中随处都在发生。幼儿学习区分猫、狗、老虎等不同的动物，学习数数，学着自己系鞋带。进入儿童时期，他 / 她就会学习一些更复杂的东西，比如做加减乘除四则混合运算、骑自行车、与他人进行小组讨论等。然而，要说清学习是什么、有什么特点、有些困难，不同的理论工作者、研究者和实践工作者对学习有不同的理解，至今没有达成共识。

学习的定义

从词源学上分析，“学习”最早可追溯至孔子在《论语 · 学而》中所说的一段话："学而时习之，不亦说乎？"统编版语文教材七年级上册对"习"的注解是"温习"[1]，"时习"即按时温习。然而，历代学者对于这句话中"习"字的注解仍存在分歧。比如，杨伯峻在《论语译注》中主张将"习"解释为"实习""演习"。他说[2]：

> 一般人把"习"解为"温习"，但在古书中，它还有"实习""演习"的意义，如《礼记·射义》的"习礼乐""习射"。《史记·孔子世家》："孔子去曹适宋，与弟子习礼大树下。"这一"习"字，更是演习的意思。孔子所讲的功课，一般都和当时的社会生活和政治生活密切结合。像礼（包括各种仪节）、乐（音乐）、射（射箭）、御（驾车）这些，尤其非演习、实习不可。所以这"习"字以讲为实习为好。

对于这种解释，不少学者提出异议。[3-4]他们认为，"习"字如何理解，有赖于"学而时习之"中"学"的是什么。他们进一步指出，"学而时习之"之"学"，学的是"成德之学"，即提升道德境界之道的"大学"，而非所有的学问，更非仅限于技艺或成为有用之器的学问。对于这种学问，唯有时时诵习，每日三省吾身，不断提升自身的道德修养和精神境界，才能够心生喜悦。所以，他们倾向于仍将"习"解释为温习、诵习、修习。

实际上，学离不开习。无论是简单技能的学习，还是复杂知识、文化、思想的学习，都既需要温习、复习，又需要练习、实习，在实践中通过应用加以巩固、拓展与提升。**学习"成德之学"，如果只知道每日记诵，而不在实践中应用和练习，那就不可能真正将道理内化于心，外化于行**。因此，从这一意义而言，我们更愿意用整合的观点来理解"习"字。学习是一个复合词，"学"指耳听、眼见与模仿，是获得知识、信息、技能、思想的过程；"习"则指温习、复习、实习、练习，是巩固所学、实践所学的过程。"学"偏重于知，"习"则偏重于行。既学且习，就是知行合一的过程，才称得上是真正有意义的学习。这样，"学而时习之"，才能真正给学生带来成就感。

在心理学领域，早期人们使用较多的"学习"的定义是，"学习是个体在特定情境下由于练习或反复经验而产生的行为或行为潜能的比较持久的变化"[5]，很显然，这一定义深受行为主义心理学观点的影响。后来，在认知心理学的推动下，目前被人们广泛接受的学习的定义变成，“学习是由经验引起的行为或思维比较持久变化的过程”。[6] 这个定义包含了学习成立的三个必要条件。

第一个条件是行为或行为潜能有变化。一般而言，如果人们的外显行为没有变化，学习就没有发生。当然，有时候行为的变化不是立即发生的，不会马上表现在行为上，而是需要经过一段时间才能见诸行动。行为主义学派心理学家将其视为行为潜能的变化，认知学派心理学家则将其看作思维的变化。只有行为或思维发生了变化，学习才有可能发生。

第二个条件是行为或行为潜能的变化必须是“比较持久”的变化。短暂的变化很可能不是由学习引发的，比如药物、酒精、疲劳等因素都会引发人行为的短暂变化，一旦这些因素排除了，行为会恢复到原来的状况。同时，学习不可能一直保持下去，因为人会产生遗忘。这一行为或行为潜能的改变必须持续较长时间，才算是学会。当然，学到的东西保持多长时间才可以被认定为学会，专家们的意见尚未统一。不过，大多数专家认为，行为或行为潜能改变持续的时间太短（如几秒钟），不能算作学会。

第三个条件是行为或行为潜能的变化必须由“练习或反复经验”引发，产生于实践或其他经历。由遗传、成熟、大脑损伤、精神疾病等因素引起的行为变化应该被排除在学习之外。不过，遗传和学习之间的界限有时难以明确划分。遗传可能决定人必须用某种方式行动，而某种行为的实际发展又有赖于环境。语言发展就是一个例子：当语言器官发育成熟，人就可以发出声音；但只有与已经掌握语言的人进行交流，他才可能说出有实际意义的词汇和句子。

综合词源学分析与心理学定义，我们可以将学习通俗地理解为促进人在知识、技能、能力、思维、态度、价值观、行为等方面发生变化的过程。这一理解对于作业设计的启示是：

- 学习的目标是促进学生“行为或行为潜能比较持久的变化”，即在知识、技能、思维等多方面发生变化。那么，作业作为一种重要的学习活动，必须明确它在哪些方面促进了学生的变化以及变化到何种程度，而且在结果上能切实有效地激发、促进和实现这种预期的变化。如果目标指向模糊、不清晰，不能落实在较为具体的行为变化上，或者即使目标清晰，但作业没能有效促进这些目标的达成，这样的作业就不能称之为好的作业，其质量亟待提升。

- 从评价的视角来看，作业必须能准确评判学生在知识、技能、思维等方面发生预期变化的程度。如果作业不能寻找、收集、呈现有关预期行为变化的可靠证据，就不能帮教师做出有关学生学习和教师教学的有效评判。

- 从学习的定义来看，要促进学生行为的变化，就必须让学生在学习过程中有“练习或反复经验”、有实践的过程。没有“练习或反复经验”，就没有学习。学而时“习”之，才能带给学生愉悦的学习体验。因此，**教师要主动分析学生完成作业时的认知过程、情感过程与动作过程，确保作业能带给学生有意义的经验**。如果想提高学生对知识的掌握程度与技能熟练水平，作业设计就要让学生温习、诵习、练习这些知识与技能；如果想提高学生的复杂、高阶能力，作业设计就必须让学生在认知过程、情感过程、动作过程中经历相应的体验，创造练习、应用、实践这些高阶能力的经验。

学生学习的特点

学习是人类生活的普遍现象，但它不是人类所特有的活动。动物也会学习。因此，学习可分为三种层次，一是动物（包括人类）的学习，二是人类的学习，三是学生的学习。本书探讨的是作业设计，针对的是学生的学习。所以接下来，我们要深入分析学生学习所具有的特点，其主要特点如下：

第一，学生的学习以掌握间接经验为主。人类的知识不外乎直接经验和间接经验。直接经验是指个体亲身参与实践活动所获得的知识，而间接经验是指从他人或书本上学来的知识。受个人实践范围的限制，知识不可能都从直接经验中获取，多数知识需要从别人或书本那里学习，需要接受间接经验。特别是对于学生来说，学习主要还是发生在校园和教室内，所以学生学习以掌握间接经验为主。但是，教师需要高度重视直接经验的意义。教师的教学如果不仅仅局限于学校、教室、书本，而是密切地联系现代生活与学生生活实际，尽可能多地向学生提供亲身经历的机会，让学生去感知世界、认识生活、了解社会，形成自己的直接经验，学生对学习会更感兴趣，理解与掌握知识的程度会更高，学到的知识也更有用。

第二，学生学习的目的不仅是掌握基础知识与基本技能，还要指向适应社会发展与终身学习所需要的必备品格与关键能力。学生的学习在学校中进行，学校的使命是教书育人，是将学生培养成德智体美劳全面发展的社会主义建设者和接班人。因此，学生的学习不能局限于“双基”，而要服务于学生的终身发展和社会的进步，要更全面、更深入。

第三，学生的学习是在教师有目的、有计划、有组织的指导下进行的。学生个体的主动学习、自主学习很重要。但学生心智还不够成熟，自主学习和自我管理能力还不足，所以其学习离不开教师的指导。有了教师的指导，学生才可以行稳致远，学得更深入、更高效。既尊重学生主体性，又充分发挥教师主导作用的学习，才是高质量的学习。

第四，学生的学习是在学校班集体中进行的。班级授课制不仅可以提高教学效率，而且因为有师生之间、生生之间的充分互动，可以更好地提升学生的沟通能力、合作能力、批判性思考能力、领导力等核心素养。所以，即便在信息技术的推动下，微课、翻转课堂、慕课等新型课堂形式纷至沓来，班级授课在未来很长一段时间内仍然将是主流的教学形式。当然，在班集体教学中加强因材施教，注重个性化教学，也是教师的努力方向。

第五，学生的学习具有一定程度的被动性。学生学习应该是一个主动建构的过程，被动学习的效果往往不尽如人意。每一名教师都希望学生拥有一个主动、愉快、有成就感的学习过程。然而，学习是需要付出意志努力的活动，特别是当学生没有体验到学习乐趣与价值的时候，学生的学习主动性表现不足。所以，教师在教学过程中要通过多种手段，激发学生学习的外部动机与内在动机，激发学生学习的热情，提高学生学习的主动性，在最大程度上将在教师要求下的被动学习，转变成学生自我激励的主动学习。

学生学习的这些特点，为作业设计提供了很多启发，主要有：

- 作业以学习间接经验为主，但教师必须重视学生直接经验的获得，要在作业中创设真实情境，增加作业的实践性、应用性、探究性与开放性，使作业联系生产生活实际，让学生走出学校和教室，走进生活世界，通过亲身经历与实践，深化对世界的认识。

- 作业内容不能局限于基础知识与基本技能，要围绕加强核心素养，重视通过作业培养学生的核心素养，促进学生的全面发展与终身发展。

- 针对学生学习的被动性特点，教师在作业设计中要适当把握作业的难度，把难度控制在学生的最近发展区内，同时增加作业的趣味性、实用性与探究性，让学生有愉快的学习经历，不厌烦甚至喜爱做作业。

- 教师要充分发挥作业的积极作用，就必须提高作业设计水平，要能在掌握作业设计原理的基础上反思已有作业设计中的问题，并针对问题做出有效的改进，以作业促学习，为学生创造丰富、生动、有效、多样化的学习经验。

学习的分类

学习现象比较复杂。要深入理解学习和作业设计，需要对学习进行分类讨论。不同研究者从不同的理论视角出发，提出了不同的分类体系。不同类别的学习有不同的学习规律，因而教学安排与作业设计也应该有所不同。教师要能判定自己所组织的学习层次和类别，并据此设计教学活动与作业。对于低层次的机械学习，可以布置相对简单的重复性练习；但高层次的学习，如概念学习、原理学习和问题解决学习，对作业设计的要求会更高，需要增强作业的情境性、实践性、应用性、探究性与开放性。

接下来，笔者将介绍几种影响广泛，对作业设计有参考意义的分类方法。

加涅的学习分类

加涅（Robert Mills Gagné，1916—2002），美国教育心理学家。加涅曾接受过严格的行为主义心理学训练，但在学术生涯后期，他吸收了信息加工心理学的思想和认知学习理论的思想，形成了有理论支持也有技术操作支持的学习理论。这一理论解释了大部分的课堂学习，并提出了切实可行的教学操作步骤。

在加涅看来，人类的学习复杂多样，有层次性，总是由简单的低级学习向复杂的高级学习发展，构成了依次递进的层次与水平。而简单的低级学习是复杂高级学习的基础。1968 年，他将人类学习分为八个层次：[7]

- 信号学习。这是人类学习的最低级层次。这种学习甚至在普通家畜身上也可以观察到。
- 刺激—反应学习。这一层次的学习，与桑代克的“尝试错误学习”、斯金纳的“操作性学习”十分相似。它只涉及一个刺激与一个反应之间的单个联络。
- 连锁学习。这是一种成系列的单个“刺激—反应”结合起来的学习。有些连锁学习由肌肉反应组成，而有些连锁学习则完全是言语的。
- 言语联结学习。这是指语言学习中言语的连锁化，包括字词形声义的联想和言语顺序的学习。
- 辨别学习。这是指学习者对某一特别集合中的不同成分做出不同反应的学习。
- 概念学习。这是指对掌握同类事物共同的关键特征和本质属性进行反应的学习。其中有些概念可通过学习者与环境的直接接触来获得，但有些概念则要运用语言对事物进行分类、归纳和概括。
- 原理（规则）学习。这是对概念间关系的认识或理解。例如，从对“圆的东西”和“滚动”两个概念间关系的认识中，得出“圆的东西会滚动”

的规律。

● 解决问题学习。这是原理学习的自然扩大，是一种“高级规则”的学习。

后来，加涅把前四类作为学习的基础形式，总称联结与连锁学习，并相应地将学习的八个层次压缩为五个层次，即联结与连锁学习、辨别学习、概念学习、规则学习、高级规则学习。[8]

布卢姆的认知目标分类体系

布卢姆（Benjamin Samuel Bloom，1913—1999），美国当代著名的心理学家、教育家，芝加哥大学教育系教授，曾担任美国教育研究协会会长，是国际教育评价协会评价和课程专家。

布卢姆因教育目标分类的系统学说而闻名。1956 年，他发表文章《教育目标分类：认知领域》，指出学生学习中的认知有六个层次，分别是：[9]

● 识记：对具体事实的记忆。

● 领会：把握知识材料的意义，对事实进行组织，从而明白事物的意思。

● 应用：应用信息和规则去解决问题或理解事物的本质。

● 分析：把复杂的知识整体分解，并理解各部分之间的联系，解释因果关系，理解事物的本质。

● 综合：发现事物之间的相互关系和联系，从而创建新的思想和预测可能的结果。

● 评价：根据标准评判或选择其他办法。

这六个层次的认知目标体系在发表后被广泛接受和使用。布卢姆给出的认知能力列表，是按照从最简单到最复杂的顺序排列的。最简单的认知能力是对知识的记忆，最复杂的认知能力是对观点的价值做出判断。

2001 年，安德森（Lorin W. Anderson）等人对布卢姆的认知目标分类体系进行了修订，从知识与认知过程两个维度定义学习目标。[10] 在认知过程上，安德森等人对认知能力的六个层次也进行了微调，变成了基本一致，但又有所不同的六个新层次，分别是记忆、理解、应用、分析、评价、创造。这种调整回应了教师教学实践的特点与需要，促进了教学、学习和评价之间的联系与一致性。[11]

奥苏伯尔的分类

奥苏伯尔（David P. Ausubel, 1918—2008），美国当代著名心理学家，他在教育心理学、认知科学、科学教育学习领域最突出的贡献，在于提出和研究了“先行组织者”（advance organizers）教学策略。

奥苏伯尔从两个维度对认知领域的学习进行分类。一个维度是学习进行的方式，学习被分为接受学习与发现学习。在接受学习中，学习的主要内容基本上以定论形式由教师传授给学生。在发现学习中，学习的主要内容不是现成地传授给学生，而是由学生自己去发现这些内容，然后加以内化。另一个维度是学习材料与学习者原有知识的关系，学习被划分为机械学习和有意义学习。在机械学习中，学习者并不理解符号所代表的知识，只是依据字面上的联系，记住某些符号的词句或组合。在有意义学习中，符号所代表的新知识与学习者认知结构中已有的适当观念建立起非人为的和实质性的联系。两个维度既彼此独立，又相互联系，两个维度之间的关系可参见图 2–1。

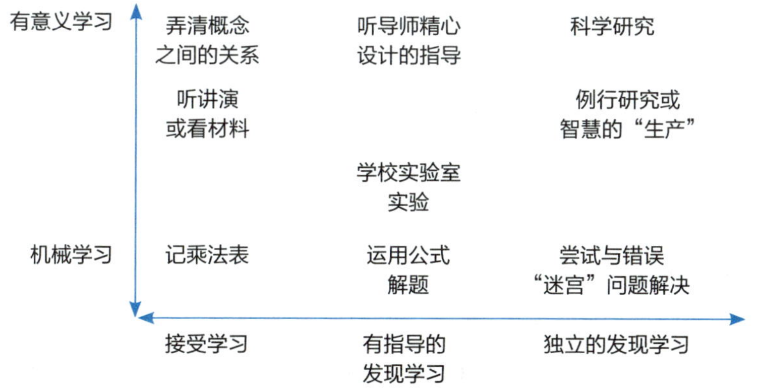

图 2–1　分布于接受学习—发现学习、机械学习—有意义学习之间的学习举例

值得注意的是，认为“接受学习必然是机械的”“发现学习必然是有意义的”，这两种观点都站不住脚。无论是接受学习，还是发现学习，都有可能是机械的，也有可能是有意义的。同样，发现学习似乎比接受学习更具有革新意义，但它并不一定是保证学生有意义学习的灵丹妙药。

学习是怎样发生的

学习是怎样发生的，是学习心理学研究的基本问题。学习心理学理论可以分为行为主义、认知主义与建构主义。理解这些理论提出的假说和观点，有助于把握学习理论的基本概念与学习发生的机制，从而为作业设计提供依据。

行为主义心理学理论

20世纪初，行为主义心理学开始兴起，并逐渐成为最重要的心理学流派。行为主义理论将学习视作行为或反应在速度、发生频率或形式上的改变，学习涉及刺激与反应之间联结的形成。最著名的行为主义理论当属斯金纳（Burrhus Frederic Skinner，1904—1990）的操作条件反射理论。而要弄清这个理论，我们需要先了解心理学史上为斯金纳理论发挥奠基作用的一些研究成果，如巴甫洛夫（Ivan Petrovich Pavlov，1849—1936）的经典条件反射理论、桑代克（Edward Lee Thorndike，1874—1949）的联结主义理论。

巴甫洛夫，苏联生理学家、心理学家、医师。1904 年，巴甫洛夫因在消化系统生理学方面取得的开拓性成就，获得了诺贝尔生理学或医学奖。他提出的经典条件反射理论对行为主义心理学发展起到了奠基性作用，他也因此成为传统心理学领域之外，对心理学发展影响最大的人物之一。

巴甫洛夫在研究消化现象时，发现狗一看见饲养员给它们送食物，甚至只要听到饲养员的脚步声，就会分泌唾液。饲养员并不是引起狗分泌唾液的自然刺激物，但由于其与食物建立了联系，他就因此获得了让狗分泌唾液的力量。受此启发，巴甫洛夫以狗为对象进行了实验，实验分成多个步骤（参见表 2-1）。巴甫洛夫把一只饥饿的狗拴在一个装置上，向它呈现一个无条件刺激——肉团，狗就会出现无条件反应——分泌唾液。接下来，巴甫洛夫以一个能发出滴答声的节拍器作为中性刺激，在呈现肉团之前让节拍器发出声音。刚开始，节拍器的滴答声不会引发狗的唾液分泌；当实验快结束时，狗在肉团呈现之前，听到滴答声就分泌唾液。这时，节拍器变成了条件刺激，引起与无条件反应相类似的条件反应。中性刺激与无条件刺激在时间上的结合被称为强化，强化的次数越多，条件反射就越巩固。当反复出现条件刺激而不配合出现无条件刺激时，条件反应的强度就会逐渐减弱，甚至消失，这个现象就是消退。

表 2-1　经典条件反射的程序

阶段	刺激	反应
1	无条件刺激（肉团）	无条件反应（唾液分泌）
2	中性刺激（节拍器），然后无条件刺激（肉团）	无条件反应（唾液分泌）
3	中性刺激——条件刺激	条件反应（唾液分泌）

桑代克，美国心理学家，动物心理学的开创者，心理学联结主义的建立者和教育心理学体系的创始人。桑代克认为，学习是刺激与反应之间的联结。他相信，学习通常通过尝试错误或借助选择和联结而发生。在一项经典实验中，一只猫被关在一个笼子里，通过推一根小棍或拉一条链子，猫就可以把安全门打开。在多次无目的的尝试之后，猫做出了开门的反应，打开门

逃走。然后猫又被放回笼子里。经过多次尝试，猫达到目的（逃出来）的速度越来越快，在做出正确反应之前犯错误的次数也越来越少。当做出成功反应，并且放弃不成功反应时，尝试错误的学习就逐渐发生了。经过反复尝试，刺激与反应之间的联结就形成了。

桑代克最有影响力的学习思想体现在效果律中。桑代克于 1913 年在《教育心理学第 2 卷：学习心理学》一书中指出："当刺激与反应之间建立的联结发生并伴随或紧跟着一个满意的事件时，联结的强度就会提高；当伴随或紧跟着一个令人厌恶的事件时，联结的强度就会下降。"[12] 可见，一个人当前行为的后果对决定他未来的行为起重要作用。奖励是影响学习的主要因素：教师在实践中使用小红花、五角星、口头表扬等奖励，可以促进学生的学习。当然，后续研究证实，行为之后伴随令人厌恶的事件，即提供惩罚，并不一定会减弱联结[13]，只有当替代性的联结被增强时，被惩罚的联结才会减弱。这表明，惩罚不是改变行为的有效途径。

自从心理学家用刺激—反应联结解释学习后，许多研究者都对这一理论观点做出了贡献，但很少有人像斯金纳那样对教育实践产生了巨大的影响。

斯金纳，美国行为主义心理学家，新行为主义的代表人物，操作性条件反射理论的奠基者。斯金纳发明了一种后人称之为"斯金纳箱"的装置。箱内装有一个操纵杆，操纵杆与一个提供食丸的装置连接。实验者把饥饿的白鼠置于箱内，白鼠偶然踏上操纵杆，供丸装置就会自动落下一粒食丸。经过多次尝试，白鼠会不断按压操纵杆，直到吃饱为止，从而使白鼠学会通过按压操纵杆以取得食物，操纵杆变成取得食物的工具。这一条件反射的形成过程，就是操作性条件反射，又称工具性条件反射。

操作性条件反射的基本模式可以用下面的公式表示：

$S^D \rightarrow R \rightarrow S^R$

辨别性刺激 S^D 提供了一个引出反应 R 的机会，反应之后出现的是强化 S^R。强化的出现，会使辨别性刺激再次出现时个体做出反应的概率提高。

在操作性条件反射实验的基础上，斯金纳提出了强化学说。斯金纳认为，人或动物为了达到某种目的，会采取一定的行为作用于环境，当这种行为的后果对他有利时，这种行为就会在以后重复出现；当这种行为的后果对他不利时，这种行为就会减弱或消失。人们可以用这种正强化或负强化的办法来影响行为的后果，从而修正个体的行为。当个体做出某种行为或反应，随后或同时得到某种奖励，从而使其行为或反应强度、概率或速度增加的过程，就是正强化；而负强化是指在某一辨别性刺激或情境下，行为者发出一种行为，结果可引起厌恶刺激移去或取消，则以后在同样情境下，该行为的出现率会提高。正强化和负强化都是强化，两者的区别在于强化方式的差异。前者是在行为出现后给予个体喜欢的奖励（如食物、小红花、口头奖赏），后者是在行为出现后撤销令个体厌恶的刺激（如去除强光、减少劳动量）。

强化程序

强化程序是指由反应与强化次数之间的不同组合而产生的各种强化安排。如果每一次符合要求的反应都受到强化，这种强化安排可称为连续强化程序；如果只有部分符合要求的反应受到强化，则称为间歇强化程序（也叫部分强化程序）。

间歇强化程序根据强化时间和比率安排的不同，又可以进一步区分为四种类型：（1）固定时间间隔：每隔一定时间出现一次强化，如每隔 20 秒或 20 分钟。定期检查学生作业就属于这种类型。（2）不固定时间间隔：强化出现的时间无规律可循。比如，不定期的卫生检查。（3）固定比率间隔：在一定次数的反应出现后给予强化，如每反应 5 次就进行强化。让学生完成一定量的作业就可以去玩，就属于这种程序。（4）不固定比率间隔：强化由反应次数决定，但每次强化要求的反应次数不一样。教师对学生进行随机表扬，就属于此类。

20 世纪上半叶，行为主义理论在学习心理学领域一直占据统治地位。该理论的主要特征是用环境中的事件解释学习过程，将学习看作刺激与反应之间的联结。尽管这些学习理论对学习者的认知过程、思想、信念和情感关注不够，后来受到了认知主义学派心理学家的质疑，但它已经被广泛应用于教学与学习领域，对于学习目标设置、程序教学、行为塑造与矫正、个性化教学等具有重要的启发意义。

这些学习理论对作业设计的启示主要如下：

- 行为主义学派强调根据可观察的现象解释学习，他们反对用思想、情感之类的内部事件解释学习。这启示教师必须将作业设计的目标操作化，用可观察、可操作的方式进行表述。如果作业目标操作性不够，学习是否发生就难以观察和评价。
- 行为主义学派注重练习的作用，认为练习可以加强刺激与反应之间的联结，可以促进学习，这肯定了作业的积极价值。
- 行为主义学派注重强化在学习中的作用，这启示教师不仅要注重作业设计，而且要做好作业管理，加强作业的反馈与激励作用。

认知心理学理论

认知心理学理论的先驱是德国的格式塔学派。格式塔是一个德语词，意思是完形。该学派主张思维是整体的、有意义的知觉。他们认为，结构主义把思维还原为所谓的基本要素，行为主义把行为还原为习惯、条件反射或刺激—反应联系，二者都是还原主义。他们反对任何形式的还原主义，主张学习重点在于构成一个完形，在于将一个完形改变为另一个完形，是一种顿悟。顿悟的发生过程是这样的：当有机体面临一个问题时，发生认知不平衡，这种不平衡具有动机性质，有机体会试图解决这一问题以恢复心理平衡，这种问题解决通过顿悟实现。

格式塔学派也通过动物实验来验证自己的心理学观点。心理学家柯勒（Wolfgang Kohler，1887—1967）于 1913 年至 1917 年期间，用黑猩猩做了一系列实验，证明黑猩猩的学习是一种顿悟，而不是桑代克所说的尝试错误。实验人员在黑猩猩的笼子外放上香蕉，在笼子里放两根竹棒，两根竹棒都比较短，用其中任何一根都够不到笼子外的香蕉。黑猩猩开始会尝试用一根竹棒去够，可是够不到，后来把竹棒扔向香蕉，结果竹棒也丢了。就在困顿中，一只名叫苏丹的黑猩猩把两根竹棒像钓鱼竿一样接在一起，然后伸出去够到了香蕉。这个过程经过了很长时间，第一次把两只竹棒接起来事发偶然，但苏丹一旦发现竹棒接起来可以解决问题，以后只要想够香蕉，就会把两只竹棒接起来。柯勒对此的解释是：遇到问题时，动物可能会审视相关条件，或考虑一定行动成功的可能性，当突然发现工具与目标之间的关系时，便产生了顿悟，从而解决问题。而且，一旦发现这种方法有用，当它以后再次遇到类似情境时，就会应用这一“领悟”到的经验解决问题。

经过几代认知心理学家的努力，二十世纪五六十年代，认知主义（也称认知学派）心理学理论迅速发展，并日益成为主流。与行为主义心理学不同，认知心理学家认为，学习是一种内部心理现象，可以从人们说出的话和做过的事中推断出来。认知心理学研究的中心课题是信息的心理加工，其成果对教学实践产生了广泛而深远的影响。在众多理论中，最有影响力的当属奥苏伯尔的有意义学习理论和布鲁纳（Jerome Seymour Bruner，1915—2016）的发现学习理论。

奥苏伯尔指出，有意义学习过程的实质，是符号所代表的新知与学习者已有认知结构中的适当观念，建立起的非人为和实质性的联系。所谓“非人为和实质性的联系”，指新学习的符号或符号所代表的观念，与学习者原认知结构中的表象、符号、概念或命题相互联系，这种联系有合理或逻辑的基础，不是人为创造的。比如，等边三角形概念与儿童原有认知结构中关于一般三角形的概念，是特殊与一般的关系，这种关系是自然存在的，是非人为和实质性的联系。为达成有意义学习，教师要帮助学生在新知与旧知之间建立联系，而且要想办法激发学生的积极性，引导学生主动使有潜在意义的新知与旧知发生相互作用，从而让旧知得到改造，新知获得实际意义，达成有意义学习。

有意义学习可以分为三种类型：表征学习、概念学习和命题学习。表征学习是学习单个符号或一组符号的意义，其主要内容是词汇学习，即学习单词的含义。概念学习是掌握同类事物的共同关键特征。比如，学习“正方形”这一概念，就是要掌握正方形由四条等长的边组成，以及它的四个角都是直角这两个关键特征。命题学习是一些体现事物关系的论点的学习。比如，“等边三角形是一种特殊的三角形”“当一个三角形三条边都相等时，这个三角形就是等边三角形，等边三角形中每个角的度数也是相等的，都是60° ”。

奥苏伯尔还重视学习方式的变革，强调发现学习。他认为，发现学习指学习内容不以定论的方式呈现给学生，而是由学生对学习内容进行重组、排列或转化，在新知与旧知之间建立联系，自主“发现”要学习的新知，将新知纳入原有认知结构之中。这种“发现”在表征学习、概念学习和命题学习中都可以发生。而且，发现学习又可以分为运用、问题解决和创造三种类型。其中，“运用”是指把已知命题直接应用到类似新情境中，类似于“练习”；“问题解决”是当学生无法直接将已知命题应用到类似新情境时，学生必须经过一系列的多次转化，才能完成任务；“创造”是指学生面临一个复杂情境，已知与未知之间联系不明显，问题解决条件不明确时，学生需要通过多种转化和组合，形成问题解决的思路。

布鲁纳是美国教育心理学家、认知心理学家，对认知过程进行过大量研究，在词语学习、概念形成和思维等方面有诸多著述，对认知心理理论的系统化和科学化做出了贡献，是认知心理学的先驱，被誉为杜威（John Dewey，1859—1952）之后对美国教育影响最大的人。布鲁纳也提倡发现学习，但他理解的发现学习与奥苏伯尔的发现学习含义并不相同。**布鲁纳的发现学习，是要让学生通过参与探究活动，发现基本的概念、原理或规则，让学生像科学家一样思考，探索与发现未知世界，解决自己在生产生活中面临的新问题**。布鲁纳认为，学习、掌握一般的概念和原理很重要，但更重要的是发展一种探究意识和能力，让学生学会批判性思考，能基于已知和条件做出假设、推测关系、设计探究计划、收集与分析数据、基于数据得出结论等。布鲁纳认为，能力的提升比掌握知识更重要。

发现学习具有重要的教育意义，主要体现在以下几方面[14][6](85)：（1）提高智力潜能。学习者自己分析问题解决的条件，自己对已有知识和现有信息进行组合与转化，自己探索解决问题的策略，这样的学习活动可以提升学生的思维水平、探究能力、问题解决能力。（2）使外部奖赏向内部激励转移。如果一个学生能在复杂情境和关系中，自己找到解决问题的方法，成功解决问题，这种成就感会激发学生的内在动机，其激励效果要比获得外部奖赏好得多。（3）获得学习解决问题的最优方法与策略的经验。如果一个人有成功通过发现学习解决问题的经历，就可以将这种能力迁移到多种情境中。(4)有助于信息的记忆与检索。通过发现学习掌握的知识或原理，学生记忆会更深刻、更持久、更有活性，能够在未来需要应用时得以快速提取和转化。

综上，认知心理学家重视对心理过程的分析，将探讨学习的角度转向学习者内部思维过程。他们认为，学习过程不是简单地在强化条件下形成刺激与反应的联结，而是由有机体积极主动地形成新认知结构的过程。认知心理学家试图探讨学习者内部心理结构的性质以及它们是如何变化的。他们的研究成果对教学实践具有更强的指导意义，对世界各国的课程与教学改革产生了深刻影响。目前在实践中比较流行的发现学习、基于问题的学习（Problem-Based Learning）、探究式教学（Inquiry-Based Instruction）都是受此影响而发展起来的。

认知心理学理论对作业设计的启示，主要如下：

- 关注作业所激发的认知过程。教师可以采用让学生出声思考的方式，说出自己完成作业或解决问题的心理过程，从而判断作业实际激发的心理过程与自己设计作业时的预期指向是否一致，这是保证教—学—评一致的基本方法。如果教师发现学生完成作业的过程与自己的预期指向不一致，说明作业设计有问题。比如，生物学教师希望通过作业培养学生基于生物学知识与思想提出研究假设的能力，但如果发现学生提出假设的过程完全可以依赖日常经验完成，那么这份作业设计就需要改进。

- 根据认知目标设计作业。学生学习过程中的认知活动比较复杂，涉及信息的理解、记忆、存储、提取、转化、综合、分析和应用等多种活动。教师在每一次作业设计中，都要首先明确作业的认知目标指向，并根据不同的指向设计相应的作业。如果希望学生在理解的基础上记住某一原理，教师可以布置作业让学生“列举一个教材中没有，课上没有提到过的例子，用自己的话说说某一原理发挥作用的机制”。如果希望学生能应用某个原理解决问题，教师在呈现问题情境后，明确说让学生应用某个原理分析和解决这一问题，与不明确说用什么知识和原理解决问题，其结果差异很大。

- 加强作业的实践性、应用性、探究性与开放性，促进学生的有意义学习。作业设计如果主要指向简单、机械、重复性的知识与技能，所能培养的主要是低阶认知能力。然而，学生的终身发展所需要的是高阶认知，是复杂能力。因而，即便是在低年级，教师的作业设计也要注重情境创设，要有意识地联系生活，增强实践性与探究性，让学生在完成作业过程中对知识进行深度加工，促进深度学习和有意义学习，有效提高学生的核心素养。

建构主义理论

建构主义理论是学习理论从行为主义发展到认知主义后的进一步发展，是从客观主义向对立方向的发展。

行为主义心理学的基本主张可以概括为：客观主义——分析人类学习行为的关键是对外部事件的考察；环境主义——环境是决定人类学习行为最重要的因素；强化——行为结果影响着未来的学习行为。反映在教学上，行为主义心理学家认为学习就是通过强化建立一个又一个刺激与反应的联结；教学的目标在于传递知识，然而他们无视了在这种知识传递过程中学习者的内在心理过程。

而认知心理学基本上也采取客观主义的传统。在认知心理学家看来，世界是由客观实体、其所具有的特征，以及客观实体之间的关系构成的。与行为主义学派的不同之处在于，认知主义心理学更强调学习者的内部认知结构。教学的目标是帮助学习者了解这些客观事物及其特征，将知识内化为其内部的认知结构。

建构主义是认知主义的进一步发展。皮亚杰（Jean Piaget，1896—1980）和布鲁纳已经初步有了建构的思想，但整体上，他们的学习观还在认知主义的框架内，其理论主要是解释如何使客观知识内化为学习者的认知结构。20世纪70年代末，苏联教育心理学家维果茨基（Lev Vygotsky，1896—1934）的思想被介绍到美国，极大推动了建构主义思想的发展。维果茨基强调社会文化历史对个体心理发展的意义，特别是活动和社会交往在人类高级心理机能发展中的突出作用。他认为，高级心理机能源于外部动作的内化，这种内化在人与人之间相互交往的过程中发生，它不仅通过教学活动，也通过日常生活、文化、游戏和劳动等活动来实现。这些观点对建构主义者产生了很大影响。许多建构主义者主张，世界是客观存在的，但对世界的理解和赋予的意义却是每个人自己决定的。每个人都以自己的经验为基础建构对现实世界的认识，因为每个人的经验和对经验的信念不同，他们对外部客观事物的认识就可能不一样。用通俗的话来说，就是一百个人读《红楼梦》，每个人心中的林黛玉都可能是不一样的。

建构主义理论对学习的内涵与机制做出了新的解释，主要观点可以概括为以下几点：[15–16]

- 人是主动的学习者。学习不是被动地接受知识，而是学习者主动建构内部心理表征的过程。
- 每个学习者都会基于先前经验对新信息进行编码，建构自己的理解。当人面临新信息、新问题、新事物时，会根据情境中的线索，调动先前经验来解释新信息、解答新问题、认识新事物，赋予它们意义。
- 知识的意义总是存在于情境中。学习总在特定情境下进行，人不能超越情境获得知识。学习时的情境不是一个无关因素，而是有机地卷入了建构活动的重要因素。
- 学习总在一定的社会文化环境中进行，即使学习者表面上是一个人独自学习，但他所使用的课本、电脑等工具都是人类文化的产物，承载着人类的智慧和经验。所以，个体不是孤立的探究者，而是在社会群体和同伴互动中学习的。
- 学习结果是先前经验的变化，具体表现为重组、转换、改造。这种变化既有认知方面的变化，也有情感态度方面的变化。

建构主义理论的观点对教学和课程设计具有重要的实践启发意义。最直接的启发就是把课堂还给学生，让学生成为学习的主人，让学生自主参与到学习中来。**教师角色由讲授者转变成学习的促进者，其主要职责是创设真实、吸引人、有适度挑战性的问题情境，引导学生自主学习与合作探究，为学生提供学习支架，跟学生一起发现和建构知识**。支架式教学（Instructional Scaffolding）、情境性教学（Situated or Anchored Instruction）、随机通达教学（Random Access Instruction）等，都是在建构主义理论的启发下发展起来的教学模式。

建构主义学习观对作业设计的启发，主要如下：

- 重视作业任务的情境创设。思维在情境中发生，不同情境下问题解决的方法可能不同。教师在设计作业时要创设真实的多样化情境，将任务嵌入情境，从而培养学生在真实情境中迎接挑战、解决问题的能力。

- 增强作业设计的探究性与开放性。每个人都是主动的学习者，其认识具有一定的相对性。因此，教师设计的作业要增强探究性与开放性，鼓励学生基于个人经验与理解提出解决问题的方法，为学生完成作业的过程、方法与答案留出开放性的空间，以培养学生学习的主动性、批判性、创造性与深度思考的能力。

- 鼓励合作探究。学习是在社会互动中发生的。教师可以专门设计让学生合作完成的作业，在一般性作业中也要有意识地引导学生与他人互动交流，向他人学习，在协商对话中建构对事物的认识，寻找问题的解决办法。通过鼓励合作探究完成作业，可以有效培养学生的沟通与合作能力。

- 探索分层作业与个性化作业。学生的学习是先前经验重组与改造的过程，但每个人的先前经验与发展潜力各不相同，教师在作业设计中必须基于学情，为学生提供适合的作业。为促进因材施教，教师可以探索分层作业和个性化作业。

- 将作业难度控制在学生的最近发展区内。教师是学生学习与发展的促进者。教学要走在学生现有发展水平的前面，带动和促进学生发展。因而作业的难度不能过低，要减少低难度的重复性作业，但也要适度增加作业的挑战性，将作业难度控制在学生的最近发展区内，让学生借助教师搭设的支架达到更高的学习水平。

思考与练习

1. 查找资料，深入了解安德森等人修订的新版认知目标分类体系中的六个层次。结合最近上过的一堂课，分析你设定的课时学习目标分别属于哪一层次，判断这些目标的实际达成程度，并思考如果重新上这节课，你的学习目标是否需要调整及如何调整。

2. 心理学家奥苏伯尔和布鲁纳都强调发现学习，但二者对发现学习的理解存在很大不同。请尝试阐释二者理解上的差异，说说你更认同哪一种，并分析这种理解对作业设计的启示。

3. 建构主义学习观对作业设计有重要启发，请结合你的教学实际，说说在建构主义学习观的指导下应如何改进作业设计。

4. 认知心理学与建构主义理论都重视作业设计的探究性。请你设计一份让学生通过探究和批判性思考来探寻问题解决办法的作业，并与同事进行讨论、反思与改进。

本章参考文献

[1] 教育部 . 义务教育教科书 · 语文：七年级上册 [M]. 北京：人民教育出版社，2016：50.

[2] 杨伯峻. 论语译注 [M]. 北京：中华书局，1980：2.

[3] 赵志浩 .《论语》开篇“学而时习之”证解 [J]. 西安文理学院学报（社会科学版），2019，22（03）：45-48.

[4] 魏文远，章小谦，祝笑玲 .“学而时习之”释义辨正 [J]. 现代大学教育，2020，36（06）：55-63.

[5] HILGARD, BOWER. Theories of learning [M]. 4th ed. Englewood Cliffs, New Jersey：Prentice Hall, 1975.

[6] 陈琦，刘儒德 . 当代教育心理学 [M]. 北京：北京师范大学出版社，1997.

[7] GAGNÉ. Learning hierarchies[J]. Educational psychologist, 1968 (06)：1-9.

[8] GAGNÉ. Analysis of objectives[C]// BRIGGS. Instructional design：principles and applications. Englewood Cliffs, NJ：Educational Technology Publications, 1977.

[9] BLOOM. A committee of college and university examiner. Taxonomy of educational objetives：the classification of educational goals, handbook1 cognitive domain[M]. London：Longmans, 1956.

[10] ANDERSON, KRATHWOHL, AIRASIAN, et al. A taxonomy for learning, teaching, and assessing：a revision of bloom's taxonomy of educational objectives[M]. New York：Longman, 2001.

[11] 盛群力，褚献华 . 布卢姆认知目标分类修订的二维框架 [J]. 课程 · 教材 · 教法，2004（09）：90-96.

[12] THORNDIKE. Educational psychology：Vol. 2. The psycholgy of learning[M]. New York：Teachers College Press, 1913：4.

[13] THORNDIKE. The fundamentals of learning[M]. New York：Teachers College Press, 1932.

[14] BRUNER. Some elements of discovery[C]//. Shulman, Keislar. Learning by discovery：A critical appraisal. Chicago：Rand McNally, 1966:85.

[15] 陈琦，张建伟 . 建构主义学习观要义评析 [J]. 华东师范大学学报（教育科学版），1998（01）：61-68.

[16] 刘儒德 . 建构主义：知识观、学习观、教学观 [J]. 人民教育，2005（17）：9-11.

第三章

作业设计的政策分析

本章导读

作业是重要的教育教学手段。相关政策对“我们要培养什么样的人”“我们需要怎样的教学”以及“作业设计如何改进”做出了明确规定，为作业设计指明了方向。中小学教师在作业设计实践中不仅要创新形式，适当增加作业的探究性、实践性与综合性，而且要提高站位，加强政策意识，熟悉相关政策，使作业服务于学生的全面发展与核心素养培育，切实推动教学方式向自主、探究、合作转变，充分发挥作业的综合育人功能。

概览

1. 相关政策对“我们要培养什么样的人”“我们需要怎样的教学”以及“作业设计如何改进”等问题的规定，会在很大程度上影响作业的内容与形式。教师要加强政策意识，提高站位，从政策中获得作业设计的启发。

2. 2014年，教育部颁布《关于全面深化课程改革落实立德树人根本任务的意见》，强调把德智体美全面发展总体要求具体化，深入回答“培养什么人、怎样培养人”的问题，研究制订学生发展核心素养体系，并将其作为学科课程标准修订、学业质量标准研制的重要依据。核心素养培育成为课程改革的热点。

3. 教师要秉持以学生发展为本的理念，以面向世界、面向未来、面向现代化的胸襟，从学科特点与学生实际出发，明确本课程需要高度重视的跨学科核心素养与学科核心素养，在核心素养引领下推动作业设计。

4. 2021年，《中华人民共和国教育法》第五条修订为：“教育必须为社会主义现代化建设服务、为人民服务，必须与生产劳动和社会实践相结合，培养德智体美劳全面发展的社会主义建设者和接班人。”“五育”并举的教育方针上升为国家意志，进一步突显了德智体美劳全面发展这一培养目标的重大意义。

5. 加强课程内容与学生生活以及现代社会和科技发展的联系，是多份教育政策文件对课程改革的基本要求。在作业设计中，教师要思考目标知识与技能在生产生活的哪些场景中会用到，以及怎样用，然后据此创设情境，让学生走进生活，用所学解决问题。

6. 转变教学方式，积极探索互动式、启发式、探究式、体验式等教学方式，培养学生的高阶思维能力，是课程改革的重要趋势。在作业设计中，教师要加强能力立意，将赋能学生发展作为作业设计的重要目标。

7. 2021 年，教育部颁发《关于加强义务教育学校作业管理的通知》，针对学校作业数量过多、质量不高、功能异化等突出问题，就义务教育学校作业管理提出了整体性规范。

8. 有关政策为作业设计指明具体的方向：（1）把握作业育人功能，切实避免机械、无效训练，杜绝重复性、惩罚性作业；（2）夯实基础，精心设计基础性作业，为学生终身发展奠基；（3）创新作业形式，倡导设计探究性作业、实践性作业、跨学科综合性作业；（4）落实因材施教，鼓励布置分层、弹性和个性化作业。

作业设计不仅是教师教育教学实践中的常规工作，更关乎学生的学习方式与学习成效，影响学校的教育质量，因此，一些教育政策专门针对它提出了具体的方向性指引。更重要的是，作业作为教育教学的重要手段，应服务于教育目标的达成。相关政策对“我们要培养什么样的人”“我们需要怎样的教学”以及“作业设计如何改进”等问题的规定，会在很大程度上影响作业的内容与形式。教师要加强政策意识，做好对相关政策的分析，从政策中获得作业设计的启发。

我们要培养什么样的人

我们要培养什么样的人？这是教育改革首先需要回答的根本问题。近些年来，无论是中共中央、国务院颁布的有关文件，还是教育部等部委制订的政策文本，都首先对这个问题进行了讨论，再就有关工作提出了具体的意见与建议。**有什么样的培养目标，就应该有什么样的教学与作业设计**。要知道未来该如何开展作业设计，就必须先对重要政策中的培养目标进行深入解读。

第八次课改：从“双基”到“三维目标”

第八次基础教育课程改革始于1999年，至今已有20多年的时间。1999年1月，国务院批转教育部《面向21世纪教育振兴行动计划》，提出实施“跨世纪素质教育工程”，改革课程体系和评价制度，到2000年初步形成现代化基础教育课程框架和课程标准，改革教育内容和教学方法，推行新的评价制度，开展教师培训，启动新课程的实验。[1] 同年6月，中共中央、国务院颁布《关于深化教育改革全面推进素质教育的决定》，再次强调实施素质教育，以提高国民素质为根本宗旨，以培养学生的创新精神和实践能力为重点，造就“有理想、有道德、有文化、有纪律”的德智体美等全面发展的社会主义事业建设者和接班人。[2]

本次课程改革在实践层面的正式启动是在2001年。2001年5月，国务院颁布《关于基础教育改革与发展的决定》；[3] 同年6月，教育部颁布《基础教育课程改革纲要（试行）》(以下简称“《课改纲要》”)，深入阐释了本次课程改革的目标、理念和途径。[4] 遵循“先实践，后推广”的原则，教育部于2001年9月在全国27个省（自治区、直辖市）的38个国家级实验区启动课改实验，课改开始走进师生的真实生活。2002年，课改扩大到400多个省级实验区。之后，课改逐年扩大实验范围，最后在全国范围内基础教育阶段中小学全面实施新课程。

《课改纲要》是本次课改的纲领性文件。文件在第一部分就聚焦“培养什么样的人”这个根本问题，提出了培养目标。这里培养目标的表述基本上与《关于基础教育改革与发展的决定》中表述一致，具体如下：[4]

> 新课程的培养目标应体现时代要求。要使学生具有爱国主义、集体主义精神，热爱社会主义，继承和发扬中华民族的优秀传统和革命传统；具有社会主义民主法制意识，遵守国家法律和社会公德；逐步形成正确的世界观、人生观、价值观；具有社会责任感，努力为人民服务；具有初步的创新精神、实践能力、科学和人文素养以及环境意识；具有适应终身学习的基础知识、基本技能和方法；具有健壮的体魄和良好的

心理素质，养成健康的审美情趣和生活方式，成为有理想、有道德、有文化、有纪律的一代新人。

分析发现，上述培养目标的表述突显了育人为本的理念，把马克思关于人的全面发展的观念贯穿于人的培养之中。课程改革要改变过去过于注重知识与技能的问题，要将学生学习知识与技能的过程同时变成学会学习、提升能力、培养正确的情感态度与价值观的过程，其最终目标是培养德、智、体、美等全面发展的社会主义现代化事业的建设者和接班人。

随着课改的深入推进，教师的观念也发生了变化，全面发展理念影响着教师的行为。教师备课时会在全面发展培养目标的引领下，采用三维框架陈述自己的单元教学目标与课时教学目标，三维分别是知识与技能、过程与方法、情感态度与价值观。革除过去片面强调基础知识与基本技能的问题，将培育完整的人、将学生的全面发展放在心中，已成为教师的共识。

这种转变是对过去很长一段时间以来“双基”本位教学的批判与否定。1978 年，教育部重新修订与颁布了《全日制中学暂行工作条例（试行草案）》和《全日制小学暂行工作条例（试行草案）》，并对中小学各学科教学大纲进行了修订。当时修订的教学大纲基本上都围绕各科“双基”——基础知识与基本技能——组织教学内容，对教学内容、知识点的具体要求、深度、难度都做了清晰的规定。这是知识本位观的突出反映。从教学观视角看，这种“双基”本位的教学秉持的是特殊认识论，强调教学的传承性与接受性。[5] 它重视基础知识的讲授与传授，以及基本技能的训练与练习，讲究精讲多练，主张学练结合与熟能生巧，追求基础知识的精准记忆与基本技能的熟练操演，力图使学生获得扎实的基础知识、精熟的基本技能和高超的解题能力。这种“双基”教学在推行初期确实规范了中小学的教学活动，提升了学科教学的有效性，但时间一长就暴露出它的弊端：它使教学逐渐偏离“人的全面发展”，强化了传统的“三中心”，即学生学习以书本知识为中心、教学过程以课堂为中心、课堂教学以教师为中心。这导致了书本没有的，教师不教；学生学什么，以教师所讲为准。“双基”教学窄化了教学的内涵，而且造成比较严重的学科中心与学科割裂。

从"双基"到"三维目标"是教育思想与教学实践的一大进步。[6]**"三维目标"表达了教育者对学生全面发展的关切，并将全面发展培养目标在单元、课时水平上逐步具体化**。第一维目标，知识与技能，指的是学生终身发展所需要的基础知识与基本技能；第二维目标，过程与方法，其中"过程"指的是应答性学习环境与交往体验，而"方法"指的是基本的学习方式与生活方式（如自主学习、探究学习、合作学习、泛在学习）；第三维目标，情感态度与价值观，对应学生发展的情意领域（affective domain），指学生在学习兴趣、学习态度、人生态度、价值观等方面的发展。从教学观上看，"三维目标"从建构主义知识观出发，强调知识学习过程的主观性与过程性，倡导尊重学生的主观能动性与已有经验，重视学习方式的转变，由教师讲、学生听，向自主学习、合作学习、探究学习转变，提高学生的主动性与可持续发展能力。这不仅实现了由单维目标到三维目标的量变，也因强调三维的整体性与互动性而促进了教学的质变，教师眼中有了生动的人、完整的人、全面发展的人。

走进教室，走进教师的教学现场。一位二年级数学教师在教"毫米与分米"一课时，列出了本课时的三维教学目标，具体如下。

教学目标

1. 知识与技能：体会产生新单位的必要性，认识长度单位"分米"和"毫米"，探索并了解分米、毫米与米、厘米的关系。

2. 过程与方法：通过观察、测量、估测等活动，感受1毫米、1分米的实际长度，能根据实际选择合适的长度单位。

3. 情感态度与价值观：感受数学与生活的密切联系，增强学数学、用数学的兴趣和信心。

教学重难点

认识长度单位"分米"和"毫米"，探索并了解分米、毫米与米、厘米的关系。感受1毫米、1分米的实际长度。

一位四年级语文教师在讲授"你好！新年"一课时，也从三个维度陈述了教学目标，具体如下。

教学目标

1. 知识与技能：认识本课生字，并能正确、工整地书写；理解“珍贵”“诚实”等词语；能背诵第一、二节。

2. 过程与方法：正确、流利、有感情地朗读课文。

3. 情感态度与价值观：能联系上下文和生活实际理解诗歌含义，从中感受新年的新意和生机，激发学生对生活的热爱之情。

教学重难点

从诗歌中感受新年的新意和生机，激发学生对生活的热爱和珍惜之情。

这里，我们不对教师三维教学目标表述是否达到操作化与可测评、是否造成目标之间的割裂等具体问题进行讨论。从这些示例中可以发现，教师在教学设计阶段已经突破了“双基”的限制，开始从学习方法、学习能力、学习情感等多个方面界定目标，目标开始向多元化与全面发展靠拢。对“我们要培养什么样的人”的回答深刻地影响着教师的教学实践。

那么，三维目标引领下的教学实践自然需要与之匹配的作业设计。随着新课程的深入推进，作业设计在内容与形式上都发生了变化。在内容上，作业设计不再局限于“双基”目标，不仅有指向掌握知识与技能的作业，而且有指向过程方法与能力、情感态度与价值观的作业。例如，数学教师布置作业让学生观察、发现生活中的数学，经历数据收集、整理、分析、建模、验证的过程。又如，语文教师在讲完“高山流水”一课后，让学生在课后配乐朗诵“伯牙绝弦”，感悟俞伯牙和钟子期真挚的友谊和情感。而在形式上，作业不再局限于纸笔形式，实践性作业、活动性作业、体验性作业、探究性作业等多种形式的作业开始走进学生的学习。

全面深化课程改革：从“三维目标”到“核心素养”

1860 年，英国哲学家、社会学家、教育家斯宾塞（Herbert Spencer）写了《什么知识最有价值》一书。他指出，所有的知识都有价值，但最重要的问题并不在于这个或那个知识有没有价值，而在于它的比较价值。有人认为，只要某些知识能带给学生某些益处就够了，而完全忘了对这些益处是否充分加以判断。学生的学习时间是有限的，而知识的体量非常大，因此，教育者应该精选最重要、最有价值的知识让学生学习。[7] 这种课程观放在当下带给我们的启示是：在知识爆炸、信息膨胀、社会和经济发展对人才素质要求越来越高的当下，教育者在促进学生全面发展的同时，必须抓住重点，让教育教学聚焦于对学生成长与社会进步影响更大的品质和能力。通俗地说，我们要追问：什么知识、什么技能、什么能力、什么品质、什么素养最有价值？

2014 年 3 月，教育部颁布《关于全面深化课程改革落实立德树人根本任务的意见》，强调把对学生德智体美全面发展总体要求和社会主义核心价值观的有关内容具体化、细化，深入回答“培养什么人、怎样培养人”的问题，组织研究制订各学段学生发展核心素养体系，并将其作为学科课程标准修订、学业质量标准研制的重要依据。[8] 核心素养培育很快成为课程改革的热点问题。

如何理解核心素养？从《关于全面深化课程改革落实立德树人根本任务的意见》来看，核心素养被定义为学生在接受相应学段的教育过程中逐步形成的，适应个人终身发展和社会发展需要的必备品格与关键能力。由定义可知，判断一个素养是否为核心素养的价值尺度有两个，一是是否有利于学生个人终身发展，二是是否有利于社会整体发展与进步。一般而言，尽管教育史上有“个人本位”与“社会本位”的教育目标之争，但实际上两个方面不是不可调和的，两者之间是相辅相成、相互支持的关系。对个人终身发展有利的东西，一定也会有利于社会的整体发展；而能促进社会进步的东西，自然也会有利于个体的终身发展。

另外，由定义还会发现，核心素养可以在内容上分为品格与能力两方面。必备品格是一个人做人的根本，是幸福人生的基础；关键能力则是一个人做事的根基，是成功人生的基石。换个角度来看，必备品格对应了“立德”与成人，是德育工作的重点，关键能力对应了“树人”与成才，是教学工作的核心。当然，实践中德育与教学是相互渗透、融为一体的，这里只是为更好地探讨核心素养的内涵而对其进行了区分。必备品格与关键能力确立的过程，是在全面发展培养目标体系中识别重点的过程，也是明确立德树人根本任务的过程，对于促进我国教育现代化与高质量发展，具有划时代的意义。

2016 年 9 月，教育部基础教育课程教材专家工作委员会审议通过北京师范大学课题组研发的中国学生发展核心素养框架。[9] 核心素养被分为文化基础、自主发展与社会参与三个方面，包括人文底蕴、科学精神、学会学习、健康生活、责任担当与实践创新六大素养（参见图 3–1），并最后具体细化为人文积淀、理性思维、国家认同等十八个基本要点（参见图 3–2）。核心素养总体框架的发布引发了社会的广泛关注，核心素养开始成为课程标准修订、学生学业质量标准研发、课堂教学改革研讨中的重要议题。随着《普通高中课程方案（2017 年版）》《普通高中课程方案（2017 年版 2020 年修订）》，以及《义务教育课程方案（2022 年版）》的陆续颁布，核心素养框架开始转化成学科核心素养进入课程标准，进入课堂，进入中小学教师的教学生活。

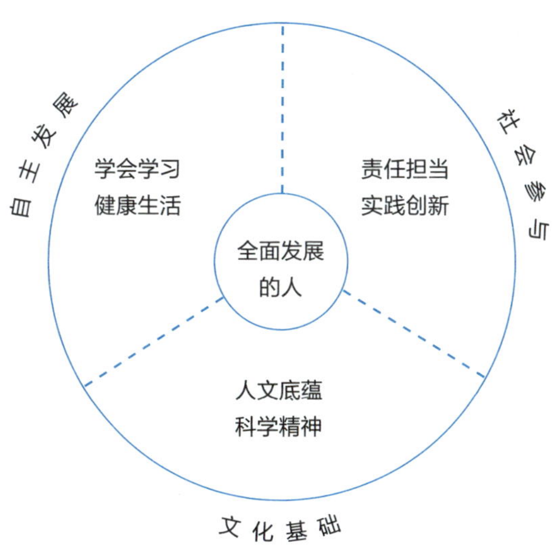

图 3–1　中国学生发展六大核心素养

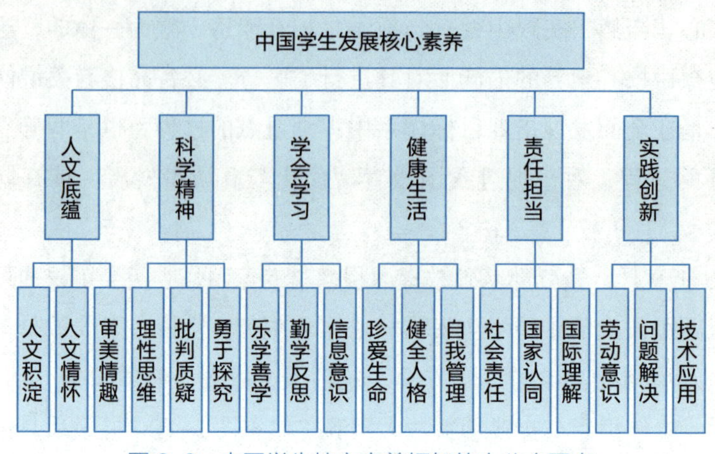

图 3-2　中国学生核心素养框架的十八个要点

核心素养引领下的课程标准与上一版课程标准相比有很大变化，它们都用专门的章节阐明了本学科所强调的核心素养。2020 年修订的普通高中各学科课程标准基本上是在第 2 章“学科核心素养与课程目标”下的第一节“学科核心素养”部分阐明本学科的核心素养。[10-11] 而 2022 年版义务教育阶段各学科课程标准则是在第 3 章“课程目标”下的第一节“核心素养内涵”部分阐明本学科的核心素养。[12] 进一步阅读课标发现，核心素养是各学科课程目标表述与课程内容组织的重要线索，是各学科学业质量标准研发、教材编写、教学实施与评价实施的依据。

各学科课程标准凝练了本学科所强调的核心素养，彰显了学科特色。然而，一个不容回避的问题亟待关注：各学科都在强调本学科的核心素养，都要有自己的学科特色，跨学科核心素养会不会反倒被忽视？实际上，越是关键的、重要的核心素养，越是跨学科核心素养所培育的。有专家撰文指出，从国际经验来看，有些国家和地区在课标编制过程中将学生核心素养指标直接分解到不同的学科，特别重视跨学科核心素养的统整性，让教师明确如何通过不同的课程共同培育学生的核心素养，同时又能看到各学科的侧重点。[13] 这一经验值得我们借鉴。因此，在强调综合学习、跨学科学习的背景下，教师在课程实施环节不仅要认真研读本学科的课标，理解与推动本学科核心素养的培育，还要跳出具体学科，站在学生终身发展的高度，重视课标清单之外跨学科核心素养的培育。

北京师范大学课题组对在全球范围内具有广泛影响力的 5 个国际组织和 24 个经济体的核心素养框架进行了元分析，发现超过半数国际组织或经济体共同关注的核心素养，即全球普遍提倡的核心素养有 7 个（参见图 3–3），分别是沟通与合作、创造性与问题解决、信息素养、自我认识与自我调控、公民责任与社会参与、学会学习与终身学习、批判性思维。[14] 这 7 种核心素养基本上都是跨学科核心素养。

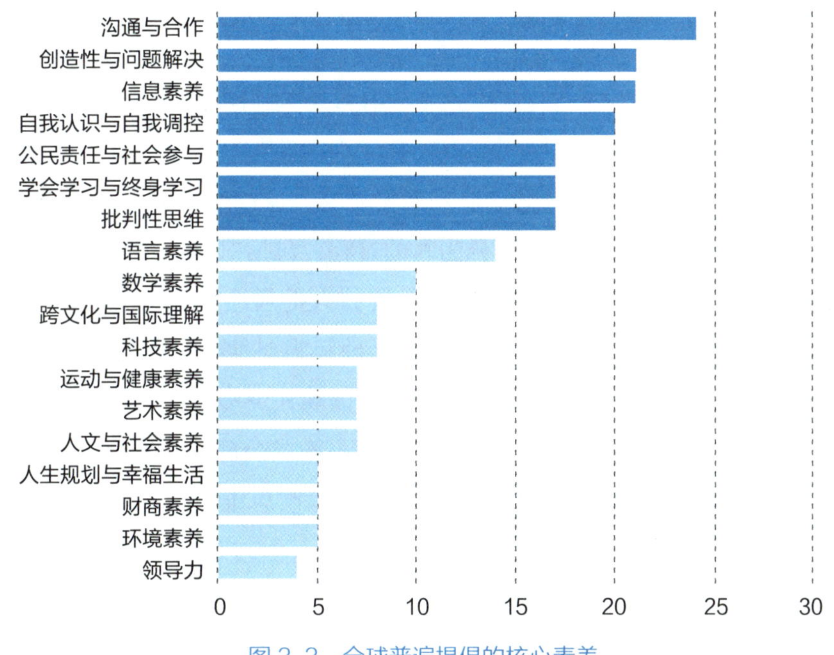

图 3–3 全球普遍提倡的核心素养

从作业设计角度来看，**各级各类学校的教师要秉持以学生发展为本的理念，以面向世界、面向未来、面向现代化的胸襟，从学科特点与学生实际出发，明确本课程需要高度重视的跨学科核心素养与学科核心素养，在核心素养引领下推动作业设计**。而要在作业设计中真正推动核心素养落地，教师需要深入理解每一种核心素养的内涵，然后将其操作化界定为可测评的行为目标，这样，才能在此基础上针对核心素养编制用于练习、复习、巩固、延伸、评价等不同目的的作业。

知识窗

21世纪核心素养：从"4C"到"5C"

21世纪学习联盟（the Partnership for 21st Century Learning）是由世界领先的企业、大学和非政府组织等联合发起的一个机构，于2001年成立于美国华盛顿。他们对所有学生在在校学习、职业生涯和社区生活中取得成功所需的特质进行研究，提出4C核心素养模型，即合作（Collaboration）、沟通（Communication）、审辨思维（Critical Thinking）和创新（Creativity）。2020年，北京师范大学中国教育创新研究院在国际比较、实证调研、理论分析的基础上，将"4C"模型发展成"5C"模型，在原本"4C"基础上增加了另外一个"C"，即Cultural Competence，文化理解与传承，并将其置于"5C"的统领位置，提出了具有中国特色的21世纪核心素养新框架。

以审辨思维为例。审辨思维是一个主动的、经过审慎考虑并利用知识、证据评判命题是否为真或是否部分为真的过程，包括对自己思维的论证和对他人思维的评判。[15-16] 这种思维有时也被称为批判性思维。但因为有些教师和学生望文生义，将批判性思维简单化理解为对他人进行批判质疑的能力，没有真正抓住这种高阶思维的内涵，所以现在更多的人提倡将其命名为审辨思维。[15] 国内外学者对审辨思维的内涵与构成的理解不尽相同。北京师范大学刘儒德教授综合国外专家的分析，提出审辨思维包括八种技能[17]，分别是：

- 抓住中心思想和议题
- 判断证据的准确性和可靠性
- 判断推理的质量和逻辑一致性
- 察觉出那些已经明说或未加明说的偏见、立场、意图、假设以及观点
- 从多种角度考察合理性
- 在更大的背景中检验适用性
- 评定事物的价值和意义
- 预测可能的后果

Facione等人在研制加州审辨思维个性特点问卷（California Critical Thinking Disposition Inventory，CCTDI）时，提出审辨思维的7项个性特质[18]

（参见表 3–1），这可以为审辨思维培养、评价及作业设计提供参考。

表 3–1 审辨思维个性特质

特质	定义
寻找真相	对寻找知识抱着真诚和客观的态度。即便找出的答案与个人原有的观点不相符，甚至与个人信念相悖或影响自身利益，也在所不计。
开放思想	对不同的意见采取宽容的态度，防范个人偏见发生的可能。
分析能力	能发现问题所在，以理由和证据去理解症结和预测后果。
系统化能力	有组织、有目标地努力处理问题。
自信心	对自己的理性分析能力有把握。
求知欲	对新知保持好奇和兴趣，并尝试学习理解，即使这些知识的实用价值并不是那么直接和明显。
认知成熟	审慎地做出判断，或暂不下判断，或修改已有判断。有警觉性地去接受多种解决问题的方法。即使在欠缺全面认知的情况下，也能明白一个即使是权宜之计的决定，有时也是需要的。

如前文所述，审辨思维是 21 世纪全球普遍提倡的跨学科核心素养之一。很多学科都可以在作业设计中指向审辨思维，促进学生审辨思维的发展。以美国七年级社会课为例，有教师在学生学习完法国大革命后，布置了一份有关拿破仑的作业[19]，具体如下。

拿破仑的时代，英雄还是暴君？

需要思考的问题：从 1799 年到 1815 年，拿破仑在法国乃至整个欧洲的历史上占有重要地位。他有许多成就，但是历史学家对于他在历史上的功过有不同评价。

- 拿破仑是继续保持了法国大革命的成果，还是摧毁了它？
- 虽然拿破仑实行独裁统治，却得到了法国人民狂热的拥戴。这会影响我们对于他是否是一个“暴君”的判断吗？
- 从历史上来看，所有的征服者都是坏人吗？征服者有可能是英雄吗？
- 拿破仑征服别人是为了更高的目标，还是只为了他个人的荣耀？
- 领袖的个人生活和感情生活会影响对于他是英雄还是暴君的评价吗？为什么会或为什么不会？

● 你如何定义“英雄”和“暴君”？这两个概念是绝对的吗？还是英雄也有可能是暴君，暴君也有可能是英雄？

作业步骤和要求：1815 年，拿破仑被流放，路易十八复辟。同时，维也纳会议上，欧洲列强开始重建欧洲新秩序。

请组建一个最多 4 人的新闻小组，每个小组必须做一份报纸，以 1815 年为背景评价拿破仑的人生功过。每份报纸必须要有关于拿破仑是英雄还是暴君的社论。并且，每份报纸还需要有关于那个年代的艺术、科学和时尚的文章。

社论的特点和要求：如果你生活在 1815 年，拿破仑兵败滑铁卢之后，你是什么感受？你会高兴吗？你会担心接下来发生的事会更糟糕吗？你会为英雄的逝去而悲哀吗？

需要注意的是，社论不是写自己的小论文，也不是写百科全书似的文章，而是新闻类的文章。社论是直接表达报纸编辑的观点的，并且无论是支持还是反对拿破仑，都必须以事实为依据。另外，要注意在描述事件的时候，要好像身处那个时代一样。

这篇社论需要审视拿破仑作为军队统帅、统治者、改革家和帝国的缔造者的一生。字数在 700 字左右。

最后提交的报纸的形式和要求：注意报纸要各有一篇关于那个时代的艺术、科学和时尚的文章，以及一篇你们自己挑选主题的文章。每篇文章，包括社论都要有一张相关的图片。此外，报纸还需要有标题，成员名单和参考文献。

评分标准：

社论：15 分（关于拿破仑是英雄还是暴君，有清楚的立场，并且有支持的例子）

每篇文章：5 分（总分 20 分——准确完整）

图片和参考文献：10 分

标题、作者名单和整体的整洁：5 分

总分：50 分

这份作业既生动有趣，又富有挑战性。学生可以选择自己的立场，这种立场没有严格意义上的对错之分，但要有事实依据，要言之成理，能自圆其说。完成这份作业需要学生表现出良好的审辨思维能力，有清晰的立场，中心思想突出，从多个角度提供有力的事实证据，立论扎实。

教育部基础教育课程教材专家工作委员会审议通过的中国学生发展核心素养框架将“科学精神”视作六大核心素养之一，并在内涵解释中指出它主要包括理性思维、批判质疑、勇于探究等要点。这一维度尽管没有直接使用审辨思维或批判性思维的表述，但审辨思维培育已经融入其中。然而，普通高中与义务教育课程标准颁布后，可以发现在多份课标中并没有明确强调这一核心素养，只是在思维品质相关的核心素养中有所提及。在推动中国教育现代化与高质量发展的宏观政策背景下，在新课标新教材强调核心素养导向的文化氛围中，审辨思维应该受到各学科教师更多的关注和重视。

有些教师已经行动起来。吴碧华在小学中低年级道德与法治学习中，设计了类型多样、形式生动的实践性作业，直接指向审辨思维能力的培养。[20]《义务教育道德与法治课程标准（2022 年版）》指出，本课程以社会发展与学生真实生活为基础，要增强内容的针对性与现实性，突出问题导向，正视关注度高、涉及面广的社会现实问题，引导学生发现问题、分析问题、解决问题，提升道德理解力和判断力。[21] 这一课程理念要求教师必须重视学生审辨思维的培育，以引导学生在复杂的现实世界中明辨是非，对各种社会事件进行批评与自我批评，养成良好的道德理性与道德行为。吴老师指出，学生道德认知的发展绝不是简单地接受教材中的“标准观点”，而是通过自主学习探究收集信息、整理信息，全面、多角度认识事物，找到事实依据，最终形成自己的认知。所以她对问卷调查、观察记录、采访整理等实践性作业提出了基本设计思路（参见表 3–2）。[20]

表 3–2　道德与法治课程实践性作业设计

任务	活动设计	工具	预期目标
问卷调查	通过简单的问卷调查，了解学生或他人内心真实的想法，以便根据实际调整课程教学。	层层推进的几个问题（不超过 10 个）	学生审问自己和他人内心深处真正的想法，如实反映，反思问卷结果。
观察记录	培养学生做个有心人，观察客观存在的现象，能清晰地记录。对于记录的数据情况加以分析，补充论证，从而形成自己的观点。	观察记录表	学生将了解到的信息根据要求记录、分析、论证，以此为依据在课堂上准确表达自己的观点。

续表

任务	活动设计	工具	预期目标
采访整理	利用各种社会资源，调动学生的生活体验，逐层思考，梳理把握信息。	采访记录表	学生采访前根据采访对象和采访目的设计问题，采访时保持清醒的头脑，用心聆听，手脑并用，捕捉、记录采访到的信息，有疑惑时调整问题进行追问，采访后分析内容，全面把握情况，得出结论。

从“双基”到“核心素养”，旨在引导教师在思考培养目标时既要全面又要抓住重点，在作业设计中聚焦影响学生终身发展与社会进步的必备品格与关键能力，通过增加作业的实效性，促进教育高质量发展。中小学教师要强化核心素养意识，在作业设计中加强核心素养立意，使作业设计有效促进跨学科核心素养与学科核心素养的培育。

“五育”并举，促进学生德智体美劳全面发展

无论是夯实“双基”，还是强调“核心素养”，对于“我们要培养什么样的人”这一根本问题，我国教育界的回答一直以来都是全面发展。

1993 年，中共中央、国务院颁布《中国教育改革和发展纲要》，提出要“培养德智体全面发展的建设者和接班人”。[22] 在这一历史时期，全面发展的内涵是德智体三方面全面发展，当时中小学评选“三好学生”指的就是品德好、学习好与身体好。1999 年，中共中央、国务院颁布《关于深化教育改革全面推进素质教育的决定》，提出要“造就‘有理想、有道德、有文化、有纪律’的、德智体美等全面发展的社会主义事业建设者和接班人”[2]，全面发展的内涵有了拓展，增加了“美”。而且，在“美”的后面加了一个表示不完全列举的“等”字，也就是说，这一时期全面发展的内涵包括德智体美四个方面，但又不局限于这四个方面。前文提到第八次课程改革启动时，《课改纲要》中对培养目标的描述，基本上是以此为蓝本展开的。

2018年9月10日，习近平总书记在全国教育大会上强调：全面贯彻党的教育方针，坚持马克思主义指导地位，坚持中国特色社会主义教育发展道路，坚持社会主义办学方向，立足基本国情，遵循教育规律，坚持改革创新，以凝聚人心、完善人格、开发人力、培育人才、造福人民为工作目标，培养德智体美劳全面发展的社会主义建设者和接班人，加快推进教育现代化、建设教育强国、办好人民满意的教育。习近平总书记在讲话中，第一次提出了“培养德智体美劳全面发展的社会主义建设者和接班人”的新要求，第一次提出“五育”并举的人才培养的新思想，为我国教育发展指明了方向。[23]

2019年6月，中共中央、国务院颁布《关于深化教育教学改革全面提高义务教育质量的意见》，提出未来教育教学改革的指导思想是：坚持以习近平新时代中国特色社会主义思想为指导，全面贯彻党的教育方针，落实立德树人根本任务，遵循教育规律，强化教师队伍基础作用，围绕凝聚人心、完善人格、开发人力、培育人才、造福人民的工作目标，发展素质教育，培养德智体美劳全面发展的社会主义建设者和接班人。[24]“五育”并举，培养德智体美劳全面发展的社会主义建设者和接班人，首次写入中共中央、国务院的文件。2021年4月，经第十三届全国人大常委会第二十八次会议审议，《中华人民共和国教育法》第五条修改为：“教育必须为社会主义现代化建设服务、为人民服务，必须与生产劳动和社会实践相结合，培养德智体美劳全面发展的社会主义建设者和接班人”[25]。**“五育”并举的教育方针上升为国家意志，进一步突显了德智体美劳全面发展这一培养目标的重大意义。**

在德智体美劳全面发展培养目标的引领下，很多地市的中考发生了重要变革。以北京市为例，2019年和2020年，北京市采取的是3科必考+3科选考+体育模式，除体育外，语数外3门为必考科目，另外3门为选考科目。选考科目分为文科类科目与理科类科目两类。文科类科目包括历史、地理、道德与法治；理科类科目包括物理、生物、化学。考试需从每类中至少选1门，最多选2门。两类选考科目共计选3门。2021年，北京市开始推行全科入考，全市中考统考科目变成10门，分别是语文、数学、外语、道德与法治、物理、历史、地理、化学、生物和体育与健康。其中8科成绩计总分，满分660分（不含加减分），语文100分、数学100分、外语100分、道德与法治80分、物理80分、体育与健康40分，在历史和地理中择优确定1门、在化学和生物中择优确定1门计入总分，计入总分的两门成绩满分均为80分。2022年，北京市又将中考体育与健康的分值由40分增加到70分，其中过程性考核占40分，现场考试占30分。这种全科入考、增加部分学科分值的做法，旨在引导中小学重视每一学科的教学，为学生未来全面发展奠定宽厚、扎实的基础。在这样的导向下，原来非中考科目作业少的情况就会发生改变。而在作业总量被严格控制的政策背景下，每门课程的作业量都要面临调整，而且作业内容和形式也要做出必要的优化。

需要指出的是，对"五育"并举、全面发展的重视，与强调核心素养培育，两者并不矛盾，相反，两者之间是相互联系、相互支持的关系。这正如马克思主义哲学上强调的，做事情既要全面，又要抓重点。要全面深化课程改革，落实立德树人根本任务，减负提质，促进教育公平且有质量的发展，我们在培养目标上既要牢记"五育"并举、全面发展，又要在全面中抓住重点，强调核心素养培育。这其实也是作业设计的出发点。作业设计要注重教—学—评一致，要把学生的全面发展、为学生终身发展奠基放在重要位置，同时又要加强核心素养立意，培育学生终身发展所需的必备品格与关键能力。

我们需要怎样的教学

要做好作业设计，除了要关注"我们要培养什么样的人"，还要关注"我们怎样培养人"。培养人主要是通过教学活动实现的，教学是培养学生的主渠道，因而这个问题也可以转化为“我们需要怎样的教学”。有关教学改革的政策集中体现在2001年7月教育部颁布的《课改纲要》，以及2019年6月国务院办公厅颁布的《关于新时代推进普通高中育人方式改革的指导意见》和中共中央、国务院《关于深化教育教学改革全面提高义务教育质量的意见》两个文件中。进一步分析发现，有关教学改革的基本理念主要体现在两个方面：一是教学内容要联系社会与生活，二是教学方式要促进自主探究合作学习。

教学内容：联系社会与生活

《课改纲要》强调，要“加强课程内容与学生生活以及现代社会和科技发展的联系，关注学生的学习兴趣和经验，精选终身学习必备的基础知识和技能”[4]，这是对过去教学过于注重书本知识的否定。它意味着教学不能局限于书本、教室和学校，教学要关注人的生活经验、生活意义及生命价值，注重知识教学与生活的整合，由“教育世界”“科学世界”“书本世界”向“生活世界”回归[26]，并最终实现“教育世界”与“生活世界”之间的融通。[27]《关于新时代推进普通高中育人方式改革的指导意见》与《关于深化教育教学改革全面提高义务教育质量的意见》指出，教学要“坚持知行合一，让学生成为生活和学习的主人”[24]，评价也要“加强情境设计，注重联系社会生活实际”[28]。

教师们乐于接受这一教学改革观念，也努力将其付诸行动。然而，必须承认的是，由于教师做学生时是捧着书本成长起来的，现在做了教师，要真正将教学与生产生活结合起来，有时候也面临着挑战。以小学六年级数学教学为例，一名教师在讲“分数与百分数的应用题”一课时，联系当时刚刚举行的中非合作论坛北京峰会提出问题。以下为课堂教学实录：

教师：“北京刚刚召开了中非合作论坛，非洲有53个国家，本次会议有48个国家的代表出席，还有5个国家的代表没有出席。就这样一个新闻事件，你们能编出怎样的分数、百分数应用题?"

生一:"老师,我提的问题是有代表出席的非洲国家占国家总数的几分之几或百分之几。"

生二:"老师,我的问题是没有代表出席的非洲国家占国家总数的几分之几或百分之几。"

教师:"还有没有?"

学生们面面相觑,没有人说话,意思是没有了。

见没有学生举手,教师继续说道:"我还有4个问题,它们分别是:没有代表出席的国家占有代表出席的国家的几分之几或百分之几?有代表出席的国家占没有代表出席的国家的几分之几或百分之几?没有代表出席的国家比有代表出席的国家少几分之几或百分之几?有代表出席的国家比没有代表出席的国家多几分之几或百分之几?"

接下来,教师花了30多分钟,带着学生逐个解答了上述问题,然后小结,布置作业,宣布下课。

评课时,不少专家和听课教师都说这堂课上得好,因为任课教师将数学与生活结合起来了,特别是中非合作论坛刚刚结束,任课教师就把它搬到了课堂上。这是"人人学习生活中的数学""人人学习有用的数学",是在引导学生"用数学的眼光观察现实世界""用数学的思维思考现实世界""用数学的语言表达现实世界"。然而,斟酌一下,我们不难发现,这位教师教的其实并不是生活中的数学,并没有将数学与生活真正联系起来。

道理很简单,生活中人们不会这样观察与思考,不会提出这样的数学问题。如果抽象地看两个数:一个是A,一个是B;一个大(A),一个小(B)。我们可以就这样两个数提出6个问题:A占A、B总和的几分之几或百分之几?B占A、B总和的几分之几或百分之几?A是B的几分之几或百分之几?B是A的几分之几或百分之几?A比B多几分之几或百分之几?B比A少几分之几或百分之几?但当我们具体到一个特定的情境或事件时,一般不会非得提出这样6个或12个问题。至少,采访中非合作论坛的记者,或关心中非合作论坛的读者,他们不会问"没有代表出席的国家占有代表出席的国家的几分之几或百分之几",或"没有代表出席的国家比有代表出席的国家少几分之几或百分之几"这样的问题。更何况,没有代表出席的国家并不能占有代表出席的国家的几分之几或百分之几,从数学上看,这样的表达也是错误的。

一个试图跳出书本局限，将数学跟生活结合起来的教师，最后并没有真正带学生走进生活，这在一定程度上与教师的成长经历有关。绝大多数教师从大学毕业到中学或小学工作，对于生产生活中哪里会用到自己所教学科的知识以及如何应用，知之不多。一个应对的办法就是让学生和教师一起，寻找生活场景中的知识应用。

一名六年级数学教师在讲“百分数”时，讲解了什么是百分数后就让学生分享他们在生活中发现的百分数，并用数学语言解释找来的百分数。一个学生找来了一个牛奶包装袋，上面营养成分表（参见表 3–3）中的 NRV 值是用百分数表示的。

表 3–3 牛奶营养成分表

项目	每 100g	NRV*（%）
能量	277kJ	3%
蛋白质	3.2g	5%
脂肪	3.8g	6%
碳水化合物	4.8g	2%
钠	60mg	3%
钙	110mg	14%
非脂乳固体≥ 8.1%		

* 注：即营养素参考值，是依据中国居民膳食营养素推荐摄入量（RNI）和适宜摄入量（AI）而制订的。

以下是当时的课堂教学实录：

教师：“同学们，刚才我们已经讲了什么是百分数，怎么表达百分数。昨天我布置了前置性作业，让大家找生活中的百分数，你们找到了什么？谁来分享一下你找到的百分数？”

生一：“老师，我找的是牛奶包装袋，这个包装袋上有营养成分表。（学生将包装袋放在实物投影仪上，指着上面的营养成分表继续说）成分表上第一列列举了各种营养成分的名称，第二列标明了每100克牛奶中各种营养成分的含量，第三列是NRV值，即营养素参考值，用百分数表示。以脂肪为例，脂肪的营养素参考值是6%，意思是说，以一个中国成年人一天所需脂肪总量为单位1，将其平均分成100份，如果喝100克这个品牌的牛奶，就可以满足其中的6份。"

教师："哇，咱们班同学太棒了，找到了生活中最常见，也是最有用的百分数！但是，他说得对不对？"

学生们齐声回应："不对！"

教师："不对啊。这6%不是这个意思，它的意思是说，以100克牛奶所具有的营养成分总量为单位1。注意，刚才有同学说，以100克牛奶的重量为单位1，这个不对，因为第二列说了，100克牛奶中含有3.8克脂肪，可这营养素参考值不是3.8%，是6%啊。所以说，应该是以100克牛奶所具有的营养成分总量为单位1，将其平均分成100份，其中有6份是脂肪。现在，你们知道怎么解释这个百分数了吗？"

学生齐声答："知道啦！"

作为成年人，教师经常购买各种各样的食品，食品包装袋上都有营养成分表，所以对这个营养成分表并不陌生。然而，有些尴尬的是，这位教师对脂肪营养素参考值的解释是错误的，而那个找来牛奶包装袋的学生说的是正确的。这说明，营养素参考值并不难理解，学生可以通过前置性学习弄明白。但遗憾的是，这名学生在课上没有坚持自己的主张。教师说他不对，他并没有当堂提出异议。学生好不容易带大家找到了生活中真正有用的百分数，结果教师又把学生给带偏了。

这个教学事件再次表明，教师必须跳出书本，真正走进生活。因此，让教学联系社会与生活的理念还需要反复宣讲。教材编写首先要迈出第一步，调动各个行业的从业者，而不仅是学科专家，一起参与教材编写，让教材中列举的例子都包含真实情境，真正联系生产生活。教师在教学中要注重二次开发，进一步加强所学知识与当地生活、学生生活的联系，并且将这种理念延伸到作业设计中去。

仍然以百分数学习为例来看作业设计，教师在讲完百分数后布置的作业通常会结合生活中的分类统计来设计，类似这样：

市一中有 1 535 个学生，市二中有 1 370 个学生。市一中和市二中的女生人数分别占该校学生总数的 46% 和 51%。问：市一中和市二中哪个学校女生多，多多少人?

而如果教师能更深入地走进生活、联系实际，就可以设计出类似下面这样更联系生活、更具挑战性的作业：

最新数据显示，某市今年 1 月份以来，连续半年住房价格都是同比上升、环比下降的。具体地说，今年 6 月份，房价同比上升 3%，环比下降 2.5%。请问，这里的同比上升 3% 和环比下降 2.5% 如何解释? 该市市民张阿姨的儿子要结婚，想于近期买房，你认为她这个时间买房是否合适?

在这道作业题中，学生不仅要解释生活中经常遇到的百分数，而且要基于用百分数表达的数据帮忙做决策。这是真正在联系社会和生活，这样才能真正培养学生利用所学知识解决问题的核心素养。而且，这道题具有一定的开放性，对于是否建议张阿姨近期买房，没有标准答案，但需要学生在理解百分数的基础上提出自己的建议，并说明理由，只要言之成理，就表明学生已经能正确解释房价中的百分数，并能运用这些数学知识解决实际问题了。

在作业设计中，教师要思考目标知识与技能在生产生活的哪些场景中会用到，以及怎样用，然后据此创设情境，让学生走进生活，用所学解决问题。当然，要求教师知道所教知识在各种场景中的应用，要求太高。但教师必须向前迈出这一步，尽量地联系社会与生活。教师还需树立终身学习的意识，做生活的有心人，虚心向有关行业的从业者请教，了解所教知识发挥作用的多样化场景，设计出真正联系生活的作业。只有这样，有关政策所强调的教学内容要联系社会与生活的理念，才能真正落到实处。

教学方式：促进自主探究合作学习

转变教学方式是课程改革的重要问题。《课改纲要》明确提出，要“改变课程实施过于强调接受学习、死记硬背、机械训练的现状”，倡导学生主动参与，强调探究合作，引导学生质疑、调查、探究，在实践中学习，促进学生在教师指导下主动地、富有个性地学习，以“培养学生搜集和处理信息的能力、获取新知识的能力、分析和解决问题的能力以及交流与合作的能力”，使每个学生都能得到充分的发展。[4] 后续一些相关政策也重申了这一改革理念。《关于深化教育教学改革全面提高义务教育质量的意见》指出，要“注重启发式、互动式、探究式教学”，引导学生主动思考、积极提问、自主探究，要探索基于学科的课程综合化教学，开展研究型、项目化、合作式学习。[24]《关于新时代推进普通高中育人方式改革的指导意见》进一步强调，要**“积极探索基于情境、问题导向的互动式、启发式、探究式、体验式等课堂教学，注重加强课题研究、项目设计、研究性学习等跨学科综合性教学，认真开展验证性实验和探究性实验教学”**。[28]

不难发现，教学方式变革的核心是减少教师讲、学生听的讲授式教学，倡导互动式、启发式、探究式、合作式、体验式教学，把课堂还给学生，让学生成为学习的主人，让学生主动参与学习。在这一政策理念引领下，不少学校推陈出新，提出了新的教学模式，在实践中产生了较为广泛的影响。以下列举几个。

- 山东杜郎口中学的“10+35”模式：要求教师在课上用 10 分钟分配学习任务、组织学习和给学生点播辅导，其余 35 分钟，也就是课上的多数时间留给学生自学、合作学习与探究学习。

- 山东昌乐二中的“271”模式：把课堂 45 分钟按 2∶7∶1 的比例分成三部分，大致是 10 分钟 +30 分钟 +5 分钟。前 10 分钟让学生分组预习；中间 30 分钟，教师迅速整理各组提出的问题，并结合提前准备的教案进行点拨、讲解和引导；最后 5 分钟，由学生快速整理本节课的知识要点和结构。

- 江苏洋思中学的“先学后教，当堂训练”模式：教师在课上简明扼要地出示学习目标，提出自学要求与思考题，让学生先学，然后才有师生之间、生生之间的互动式学习，教师对学生解决不了的问题进行点拨指导，最后让学生利用当堂所学解决实际问题，加深对所学重难点的理解。在这种模式中，学生能够当堂消化所学，教师不再留作业。

- 河北衡水中学的“三转五让”模式：“三转”指变注入式教学为启发式教学，变学生被动听为主动参与，变单纯讲知识为知能并重；“五让”指在课上能让学生观察的要让学生观察，能让学生思考的要让学生思考，能让学生表述的要让学生表述，能让学生自己动手的要让学生自己动手，能让学生自己总结的要让学生自己总结。“三转五让”中蕴含的教学精神就是自主、创造。

需要指出的是，教学方式转变本身不是课程改革的目的。教学方式转变的目的是让学生动起来，让深度学习真正发生，让学生从教学方式转变中受益，能切实提高学生的关键能力，包括但不局限于以下几种重要能力：

- 自主学习能力
- 搜集和处理信息的能力
- 获取新知识的能力
- 分析和解决问题的能力
- 交流与合作的能力
- 自我管理能力
- 批判性思考的能力
- 探究能力
- 创新能力

教师在教学中不能为了教学方式转变而转变，在追求形式变化的同时必须强化能力培养的目标意识。同理，**在作业设计中，教师在创新作业形式的同时，要有意识地明确能力立意，将赋能学生发展作为作业设计的重要目标**。以四年级语文《小英雄雨来（节选）》一课为例，第一课时里教师已经带学生通读全文，理解课文的主要内容，为课文的六个部分概括出小标题。下课后，教师给学生布置了课后作业：

> 快速默读课文第三、四部分，用横线在文章中画出说明雨来是小英雄的动作、心理或语言描写片段，做好批注。

这份作业是教师在完成第一课时后布置的课后作业，同时也是第二课时的前置性作业。如果增加能力培养立意，教师可以将这次课后作业修改为小组作业，由 4 人小组合作完成。

快速默读课文第三、四部分，尝试用若干个词或词组概括雨来作为小英雄的人物特点，并用横线在文章中画出反映这一特点的动作、心理或语言描写片段。

所有组员都单独完成上一任务后，组长组织小组成员，用 20 分钟时间，交流各自总结出的人物特点与相应片段，最后每个人回答下面两个问题：

1. 小组里有没有同学提出了你之前没有概括出来的重要人物特点，或者他 / 她使用的词或词组比你的更准确？如果有，请记下来。

2. 总结你们小组的讨论、交流成果，如果用三个词或词组概括雨来作为小英雄的人物特点，你会用哪三个？为什么？

改进后的作业要求学生既要独立自主学习，又要通过合作探究深化学习。两个具体的作业任务可以有效培养学生的信息获取能力、阅读理解能力、语言概括能力，以及在小组学习中主动分享的能力、倾听和向他人学习的能力、总结小组发言的能力等。

中小学教师都要像这样转变教学方式，同时创新作业形式，以有效提升学生的关键能力，赋能学生发展。

作业设计怎么改

作业是不可或缺的教学活动。作业设计不仅影响着学生对知识的理解与巩固，而且深刻地影响着教师教与学生学的方式，从这一意义上而言，它在中小学减负提质过程中扮演着重要的角色。因而，不少政策对作业设计，这个看上去比较微观的教学活动，也做出明文规定，要求引导和规范中小学的相关工作。

明晰主要政策方向

有关作业设计的政策集中体现在2021年4月教育部颁发的《关于加强义务教育学校作业管理的通知》中。这一文件针对学校作业数量过多、质量不高、功能异化等突出问题，就义务教育学校作业管理提出了整体性规范，其中第三条要求中小学创新作业类型方式，对作业设计提出了明确要求。[29] 值得注意的是，除了这份专门文件外，其他一些文件也从教育质量提升、中小学生减负等角度对作业设计提出了具体要求。下表整理了与作业设计相关的主要文件及规定，可以让我们更为清晰地概览政策方向。

表 3-4　有关作业设计的主要政策及相关规定

发布时间	发布单位	政策名称	相关规定
2019年6月	中共中央、国务院	关于深化教育教学改革全面提高义务教育质量的意见	完善作业考试辅导。统筹调控不同年级、不同学科作业数量和作业时间，促进学生完成好基础性作业，强化实践性作业，探索弹性作业和跨学科作业，不断提高作业设计质量。杜绝将学生作业变成家长作业或要求家长检查批改作业，不得布置惩罚性作业。教师要认真批改作业，强化面批讲解，及时做好反馈。[24]
2019年6月	国务院办公厅	关于新时代推进普通高中育人方式改革的指导意见	提高作业设计质量，精心设计基础性作业，适当增加探究性、实践性、综合性作业。[28]

续表

发布时间	发布单位	政策名称	相关规定
2021年4月	教育部办公厅	关于加强义务教育学校作业管理的通知	创新作业类型方式。学校要根据学段、学科特点及学生实际需要和完成能力，合理布置书面作业、科学探究、体育锻炼、艺术欣赏、社会与劳动实践等不同类型作业。鼓励布置分层作业、弹性作业和个性化作业，科学设计探究性作业和实践性作业，探索跨学科综合性作业。切实避免机械、无效训练，严禁布置重复性、惩罚性作业。[29]
2021年7月	中共中央办公厅、国务院办公厅	关于进一步减轻义务教育阶段学生作业负担和校外培训负担的意见	提高作业设计质量。发挥作业诊断、巩固、学情分析等功能，将作业设计纳入教研体系，系统设计符合年龄特点和学习规律、体现素质教育导向的基础性作业。鼓励布置分层、弹性和个性化作业，坚决克服机械、无效作业，杜绝重复性、惩罚性作业。[30]

对相关规定文本进行分析，不难发现，以上几份政策文件对作业设计主要提出以下几点要求，为作业设计指明了具体方向：（1）回归教学初心，把握作业育人功能，切实避免机械、无效训练，杜绝重复性、惩罚性作业；（2）夯实基础，落实双基，精心设计基础性作业，为学生终身发展奠基；（3）创新作业形式，倡导设计探究性作业、实践性作业、跨学科综合性作业；（4）落实因材施教，鼓励布置分层作业、弹性作业、个性化作业。

把握作业育人功能

作业是重要的教育教学活动，是课堂教学的延伸与必要补充。作业可以通过练习巩固所学，可以为新学习做准备，可以拓展探究新知识，可以评价学生学习进展，还具有综合育人、提高学生自我管理能力、促进学生整体发展的功能。中小学教师要在课堂教学提质增效的基础上，科学设计作业，合理布置作业，切实发挥好作业育人功能，用作业帮助学生巩固知识、形成能力、培养习惯，帮助教师检测教学效果、精准分析学情、改进教学方法，促进学校完善教学管理、开展科学评价、提高教育质量。

然而，一些研究揭示，有些教师设计与布置作业时对育人功能的思考并不深入。有的教师简单地认为“熟能生巧”，给学生布置的作业数量越多，重复次数越多，学生学习效果越好，所以给学生布置超出合理数量的重复性作业。有的教师采用“罚抄写”或“增加作业”的方式，将作业作为惩罚学生的手段。李金钊通过元分析发现，学生或教师报告惩罚性作业现象发生的比率从百分之几到百分之七十几不等，通常学生报告的比例高于教师。[31] 无论是布置超量重复性作业，还是要求学生完成惩罚性作业，教师通常都以“为学生好”做“保护伞”，没有意识到它们的不合理性。必须承认的是，这些作业不符合教育规律，也在一定程度上偏离了育人的初衷，应予以杜绝。

也正因如此，多份政策文件明确提出，中小学教师要减少重复性作业，杜绝惩罚性作业。实际上，2020 年 12 月，教育部第 49 号令发布《中小学教育惩戒规则（试行）》，对教育惩戒权的概念、原则、价值及实施规范已做出了详细规定。其中，**第十二条列举了教师在教育教学管理、实施教育惩戒过程中不得出现的行为，让学生反复抄写，与超过正常限度的罚站等都在禁止性行为之列。**[32] **也就是说，给学生布置惩罚性作业已不单单是政策反对的行为，而是属于违反教育规章的违法行为。**中小学教师要增强法治意识，依法从教，不给学生布置惩罚性作业，让作业回归教育初心，发挥其综合育人的积极功能。

精心设计基础性作业

《关于进一步减轻义务教育阶段学生作业负担和校外培训负担的意见》指出，中小学教师要系统设计符合学生年龄特点和学习规律、体现素质教育导向的基础性作业。[30] 基础性作业是一种新的提法，要深入理解它，有以下几点需要注意：其一，基础性作业主要指向“双基”，即基础知识与基本技能，但又不局限于传统意义上的“双基”，它要体现素质教育导向，所以在内容上也包括“双基”之外对学生终身发展至关重要的必备品格与关键能力；其二，**基础性作业体现对学生发展水平的最低要求，是每个学生接受相应学段教育后应能达到的基本水平，是学生未来发展最为基础性的要求**；其三，基础性作业在量上不能给学生带来过重负担，不能增加学生焦虑的程度，即在量上符合教育部硬性规定，一至二年级不布置书面家庭作业，三至六年级书面家庭作业平均完成时间不超过 60 分钟，七至九年级书面家庭作业平均完成时间不超过 90 分钟。

基础性作业是旨在帮助学生达成国家课程标准基础性要求，并在数量上控制在教育部硬性规定范围之内的作业。质上要达到基础性要求，量上不能超出规定范围，所以基础性作业必须精心设计，主要要求如下：

- 严格依据课程标准设计。课程标准提出了学科教学目标与学业质量标准，这是基础性作业设计的根本依据。作业设计要求不能低于国家规定的最低学业质量标准，否则意味着学校和教师的教学质量不达标。
- 内容取样能代表课程学习目标。作业设计要遵循教—学—评一致原则，但作业在内容上不可能与教学目标完全一致，作业是基于抽样原理从教学目标范围中抽取一定内容设计的，这就要求作业内容要有相当的覆盖面和足够的代表性。只有这样，才能为学生未来发展奠定坚实的基础。
- 难度要综合多种因素确定。作业的难度不低于学业质量最低标准，但又不能过高，要基于因材施教原则，设计在学生群体的“最近发展区”，对学生构成适度的挑战性。
- 题量不能超出国家规定。这是“双减”政策背景下的根本要求。这对作业题目的设计与选择提出了更高要求。教师要综合多种因素，设计或选择对学生学习促进作用最大的作业，最大限度发挥作业的积极育人功能。

创新作业形式

没有形式上的创新，多元化内容目标就难以达成。传统的作业以纸笔形式为主，随着教学改革的持续深入，在 20 世纪 80 年代，教育领域开始对标准化测验、纸笔形式作业进行批判性反思，指出纸笔测验和作业存在诸多问题，主要有：内容上多指向低水平的知识、孤立的技能；可以衡量知识与技能的掌握，但对学生的高阶认知能力关注不够；情境性不够，因而不能反映学生在真实世界中应用所学解决问题的能力。在这样的背景下，表现性任务（performance-based task）受到广泛关注，被广泛应用于中小学教学实践。表现性任务强调创设真实情境，即便是模拟情境，也必须能激发学生在真实情境中相似的反应，以激发、培养、评价学生在现实生活中分析问题和解决问题的能力。[33] 教师既可以直接观察学生的表演或操作，又可以通过分析学生完成任务所形成的产出（比如视频、作品、报告、产品）间接分析学生的表现。表现性任务在形式上突破了纸笔的限制，促进了作业目标的多元化，也推动教师的教学质量观和教学行为发生转变。

如今，我国教育进入高质量发展阶段，在新的质量观引领下，在“减负”政策的推动下，创新作业形式开始受到关注。多项有关政策在强调基础性作业的同时，都倡导教师设计探究性作业、实践性作业，或跨学科综合性作业，这些替代性的新形式作业多数都可以归为表现性任务。

探究性作业指向学生的探究能力与自主学习能力，对应联合国教科文组织强调的“学会学习”（learning to know）。探究性作业不仅经常被应用于注重实验探究核心素养的物理、生物学、化学等科学类课程，实际上各种课程都可以采用这种作业，引导学生探究未知、为未来而学。比如，一位六年级数学教师在讲“圆的面积”一课之前，布置前置性学习作业，让学生在不翻阅教材、不请教高年级同学和成年人的前提下，基于前期已学过的有关面积的知识，自己探究一下如何计算圆的面积。又如，一位六年级英语教师在讲“Around the World”这一单元时，让学生认识、了解了英国、加拿大等国的地理位置和人文信息后，布置课后探究性作业：了解一个国家，并应用“Where is ...?”“It’s in ...”“It’s famous for ...”等句型制作一张图文并茂的旅游宣传海报。

联合国教科文组织的"五个学会"

联合国教科文组织从终身发展的视角，提出"五个学会"，认为这是个体学习的五大支柱。这"五个学会"分别是：

——学会学习（learning to know）：自主学习，不断更新知识，具备广博的知识基础，并有一定专长。

——学会做事（learning to do）：能将所学用于生产生活实践，解决生活中面临的各种真实问题。

——学会共处（learning to live together）：尊重、宽容、关怀他人，与不同的人能和谐相处。

——学会做人（learning to be）：成为完整的人，有丰富的情感体验，有审美情趣，表现出责任心。

——学会改变（learning to change）：能改变和提升自我，也能与他人合作改变世界，让世界变得更好。

实践性作业指向学生的实践能力，在真实情境中利用所学解决问题的能力，对应联合国教科文组织强调的"学会做事"（learning to do）。我国新课程一直都非常重视综合实践活动。有些地市还强调每一个学科都要开展实践活动，让学生走出课本、走出教室，走进生活、走进实践。例如，北京市教委于2015年印发《北京市实施教育部〈义务教育课程设置实验方案〉的课程计划（修订）》，要求中小学加强学科实践活动课程建设，各学科平均应有不低于10%的课时用于开展校内外综合实践活动课程。[34] 该类课程可以某一学科内容为主，也可综合相关学科开展。中小学在实践性作业设计上也进行了很多有益的探索，但值得注意的是，不少学校的实践性作业主要是社区服务、志愿者服务、河湖水质监测等，与学科课程的结合度不够，存在为实践而实践的倾向，没有真正将学科学习嵌入实践，没有让学生运用知识解决实践中的真实问题。其实，实践性作业可以自然融汇在学科学习过程中。以下仅举几例：

- 四年级语文教师讲授"写信"一课后，可以让学生给自己的亲友写封信或发封邮件，真正经历使用书信解决问题的过程，实践书信或邮件写作。

● 五年级英语教师讲完“What would you like ?”一课后，可以让学生实施一个小调查，了解同学们的颜色偏好、口味偏好或购物意向，做好过程记录，并用英语做一份有数字、有图表的调查报告。

● 六年级数学教师讲授“百分数”一课时带着学生寻找生活中的百分数，让学生能正确解释营养成分表中的百分数，并用它规划一日合理膳食。

● 八年级生物学教师在讲完“软体动物和节肢动物”一课后，可以让学生尝试观察与解剖一种生活中常见的软体动物或节肢动物，明确它的内部结构，并说说这种结构与其生活环境的关系。

● 九年级物理教师在讲完“家庭电路”一课后，可以让学生回家后了解一下自己家庭里的电路是否与教材中所讲的一样，哪里一样或不一样（如现在家庭已经不使用电闸，而使用空气开关），是否存在需要改进的问题。

跨学科综合性作业最近很受关注，新颁布的《义务教育课程方案（2022年版）》，要求各门课程用于跨学科主题学习的课时不少于总课时量的10%。[12]很多教师开始探索跨学科综合性作业的设计。一些跨学科综合性作业，特别是基于一个主题横跨多个学科的作业，相对比较容易在各种作业设计大赛中获奖。但有获奖教师坦言，他并没有真正把获奖设计付诸实践，一来他担心学生完成这种跨学科作业会面临很多挑战，难度比较大，花费很多时间，二来他感觉作业跨了很多学科之后似乎冲淡了主学科的学习，有“喧宾夺主”的嫌疑。从这一意义而言，跨学科作业究竟跨到什么程度，尚待探讨。

进一步分析发现，探究性作业、实践性作业、跨学科综合性作业并不是可以截然分开的几种不同作业类型，它们都属于表现性任务，它们之间经常相互交叉。即一次探究性作业，可以是在实践中探究，也可以设计跨学科知识而成为跨学科作业。作为表现性任务，这些作业类型都强调情境的真实性、内容的综合性与任务的挑战性，因而教师在设计时要在这几方面加以综合考虑。

以小学五年级数学“分段计费”一课为例，教师通常先呈现教材中出租车分段计费的例子：

某市出租车计费方法为：3km 及 3km 以内都收 7 元；超过 3km，每千米收 1.5 元，不足 1km 按 1km 计算。有一个人乘出租车行驶了 6.3km，他需要付多少钱？

然后教师让学生计算不同里程出租车的车费，再以阶梯电价或阶梯水价为例完成几个循序渐进的应用题，最后课后作业也基本上是类似的计算题。举例如下：

为鼓励居民节约用水，自来水公司规定：每户每月用水 15 吨以内（含 15 吨），按每吨 1.2 元收费；超过 15 吨的，超出部分按每吨 5 元收费。小强家上月用水 25 吨，他家应交多少元水费？

这些题目涉及不同的分段计费情形，具有一定的实践性，但还不能称为典型的实践性作业，因为这些作业所涉及情境的真实性通常不够。比如，这个自来水收费办法是哪个地市的，与当地收费标准是否一致？查阅资料发现：北京市 2020 年居民用水价格（水价 = 水费 + 水资源费 + 污水处理费）实行阶梯水价，将居民家庭全年用水量分成三档，水价分档递增。第一阶梯，用水量不超过 180 立方米，水价为每立方米 5 元；第二阶梯，用水量在 181—260 立方米之间，水价为每立方米 7 元；第三阶梯，用水量为 260 立方米以上，水价为每立方米 9 元。将北京市居民用水价格计算办法与刚才作业题中所说某地收费办法比较发现，尽管 1 吨水在体积上刚好是 1 立方米，但一般自来水的计量单位采用立方米，而不是吨。北京市阶梯水价是按居民家庭年用水量分阶梯的，不是按月，因为一般居民的家庭用水量具有季节性，按月规定并不合理，那么题目中所言按月划分阶梯的收费办法是否真实存在，需要核实。北京市第一阶梯水价为每立方米 5 元，相对较高，在水资源普遍比较缺乏的当下，似乎每吨 1.2 元的自来水费比较少见。如果增加作业的实践性，可以让学生实际了解本地区某特定地方的自来水收费办法后，再采用分段计费方法完成实际任务。如果针对北京市学生，作业可以改成这样：

王阿姨一家 5 口住在学校附近。前几天，王阿姨说她家 7 月份水费花了 246.5 元，比别人家水费都多。收费单标明，她家 7 月份用水量是 39.5 立方米。王阿姨还说，邻居家 7 月份用水量和她家差不多，但水费却比她家少了好几十。这是为什么？请你探究一下，告诉王阿姨这是怎么回事，并给王阿姨提出用水建议。

改造后的作业具有鲜明的实践性与探究性，是典型的实践性作业和探究性作业。这道作业题有如下几个特点值得学习：

- 情境的真实性。作业里说的不是虚构的城市，而是具体到了北京市；出于保护隐私的需要，作业情境中的主人公采用了化名，但她家的收费单子是真实的，邻居家的情况也没有虚构。

- 内容的综合性与实践性。学生要解决这个问题，首先需要了解北京市阶梯水价的计费方法，整合生活知识。学生了解这些信息，并基于这些信息帮王阿姨解除困惑的过程，是一个走进生活、联系实践的过程。

- 任务的探究性与挑战性。这个作业没有提醒学生先了解北京市阶梯水价，学生需要结合课上所学知识和例题，寻找解决问题的切入点。有的学生可能用上课时所举的某市阶梯水价收费办法来完成这个任务，有的学生可能找到的阶梯水价收费办法是十年前的，而不是现行办法。因此，这个作业不仅有探究性，而且实践性也很强。

- 问题解决办法的开放性。这道作业题涉及分段计费，那么计算办法就可以先假设王阿姨家水费在第一阶梯，然后看需要补交多少钱，从而计算王阿姨家截至 7 月份的总用水量；因为王阿姨发现她家在用水量相当的情况下比邻居家钱交得多，因此也可以先假设王阿姨家水费在第二阶梯。所以这道题的解题方法具有开放性。而后面学生要基于计算结果给王阿姨提出用水建议，这个建议则更具开放性。王阿姨家 7 月份用水已经进入第二阶梯，说明年用水量超出了普通家庭的平均水平，需要加强节水意识。但又要注意，王阿姨家有 5 口人，人口相对较多，因此节水程度和节水办法需要照顾她家的实际。

作业题的设计不同，带给学生的学习体验也不同。相比较而言，改造前的作业只是一道计算题，可以提高学生的建模意识与计算能力，但改造后的作业则促进了深度学习的发生，除建模意识与计算能力之外，还可以有效提高学生的实践能力、探究能力、批判性思考能力、问题解决能力等关键能力。

鼓励设计个性化作业

世界上没有两片完全相同的树叶。学生之间的差异是客观存在的，用同样的作业要求不同的学生，可能会发生有的学生“吃不饱”，而有的学生“吃不下”的问题。在“双减”政策背景下，个性化作业再次引发广泛关注。为克服大幅减负后有学生“吃不饱”的问题，《关于进一步减轻义务教育阶段学生作业负担和校外培训负担的意见》指出，教师要因材施教，“鼓励布置分层、弹性和个性化作业”。[30]

分层作业、分层评价并不是新生事物，它们脱胎于分层教学。在班级授课制模式下，教师在备课、授课、作业、辅导、评价和反馈等各个环节，难以充分照顾学生的差异，不同表现水平、不同发展潜力、不同学习风格的学生统一接受同样的教育，使得有些学生接受不到符合其需要的教育。为有效克服班级授课制的局限，体现因材施教的教育原则，分层教学应运而生，并且得到巴班斯基（Юрий Константинович Бабанский，1927—1987）“教学最优化”理论、布卢姆“掌握学习”理论、罗杰斯（Carl Ransom Rogers，1902—1987）“人本主义教育”理论等教育思想的支持，逐渐成为中西方教育改革中备受关注的领域之一。

但需要指出的是，分层教学从初步兴起，历经几次沉浮，在各个发展阶段都面临很大争议。[35] 有反对者指出，分层教学确实给少数表现好的学生提供了更多的学习与发展机会，但它不能从整体上改善学生的学业表现、人际关系和学习态度。[36] 更重要的是，这些少数学生的发展是以牺牲表现不好的同伴为代价才获得的，有悖于教育公平原则。有研究表明，同样是低能力学生，在低能力组就读的学生，在标准化考试中的分数明显低于在混合班或高能力组就读的学生。[37]

分层作业、弹性作业、个性化作业作为分层教学的一个环节，可以有力推动因材施教原则的落实，也可以在一定程度上减轻学生的学业负担。但鉴于分层教学的局限性，教师在设计个性化作业的过程中必须注意避免如下问题：

首先，作业难度不能过高或过低。实际上，每一次作业都要有一定的弹性，即使给一个班级所有学生布置同样的作业，根据学生的情况，教师也可以要求有的学生必须全部做对，有的学生只要做对一半就会得到表扬。同样的作业，教师在正确率、完成时间、采用方法的多样性与创新性、是否借助他人帮助等方面，对不同的学生都可以有弹性要求，或符合特定学生实际的个性化要求。而在强调分层和个性化后，有些教师为了突显层次间的差异，会有意识地拉开层次间的距离。这时候，有可能出现低层次作业难度过低，或高层次作业难度过高的问题。作业设计必须依据学业质量标准，教师只能在标准规定范围内发挥弹性或分出层次。长期难度过高，超出质量标准，会加重学生学业负担；反之，长期难度过低，低于质量标准，说明教师没有让学生达到国家要求，需要提高教学质量。

其次，避免加速学生成绩分化。每个学生都重要，不能让任何一个学生掉队。在使用分层评价、弹性作业或个性化作业的过程中，教师要避免出现强者更强、弱者更弱，学生分化加速的问题。如果片面强调分层或不当使用分层，让基础薄弱、主动性差、进取心不强的学生长期做低层次作业，不挑战高层次作业，久而久之，学生就可能出现成绩下滑、学习新知越来越困难、自信心下降等问题，严重时甚至自暴自弃。而在另一端，基础较好的学生经常挑战高层次作业，学业水平越来越高，能力越来越强，与长期做低层次作业学生的差距也就越来越大。要避免这种两极分化的情况出现，教师一方面要适当控制分层作业的使用，另一方面在布置分层作业的情况下，要有意识地加大对基础薄弱学生的指导力度，鼓励、辅导、支持他们不断挑战新难度，向高水平迈进。

另外，杜绝“贴标签”现象。教师经常使用分层作业或分层评价，有可能会使经常处于低层次的学生被“贴标签”，成为做低层次作业的人。如果班级文化不健康，经常做低层次作业的学生还可能被歧视，甚至被欺凌。每个学生都应被尊重、被关怀，教师要理解学生的感受，杜绝“贴标签”现象及其可能引发的相关问题。具体建议有：适度使用分层作业，在必要时，在不同的任务中使用分层作业，这样每个学生都有可能在分层作业体系中挑战高难度，获得成就感，建立自信心；保护学生隐私，学生选择哪个层次的作业，以及实际取得了怎样的等级，都是学生的隐私，教师不能随意泄露学生隐私；建设相互平等、互相尊重的班级文化，教师要以身作则，尊重不同学业表现的学生，对学业表现程度不同的学生不能区别对待，同时教师要引导学生相互尊重，不能歧视、欺凌他人。

总之，分层作业、弹性作业与个性化作业落实了因材施教的原则，为学生提供了适合的教育，使用得当可以助力学生发展。但是，这种作业也有其局限性，教师要充分认识这种局限性，取其长，避其短，以充分发挥其积极的育人作用。

作业设计 AB 案

作业设计 A 案是教师设计或布置的作业，B 案则是我们针对相同或相似目标设计的改进作业。从 A 案到 B 案，作业设计实现了一次“华丽的转身”。在每一章结尾，我们将正文中提及的作业设计改进过程，总结在作业设计 AB 案对比表中，供大家在对比中学习与思考。

序号	内容	A案	B案
1	小学 六年级 数学 百分数	市一中有1 535个学生，市二中有1 370个学生。市一中和市二中的女生人数分别占该校学生总数的46%和51%。问：市一中和市二中哪个学校女生多，多多少人？（参见本书第91页）	最新数据显示，某市今年1月份以来，连续半年住房价格都是同比上升，环比下降的。具体地说，今年6月份，房价同比上升3%，环比下降2.5%。请问，这里的同比上升3%和环比下降2.5%如何解释？该市市民张阿姨的儿子要结婚，想于近期买房，你认为她这个时间买房是否合适？（参见本书第91页）
2	小学 四年级 语文 《小英雄雨来节选》	快速默读课文第三、四部分，用横线在文章中画出说明雨来是小英雄的动作、心理或语言描写片段，做好批注。（参见本书第93页）	快速默读课文第三、四部分，尝试用若干个词或词组概括雨来作为小英雄的人物特点，并用横线在文章中画出反映这一特点的动作、心理或语言描写片段。 所有组员都单独完成上一任务后，组长组织小组成员，用20分钟时间，交流各自总结出的人物特点与相应片段，最后每个人回答下面两个问题： 1. 小组里有没有同学提出了你之前没有概括出来的重要人物特点，或者他/她使用的词或词组比你的更准确？如果有，请记下来。 2. 总结你们小组的讨论、交流成果，如果用三个词或词组概括雨来作为小英雄的人物特点，你会用哪三个？为什么？ （参见本书第94页）
3	小学 五年级 数学 分段计费	为鼓励居民节约用水，自来水公司规定：每户每月用水15吨以内（含15吨），按每吨1.2元收费；超过15吨的，超出部分按每吨5元收费。小强家上月用水25吨，他家应交多少元水费？ （参见本书第102页）	王阿姨一家5口住在学校附近。前几天，王阿姨说她家7月份水费花了246.5元，比别人家水费都多。收费单标明她家7月份用水量是39.5立方米。王阿姨还说，邻居家7月份用水量和她家差不多，但水费却比她家少了好几十。这是为什么？请你探究一下，告诉王阿姨这是怎么回事，并给王阿姨提出用水建议。（参见本书第103页）

1. 如何理解核心素养？在你心中哪些核心素养对于学生的发展特别重要？请列举两三个，并说明理由。

2.《基础教育课程改革纲要（试行）》虽然颁布时间比较早，但对当前课程与教学改革仍具有深刻的指导意义，说说这一文件在教学方面提出了哪些重要理念，对作业设计有何启发。

3. 多份政策文件都强调把握作业的育人功能，切实避免机械、无效训练，杜绝重复性、惩罚性作业。可俗话说“熟能生巧”，到底如何看待“杜绝重复性、惩罚性作业”？谈谈你的看法。

4. 创新作业形式是当前作业设计改革的热点之一，请结合所教学科和教学进度，设计一份高质量的探究性作业或实践性作业。

本章参考文献

[1] 教育部 . 面向 21 世纪教育振兴行动计划 [EB/OL].（1998-12-24）[2021-10-10]. https://baike.baidu.com/item/ 面向 21 世纪教育振兴行动计划 /8837701.

[2] 中共中央，国务院 . 关于深化教育改革全面推进素质教育的决定 [J]. 人民教育，1999（07）：4-7，12-13.

[3] 国务院 . 关于基础教育改革与发展的决定 [EB/OL].（2001-05-29）[2021-10-10]. http://www.moe.gov.cn/jyb_xxgk/moe_1777/moe_1778/201412/t20141217_181775.html.

[4] 教育部 . 关于印发《基础教育课程改革纲要（试行）》的通知 [EB/OL].（2001-06-08）[2021-10-10]. http://www.moe.gov.cn/srcsite/A26/jcj_kcjcgh/200106/t20010608_167343.html.

[5] 余文森 . 从“双基”到三维目标再到核心素养：改革开放 40 年我国课程教学改革的三个阶段 [J]. 课程 · 教材 · 教法，2019，39（09）：40-47.

[6] 钟启泉 .“三维目标”论 [J]. 教育研究，2011，32（09）：62-67.

[7] 斯宾塞 . 斯宾塞教育论著选 [M]. 胡毅，王承绪，译 . 北京：人民教育出版社，2005.

[8] 教育部 . 关于全面深化课程改革落实立德树人根本任务的意见 [EB/OL].（2014-04-08）[2022-12-10]. http://www.moe.gov.cn/srcsite/A26/jcj_kcjcgh/201404/t20140408_167226.html.

[9] 核心素养研究课题组 . 中国学生发展核心素养 [J]. 中国教育学刊，2016（10）：1-3.

[10] 教育部 . 普通高中课程方案（2017 年版）[S]. 北京：人民教育出版社，2017.

[11] 教育部 . 普通高中课程方案（2017 年版 2020 年修订）[S]. 北京：人民教育出版社，2020.

[12] 教育部 . 义务教育课程方案（2022 年版）[S]. 北京：北京师范大学出版社，2022.

[13] 辛涛 . 学生发展核心素养研究应注意几个问题 [J]. 华东师范大学学报（教育科学版），2016，34（01）：6-7.

[14] 师曼，刘晟，刘霞，等 . 21 世纪核心素养的框架及要素研究 [J]. 华东师范大学学报（教育科学版），2016，34（03）：29-37，115.

[15] 谢小庆 . 审辩式思维能力及其测量 [J]. 中国考试，2014（03）：9-15.

[16] 马利红，魏锐，刘坚，等 . 审辨思维：21 世纪核心素养 5C 模型之二 [J]. 华东师范大学学报（教育科学版），2020，38（02）：45-56.

[17] 刘儒德 . 论批判性思维的意义和内涵 [J]. 高等师范教育研究，2000（01）：56-61.

[18] FACIONE, GIANCARIO. The California critical thinking disposition inventory scoring supplement[M]. Millbrae, CA：The California Academic Press, 2000.

[19] 何冬梅 . 从美国中学的社会课作业，看批判性思维培养 [J]. 当代教育家，2017（04）：34-35.

[20] 吴碧华 . 指向审辩式思维的实践性作业研究：以小学中低年级道德与法治学习为例 [J]. 中小学德育，2020（10）：35-38.

[21] 教育部 . 义务教育道德与法治课程标准（2022 年版）[S]. 北京：北京师范大学出版社，2022：3.

[22] 中共中央、国务院 . 中国教育改革和发展纲要 [J]. 人民教育，1993（04）：4-11.

[23] 雨花教育 . 十八大以来党的教育方针的丰富发展 [EB/OL].（2022-05-17）[2022-09-10]. https://mp.weixin.qq.com/s?__biz=MzI0Mjc3OTc3NA==&mid=2247522094&idx=1&sn=97ac401787d6b505f0980923ddf94948&chksm=e975c43fde024d29fa0168e0d43c2e6ae311565ed69893c46128d442e6ba6004ea7dd83494b9&scene=27.

[24] 中共中央，国务院 . 关于深化教育教学改革全面提高义务教育质量的意见 [EB/OL].（2019-06-23）[2021-10-13]. http://www.moe.gov.cn/jyb_xxgk/moe_1777/moe_1778/201907/t20190708_389416.html.

[25] 全国人民代表大会 . 中华人民共和国教育法 [EB/OL].（2021-04-29）[2021-10-13]. http://www.moe.gov.cn/jyb_sjzl/sjzl_zcfg/zcfg_jyfl/202107/t20210730_547843.html.

[26] 姜美玲 . 回归生活世界：中小学课程改革的价值取向 [J]. 上海教育科研，2002（09）：43-46.

[27] 林存华. 教育世界与生活世界：从“隔离”到“融通”[J]. 教育理论与实践，2004（10）：1-5.

[28] 国务院办公厅 . 关于新时代推进普通高中育人方式改革的指导意见 [EB/OL].（2019-06-11）[2022-12-10]. http://www.moe.gov.cn/jyb_xxgk/moe_1777/moe_1778/201906/t20190619_386539.html.

[29] 教育部办公厅 . 关于加强义务教育学校作业管理的通知 [EB/OL].（2021-04-06）[2022-01-05].http://www.moe.gov.cn/srcsite/A06/S3321/202104/t20210425_528077.html.

[30] 中共中央办公厅，国务院办公厅 . 关于进一步减轻义务教育阶段学生作业负担和校外培训负担的意见 [EB/OL].（2021-07-24）[2023-06-06]. https://www.gov.cn/zhengce/2021-07/24/content_5627132.htm.

[31] 李金钊 . 中小学教师布置惩罚性作业的现状分析：基于 2011 ～ 2021 年 CNKI 期刊数据 [J]. 上海教育科研，2021（11）：35-40.

[32] 教育部 . 中小学教育惩戒规则（试行）[EB/OL].（2020-12-23）[2022-09-19]. https://www.gov.cn/zhengce/zhengceku/2020-12/29/content_5574650.htm.

[33] 赵德成 . 表现性评价：历史、实践及未来 [J]. 课程 · 教材 · 教法，2013，33（02）：97-103.

[34] 北京市教育委员会 . 关于印发《北京市实施教育部〈义务教育课程设置实验方案〉的课程计划（修订）》的通知 [EB/OL].（2015-07-10）[2022-09-19]. https://www.beijing.gov.cn/zhengce/gfxwj/201905/t20190522_58583.html.

[35] 赵德成 . 减负背景下的评价与考试改革 [J]. 北京师范大学学报（社会科学版），2014（04）：23-29.

[36] OAKES. Keeping track：how schools structure inequality [M]. 2nd ed. New Haven, CT：Yale University Press, 2005：61-149.

[37] HALLINAN. The detracking movement：why children are still grouped by ability[J]. Education Next, 2004, 4(04)：72-76.

第四章

什么样的作业是好作业

本章导读

什么样的作业是好作业？这是教师在设计作业之前必须首先思考与回答的问题。如果教师不知道什么是好作业，他就很难设计出真正优秀的作业，甚至不能在众多作业中挑选出符合要求的好作业，供自己在教学中使用。从学习与评价的视角看，好的作业要促进教—学—评一致、确保评分者信度、把握好难点与区分度，还要符合伦理与公平原则。

概览

1. 什么样的作业是好作业？这是教师首先需要思考与回答的问题。如果教师不知道什么是好作业，他就很难设计出真正优秀的作业，甚至不能在众多作业中挑选出符合要求的好作业。一旦教师在教学实践中使用的作业良莠不齐，自然就会在不同程度上影响教学的实际效果。

2. 对于好作业的标准，不同的人从不同视角出发持有不同的看法。从学习与评价两个视角来看，好的作业要促进教—学—评一致、确保评分者信度、把握好难点与区分度，还要符合伦理与公平原则。

3. 教—学—评一致性分析在方法上与效度估计接近。如果评价性作业能准确评价学生达成预期目标的程度，效度良好，就说明所评为所教，这样的作业是好作业。相反，如果旨在促进学生达成某一目标的作业，不能有效激发学生的目标行为，没有促进学习的发生，则说明所学非所教，这样的作业就不是好作业。

4. 对单元作业教—学—评一致性的分析需要特别强调内容效度这个概念。分析成套测验或单元作业内容效度的过程，就是确定成套测验所测是否与所教一致，或单元作业的内容整体上是否与所教一致的过程。

5. 评分者信度反映多个评分者给同一批人的作业进行评分的一致性程度。要提高开放题的评分者信度，减少评分环节的随机误差，必须制订清晰、可操作的评分标准，在正式评分之前加强对评分者的培训，且确保评分者有足够的评分时间。

6. 作业难度的把握除了要注意与课程标准保持一致，不随意增加或降低难度外，还要考虑学情实际，题目难度最好与学生的最近发展区相匹配。如果学生水平较低，适当降低作业难度可以让他们体验到作业带来的成就感，从而建立对学习的信心和兴趣。

7. 伦理指人与人相处的各种道德准则。作业设计必须尊重每一个学生及相关人的权利，确保对他们的可能伤害降到最低。当前的作业设计中存在的侵犯学生及家庭的隐私权、对特定人群构成伤害等问题，需要引起教师的重视。

8. 公平通常是在不同群体之间发生的，说作业对某一个群体不公平，总是相对于另外一个群体而言的。任何群体都有可能在完成作业的过程中受到冒犯或歧视，教师需要敏感地识别和分析。

什么样的作业是好作业？这是教师在设计作业之前必须思考与回答的问题。如果教师不知道什么是好作业，他就不能设计出真正优秀的作业，甚至不能从众多作业中挑选出符合要求的好作业。一旦教师在教学实践中使用的作业良莠不齐，自然就会在不同程度上影响教学的实际效果。然而，对于好作业的标准，仁者见仁，智者见智，不同的人从不同视角出发会持有不同的看法。例如，美国学者沃特罗特指出，有意义的作业具有五大标志性特点：目标明确、高效、自主性、成就感、美感。[1] 又如，我国学者强调好的单元作业需符合八大标准：育人为本、目标一致、设计科学、类型多样、难度适宜、时间合适、结构合理、体现差异。[2] 鉴于作业主要作为学习手段和评价手段而使用，本章将主要从学习与评价两个视角对此进行讨论，提出好的作业要促进教—学—评一致、确保评分者信度、把握好难点与区分度，还要符合伦理与公平原则。

教—学—评一致

“教—学—评一致”是教学的基本原则。进入 21 世纪以来，随着课程改革的持续推进，绝大多数教师都注重在备课阶段提出清晰、有序、操作化、可测评的教学目标，但到教学实施阶段，有些教师组织的学习活动与布置的作业却在不同程度上偏离了教学目标，不能有效激发学生的学习动机，到评价阶段也没有紧密围绕目标实施评价，所以也无法准确评价教学目标的达成程度，不能及时诊断发现学习过程中的问题。**只有教师增强“教—学—评一致”意识，基于目标设计有意义的学习活动，实施准确有效的评价活动，重视学生的学习过程，才能让学习在真正意义上发生。**因此，“教—学—评一致”原则在新一轮课程改革中受到了广泛关注，作业设计也必须遵循“教—学—评一致”原则。

教—学—评不一致现象时有发生

教—学—评一致可以进一步细分为学教一致、评学一致、评教一致。依据教学目标设计和组织学习活动，促进有效学习，然后再依据目标设计实施评价，准确评价目标达成程度，最后根据评价结果反思与改进自己的教学，这是教师教学的一般流程，也是基本要求。然而，知易行难，有些教师提出的教学目标还是缺乏操作性，加之目标意识不强，因此实践中教—学—评不一致的现象时有发生。

以一年级语文《青蛙写诗》一课为例，某教师经过深入的教材分析与学情分析后，提出了较为清晰、具体的教学目标，表述如下：

教学目标：

1. 会认 11 个认读字，会写“下”字。
2. 能借助具体事物认识逗号、句号，读出逗号、句号的停顿，建立对句子的初步概念。
3. 尝试分角色朗读课文，展开想象，感受儿童诗的语言美。
4. 留心大自然中的事物，热爱生活，热爱大自然。

教学重点：

1. 会认 11 个认读字，会写“下”这个字。
2. 能借助具体事物认识逗号、句号。
3. 尝试分角色朗读课文，展开想象，感受儿童诗的语言美。

教师的教学活动从“质疑导入，激发兴趣”（第一环节）开始，让学生带着疑问“初读课文，读准字音”（第二环节），主要认读的词有诗歌、诗人、以前、以后，你们、他们、写字、写作业，重点指导的读音是一个儿化音——雨点儿。接下来，教师带领学生们“展开想象，大胆表达”（第三环节）、“多重朗读，体会感情”（第四环节），再“认真观察，学会写字”（第五环节），学写生字“下”。在课时的最后，教师“总结升华”（第六环节），布置课后作业。

同学们，作家张秋生仔细观察生活中的小蝌蚪、水泡泡、一串水珠，发现它们和课文中的逗号、句号、省略号（长得）很像。课下请你们再来找一找，还有哪些事物和这些标点符号很像呢？如果你也能用这些标点符号写一首小诗，那就更好了！

由于我们对这位教师所教学生的学情了解有限，因此对本课教学是否做到了以学定教、教学目标是否合理暂不做判断。但从教—学—评一致原则来看，这一课有两点需要讨论：其一，学与教脱节。在认读字词环节中，教师带领学生认读的主要是教材最后一道练习题中列举的 8 个词，但在教学过程中却没有带学生完整认读一遍教材要求学生认读的，即教师在教学目标列举的 11 个认读字。关键是，这 11 个字的认读还被列为本课时的第一个重点，但教师在课上几乎没有带学生认这几个字，学与教出现脱节。其二，后续学习活动没有进一步围绕目标设计。教师布置的课后作业是“观察与思考”类型的拓展性作业，与四个教学目标关联性不大。教育部明文规定，不得给一、二年级学生布置书面家庭作业，但少量非书面作业应该是被允许的。如果教师布置学生课后认读 11 个生字，要求能读对发音，是不是也就增强了学与教，乃至评与教的一致性了呢？

就教学目标 1 而言，教师既没有在课上设计与“会认 11 个认读字”对应的练习和随堂作业，又没有布置非书面课后作业，到底学生能否准确认读这 11 个字？这个目标达成度怎么样？教师无法判断，教学质量如何就成了一笔糊涂账。在教学质量不明确的情况下，可能就有学生在这节课上“掉队”了，后续学习就会越来越困难。

教学目标应该引领学习活动和作业设计。但像上述《青蛙写诗》教学过程这样，教—学—评不一致、作业与教学目标不匹配的问题并非偶然现象。

以八年级音乐教学为例。为提高学生的审美感知核心素养，某八年级音乐教师在听赏教学中布置了一道课后作业题：

> 《春江花月夜》又称《夕阳箫鼓》《浔阳月夜》《浔阳曲》，是我国古典民乐的代表作之一，是我国古典音乐经典中的经典。仔细听听这首曲子，你会想到什么？把你想到的写下来。

作业交上来后，音乐教师感慨万千，跟同事们说："我这道题出得好，激发了孩子们的创造性。孩子们真是不一样，有些孩子想象力丰富，用诗一样的语言描绘出江南水乡月夜的宁静、柔美。用词也特别好，什么花枝弄影、桨橹添声，写得太好了。当然，有的孩子不行，一看就是从网上抄的。"

这名音乐教师为自己的作业设计叫好，可他的教学目标——也是作业目标——是提高学生的审美感知能力。《义务教育艺术课程标准（2022 年版）》音乐部分第四学段（八至九年级）对"听赏与评述"任务的要求越来越高，内容要求表述如下：[3]

> 听赏结构稍复杂、思想内涵较丰富的不同地区、民族和国家有代表性的优秀音乐。进一步扩大和加深对音乐表现要素及其表现作用的感知、体验与理解。结合所听音乐，了解乐队中常见乐器的名称、形制、分类和奏法。扩展对音乐体裁与形式的认识，了解中外有代表性的民族民间音乐，以及不同风格流派的优秀作品和代表人物。理解音乐表现要素、创作技法、作曲家背景等与音乐体裁、形式、风格的关系。探究音乐艺术如何唤起人的情感反应，以及价值观对人情感反应的影响。

这份作业具有综合性：一方面它让学生用课上所学的听赏技能欣赏一部"新"的音乐作品；另一方面它可以帮助教师评价学生是否掌握了听赏民族民间音乐的基本技能，如对音乐表现要素、形式、手段做出准确的听辨，又如分析作品在节奏、节拍、结构和曲调等方面的形态与特点。但我们注意到，这位教师在评改学生作业时关注的似乎不是这些，而是关注学生的写作能力和想象能力，偏离了教学目标、作业目标和学业质量标准，学、评与教都不一致。

作业设计必须遵循“教—学—评一致”原则。教师要追问自己设计的作业是否让学生经历了自己所期待的学习过程，能否真正培养学生的目标行为，以及能否准确评判学生的预期目标达成程度。一旦发现学生在作业中的实际表现与教学目标偏离，就要对作业设计进行反思与改进。

从效度视角看“教—学—评一致”

效度（Validity），是教育测量与评价领域的一个重要概念，好的测量与评价必须要有好的效度。

从学术上看，效度有多种不同的定义。早期，人们通常将效度分为内容效度、效标关联效度、结构效度等；而当前，人们用结构效度将所有的效度概念统整起来。[4] 常见的，也是相对比较容易理解的效度定义主要有如下几种：

- 指一个测验或量表实际能测出其所要测的特质的程度。
- 指测量的准确性与有效性，即测量的结果与所要测的目标之间相符合的程度。
- 指对于一个既定的目标，在做出推论和提供解释的过程中测量的有用性程度。

在经过测验后，基于被试表现，测验实际反映的与预期测量的是否一致，使用者能否测出被试在特定预期目标上的表现程度，能否做出准确的结论以及合理的决策，这就是效度。例如，某教师计划用一套计算题测量学生是否会计算 100 以内的加法，以决定哪些学生需要在接下来的暑假接受特别辅导，于是用文言文命制了若干道题目让学生做，最后有些学生没有做对或得分率很低，可这不是因为他们真的没有掌握 100 以内加法的计算技能，而是因为读不懂题目中的文言文。这时候，如果教师因为某个学生得分不高就认为他 100 以内加法学得不好，从而对他进行暑期辅导，那么，教师认为学生学得不好的结论就不准确，对他进行暑期辅导的决策也不合理。因为这套题的结构效度严重不良，不能准确测出学生计算 100 以内加法的能力。

几个重要的效度概念

内容效度：又称逻辑效度，指一个测验实际测量的内容在范围上与所要测量的内容之间的吻合程度。估计内容效度的目的是确保所评为所测，或所评为所教。

效标效度：又称“效标关联效度”“实证效度”“统计效度”，主要刻画测验分数与外部效标分数之间的相关程度，以此反映测验测量的有效程度。在实践中，它又进一步被区分为同时效度和预测效度。

梅西克（Samuel Messick，1931—1998）是全球最大教育测验服务机构——美国教育测验服务中心（Educational Testing Service，ETS）——的资深测评专家，他提出的效度理论影响深远。在他看来，效度就是人们对测验进行实证分析与理论探讨后，对测验能否准确就被试表现做出推论，以及基于测验分数所做行动决策是否合理，所做出的一种整合性判断。[5] 通俗地说，效度指的是测验以正确方式测得知识、技能或其他特质的程度。如果测验本来要测量的是 A，可实际上对分数起决定作用的并不是 A，而是 B、C、D 等，那么使用者就不能对被试在 A 方面的表现水平做出准确评判，这个测验的效度就不好。

下面以一道幼儿园作业题为例对此加以讨论。区分左右是幼儿园大班关于空间方位感认知方面的教学内容，其重点在于引导幼儿以自身为中心来辨别左右关系。一名幼儿教师在开展了一轮主题集体教育活动之后，出了一道测试题，用以考查自己教学的有效性，即幼儿达成学习目标、能以自身为中心辨别左右的程度，题目如下：

图中有 4 只兔子和 4 辆小车。已知第二只兔子是小白，小丽在小白的右边，小花在小白的左边，小小在小丽的右边，请你用线段将每只兔子和它的小车连起来。

不难发现，这道题的用意在于考查幼儿是否能正确区分左右。在课堂上，多数幼儿在听完教师的指导语后都能正确地连线，但这是否说明这些孩子真的达成学习目标了呢？答案是否定的。当时，研究者单独询问了一名回答正确的幼儿，对话内容如下：

研究者指着兔子小花问道：为什么你说这只兔子是小花？

幼儿：4 只兔子中就这一只头上有花，所以它是小花。

研究者又指着兔子小小问：为什么这只是小小啊？

幼儿：4 只兔子中就它个子最小啊。

研究者指着余下的兔子问：那这只为什么是小丽？

幼儿：这只是小花（幼儿指了指小花），这只是小白（幼儿又指了指小白），这只是小小，那这只不是小丽它是谁呢？

从研究者和这名幼儿的对话可知，这道区分左右的测试题不能准确评判幼儿达成学习目标的程度，教师不能据此对幼儿左右方位的辨别能力做出准确的推论。换言之，这道题的效度不好。因此，这道题既不能为教师的教和学生的学提供有价值的信息，相反还在一定程度上迷惑了教师，让教师误以为自己的教学是有效的。

由此可见，效度是高质量测量与评价的必要条件。一道测试题，或者一套测评方案，只有其效度良好，才能创造好的评价。如果测试题目效度不良，即使其信度、难度、区分度等其他指标都符合测量学要求，也没有什么实质意义，不是好的评价。

正因如此，效度被认为是对评价进行再评价（meta-assessment）分析中最为重要的一个指标。由美国教育研究学会（American Educational Research Association，AERA）、美国心理学会（American Psychological Association，APA）与全美教育测量理事会（National Council on Measurement in Education，NCME）共同编定的《教育与心理测试标准》(Standards for Educational and Psychological Testing）是当前再评价领域内影响最大的分析框架。各个版本的《教育与心理测试标准》都强调效度是评价的最基本要求，所有评价必须保证其能测到所欲测的特质，能依据所收集的信息做出准确而有效的推论。[6]在实践层面最具影响力的 ETS 也反复强调，效度是反映试题质量最为重要的指标，测验编制者必须清晰界定要测量的特质，并提供概念性、实证性或理论性证据，以说明推论解释的有效性。[7](15–18)

中共中央、国务院于 2020 年 10 月印发《深化新时代教育评价改革总体方案》，对教育领域的党委和政府评价、学校评价、教师评价、学生评价、用人单位评价等提出了指导意见。在改革主要原则中有这样一段表述，“坚持科学有效，改进结果评价，强化过程评价，探索增值评价，健全综合评价，充分利用信息技术，提高教育评价的科学性、专业性、客观性”。[8]在这段表述中，**“坚持科学有效”被放在首位予以强调，暗示无论是结果评价还是过程评价，抑或是增值评价和综合评价，如果不能做到科学有效，评价的效度不好，那么再强化、再探索都可能无法发挥评价的导向、诊断与发展功能**。只有在评价活动准确有效的前提下继续改进它、健全它，评价改革才有可能取得成功。这种对评价效度的高度重视，与国际机构的态度是一致的。

回到作业设计领域，如果一道旨在评价学生学习进展的作业题，准确有效地评价了学生达成预期目标的程度，效度良好，这就说明它践行了评与教的一致性，所评为所教，评能对教和学的质量做出准确评判。与此类似，如果一份旨在促进学生达成某一目标的作业不能有效激发学生的目标行为，也就没有促进学习的发生，此时学与教出现了不一致，所学非所教，所学不能促进教育目标的达成，那么这样的作业就不是好作业。以上两者的分析方法基本一致，最后都指向教—学—评一致性的分析。

评判单题“教—学—评一致”的常用方法

对学生完成特定作业的过程进行理论和实证分析，可以考查这道作业题是否激发了学生的目标行为，或者评判学生的关键表现达成预期目标的程度。所谓理论分析，就是从理论上阐释预期目标成果的内容构成和表现特点，然后判断作业所激发的学生行为与理论相契合的程度。所谓实证分析，则是通过让学生“大声思考”（aloud thinking），或者对学生进行认知访谈，了解学生作业完成的过程，收集证明教—学—评一致的有效证据。

“大声思考”是一种简明易用的分析方法，中小学教师可以在实践中用它分析教—学—评的一致性。“大声思考”，顾名思义，就是用口头语言将思维的过程表述出来。在心理学中，“大声思考”是一种用来研究人类思维与问题解决过程的常用方法。在评价领域，它还被认为是分析结构效度的重要方法。通过让被试“大声思考”，研究者就可以打开“黑箱”，“看见”被试解决问题的过程，从而判定目标行为是否是影响被试任务完成度的关键。如果打开“黑箱”后，发现被试在作业过程中应用的知识、技能、经验或能力，与预期目标不符，那就说明教—学—评出现了不一致。

举个例子，某七年级数学教师在“有理数的乘法”教学结束后布置了这样一道课后作业题：

> −2，3，−4，−5，6 这 5 个数中，任取 2 个数相乘，积最大是（　　）。
>
> A.10　　B.20　　C.−30　　D.18

本题中，命题者针对的核心知识是有理数的乘法，要看学生是否掌握了“两个有理数相乘，同号得正，异号得负，并把绝对值相乘”的运算规则，并用来解决相关问题。但是，如果让一个学生在解题过程中“大声思考”，会发现本题的教—学—评一致性出了问题。如果从评价的视角看这道作业题，其效果是不良的。

这里要选择乘积最大的一个，从 A 到 D，4 个数中最大的是 20，所以正确答案是 B。

学生回答正确就可以得分，但学生是否掌握了有理数的乘法规则，不得而知。如果将本题 C 选项由 −30 改成 30，那么仅仅掌握了有理数的大小比较方法，但没有掌握有理数乘法运算规则的学生就可以被甄别出来，进而可以更准确地评价学生对有理数乘法运算的掌握程度，使得这道题的效度有所提升。

在世界经济合作组织开展的国际学生评价项目（Programme for International Student Assessment，PISA）中，命题者在认知类试题开发过程中分析效度的程序更加完善，值得我们借鉴。[9] 他们的具体做法是：（1）最初准备：根据双向细目表编制题目；（2）试题审查：从学生及编码者的视角对题目进行审查；（3）认知性访谈：让学生回答问题，在回答过程中“大声思考”，在答题结束后辅以个人访谈和小组访谈；（4）试点测试：在考试情境中试测，进一步分析题目效度。这种通过多个环节、多个视角、多种方法收集效度证据的方法，虽然成本较高，但能确保题目的效度，在大规模、高利害的评价项目中十分必要。

在我国，中考、高考、质量监测等重要考试的试题分析多强调难度分析、区分度分析，对效度的分析主要是基于双向细目表估计整份测验的内容效度，但对每个题目结构效度的估计、反思与改进却明显不足，有些题目的效度问题没有被识别出来。

例如，某市中考语文试卷中有一道阅读题，题目先提供了一份有关纳米技术的阅读材料，然后出示题目要求：纳米技术广泛的应用前景就连想象力极强的人也无法全部想到。请结合对本文内容的理解，联系生活实际，发挥联想和想象，设计一个运用纳米技术的科技小制作。与此类似，另一个地区的某道中考阅读题是让学生阅读有关材料后回答：要使建筑物防震，除文章介绍的方法外还有其他许多方法，请发挥你的想象力，为建筑抗震房屋想一个办法。对学生认知过程进行分析就会发现，“设计运用纳米技术的科技小制作”和“设计抗震房屋”都属于创造发明，虽然体现了整合学科、综合实践的课改精神，但所考查的内容却是非语文的，与阅读能力关联不大，不能准确评价学生的阅读能力。[10]这无形中降低了评价的效度，致使我们不能通过分数准确推断学生的阅读能力发展水平。如果学生得分高，我们不能简单说学生阅读能力强，而如果学生得分低，我们也不能简单说学生阅读能力弱。

在作业设计实践中，教师要善于使用“大声思考”或认知访谈方法，分析学生完成作业的认知过程，由此判断教—学—评的一致性，检测出并改进所学非所教或所评非所教的问题。

单元作业的“教—学—评一致”分析

单元一般指同一主题下内部相互联系、外部相对独立且可自成体系的一组学习内容。单元作业设计强调教师在单元水平上，统筹整个单元的作业安排，增加作业之间的结构性与递进性，并且要控制好作业总量，做到减负增效。单元作业设计不是什么新生事物，而是实现教学计划的一种常用方法，它在新课标强调综合学习、深度学习、有意义学习，乃至跨学科学习的时代背景下受到了广泛关注。

与在单道作业题目水平上分析教—学—评一致性不同，对单元作业教—学—评一致性的分析需要特别强调内容效度这个概念。当前学术界主流思想认为，效度是一个统一的概念，通常需要综合传统意义上的内容效度、效标效度、结构效度等进行估计。但在应用实践中，有时候也需要对它们分别进行讨论。就像上面提到的内容效度，它主要被应用在成套测验或单元作业分析中。

成套测验的用途主要是评价个体在特定领域已经学会了什么，已经掌握了哪些知识和技能，或者已经具备了哪些能力。学校中的当堂验收、单元测验、期末考试，非学校领域的驾驶员执照测试、司法考试等，都体现了这种用途。为了评判这种测验的质量，人们经常把实际测验内容与测验所欲评价的内容领域相比较，从而确定测验内容是否代表了要测评的内容，这就是估计内容效度。[11-12] **分析成套测验或单元作业内容效度的过程，就是确定成套测验所测是否与所教一致，或单元作业的内容整体上是否与所教一致的过程。**

估计一个测验的内容效度，就是确定该测验在多大程度上代表了所要测量的领域。因此，要估计测验内容效度，必须先明确预测范围，即明确要测量的知识、技能或其他特质。在教学领域，这个预测范围就是教育教学目标范围。很多时候，教学目标既多样又复杂，涵盖很多知识和认知过程，一个测验不可能评价所有的内容。因此，一个测验通常抽取一个有代表性的题目样本，用它代表整个评价范围，然后基于学生在测验题目上的表现推断学生达成预期目标的程度。

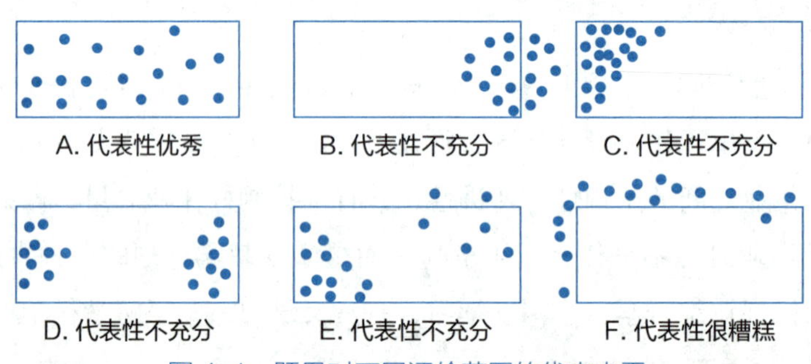

图 4-1　题目对不同评价范围的代表水平

图 4-1 列举了题目代表性的几种情况，图中的长方形代表要测评的范围，圆点代表题目；圆点的数量越多，且覆盖长方形的范围越大，内容效度就越好。A 情况的代表性优秀，内容效度良好，而 B、C、D 和 E 的代表性不充分，F 已经属于糟糕水平了。换个角度看单元作业，图中长方形代表教学的目标范围，圆点则表示题目实际能促进的目标行为，圈中黑点的数量与覆盖范围共同传达有关学教一致性的证据信息。不仅是学业成就测验，各种测评工具都要明确其欲测范围和题目的代表性，以确保内容效度。

以语文学科期末考试为例，《义务教育语文课程标准（2022年版）》明确规定，各学段语文学习包括语言文字积累与梳理、实用性阅读与交流、文学阅读与创意表达、思辨性阅读与表达、整本书阅读、跨学科学习等任务群。特定年级的这几个大的学习任务群及其具体的学习要求构成了图中的“长方形”，也就是语文学习期末评价的内容范围。一次完整的语文期末考试，只有评价任务或测验题目（小圆点）具有一定的数量，且均匀地分布在整个内容范围内（如小图A），其才具有充分的代表性，才能真实、有效地反映学生学习的实际状况。而如果题目仅选自少数学习任务群（如小图C），如只考查文学阅读与创意表达，其他领域的知识与技能都不涉及，或者有些题目根本没有落在评价范围之内（如小图F），没有考语文，而是在考科技知识或其他领域的内容，则考试的内容效度就不够理想。[13]

再举一个更具体的例子，在课改初期，很多地市的小学语文期末考试中都采用过类似这样一道题目，以评价学生的古诗默写情况：

> 本学期我们一共学习了8首古诗，你最喜欢其中的哪一首？请你把它写下来。

这道题目测验的内容范围是一学期学习的8首古诗，教师意欲通过这道题评价学生对8首古诗默写的掌握程度。但稍做分析就会发现，这道古诗默写题测验内容效度并不好，因为让学生自由选择一首他“最喜欢”的古诗，学生通常都会选择一首难度最小、不容易出错、不会被扣分的古诗作答。如此一来，学生在这道题上的表现就不能有效推测学生默写8首古诗的真实表现。

如果把题目修改为：

> 本学期我们一共学习了8首古诗，其中有一首是歌颂母爱的，请你写出这首古诗的名称，并默写整首古诗。

由学生自由选择一首诗变成教师抽取一首诗来考查，修改后的题目对整个评价范围（默写 8 首古诗）的代表性提高了，内容效度有所改善，但它仍然具有一定的局限性。教师抽取的诗歌只有一首，如果恰巧学生只会这一首或只有这一首不会，那还是不能准确反映学生古诗默写的表现。

再次修改后，新的古诗默写测验题如下：

（1）沉舟侧畔千帆过，____________________。

（2）无可奈何花落去，____________________。

（3）长风破浪会有时，____________________。

（4）《过零丁洋》中直抒胸臆，表明了作者文天祥以死明志的决心的两句诗是____________________，____________________。

新测验题从 8 首古诗中抽取 4 首命题，题目覆盖的范围扩大了，内容的代表性也就提高了，内容效度得到进一步改善。当然，我们也可以进一步质疑，这套新测验的内容效度还可以改进。但需要注意的是，教育测验通常是间接测量，是在目标范围内抽出一个行为样本进行检测，而内容效度作为一个相对概念不可能达到百分百，只能尽量在一定程度上达到有效。

将古诗默写的测验转化成教师布置的一份评价性作业，这样一个内容效度的分析过程实际上就是在考查教—学—评一致性。将这种方法进一步转化和应用到单元作业分析中：作业数量是否足够多、作业在内容上是否合理分布到教学目标的整个范围，决定了这份单元作业的教—学—评一致性程度。

当然，需要指出的是，单元作业在目标范围内的分布不以完全平均为衡量标准。在单元内部，各项目标对于学生发展的重要性不同，被确定为重难点的目标相对来讲更加重要。在目标范围内，作业在数量上要更多分布在重难点方面，在其他方面题量可以略少，在整体上只要合理就可以接受。

随着测量与评价技术的推广，为保证题目样本的代表性，越来越多的测验编制者借助测验细目表来指导题目设计。

双向细目表是比较常用的一种细目表，它从两个维度上绘制测验蓝图。其主要步骤是：（1）列出教学内容要点。将整个教学内容划分成多个内容要点，带有一定的主观性。一般来说，内容要点要足够详细，以保证对每一块内容的充分取样。(2) 列出教学目标清单。教学目标代表了学生经过学习后应达成的学习结果，一般采用布卢姆等人提出的认知目标分类体系或安德森等人修订后的新体系予以分类和表述。(3) 填写双向细目表。确定测验题目的构成，通过内容和目标两个维度的双向列联表予以表示，就构成了一份双向细目表，成为命题的蓝图。表 4–1 列举了国外某中学地理课《天气》单元的双向细目表，[14](67) 这个表说明了《天气》单元测验题目的总数及内部构成。

表 4–1 国外某中学地理课《天气》单元测验的双向细目表

目标 / 内容	知道			理解	解释	题目总数	题目比例（%）
	基本术语	天气符号	具体事实	影响天气形成的因素	气象图		
气压	1	1	1	3	3	9	15
风	1	1	1	10	2	15	25
温度	1	1	1	4	2	9	15
湿度和降水量	1	1	1	7	5	15	25
云	2	2	2	6		12	20
题目总数	6	6	6	30	12	60	
题目百分比（%）	10	10	10	50	20		100

随着教育问责制度的发展与完善，教育质量测评、监控和分析受到越来越多的关注，细目表的制作也越来越细致，有些测评项目开始使用多向细目表。表 4–2 呈现的是 2009 年 PISA 项目阅读测试所使用的多向细目表。[15](187) 对这个命题细目表做进一步分析会发现很多有价值的信息。比如，PISA2009 阅读测试题中，学生需要阅读的文本有多种类型，除连续文本之外，非连续文本、混合文本和多重文本涉及的题目有 50 个，占总题量的 38%。又如，PISA2009 阅读试题中答案具有开放性、不确定性的题目（开放式问答题和简答题）有 56 个，占总题量的 42.7%，接近一半。

表 4-2　PISA2009 阅读测试命题多向细目表

	题目数量	单选题数量	多选题数量	封闭式问答题	开放式问答题	简答题
不同类型文本的阅读题分布						
连续文本	81	36	6	4	31	4
非连续文本	38	10	3	7	12	6
混合文本	7	4	1	0	1	1
多重文本	5	0	2	2	1	0
小计	131	50	12	13	45	11
不同任务类型的阅读题分布						
访问与检索	31	6	3	9	3	10
整合与解释	67	38	6	4	18	1
反思与评价	33	8	1	0	24	0
小计	131	52	10	13	45	11
不同应用情境的阅读题分布						
个人生活	37	10	2	5	17	3
公共生活	35	19	2	2	10	2
职业生活	21	4	3	3	10	1
教育生活	38	19	3	3	8	5
小计	131	52	10	13	45	11

当然，需要指出的是，细目表并不是越细致越好。有时候，一些小型测验，特别是教师自编测验，不需要耗费太多精力，只需使用简单的单向归类系统即可。比如，在阅读测验中，只要列举出一系列的阅读技能以及每一种技能上的题目数量（参见表 4-3）[14](70)，就可以很好地规划和设计测验了。

表 4-3　阅读测验单向归类系统

阅读技能	题目数
识别文章中的细节	10
概括文章的中心思想	10

续表

阅读技能	题目数
判断文章中实践出现的先后顺序	10
辨别文章中多个表述之间的关系	10
对文章内容进行推论	10
总数	50

不难发现，测验细目表明确了评价内容及其构成，可促使试题分布更合理、覆盖面更广、体现重点，是规范命题、确保评价内容效度的重要手段。合理、清晰的测验细目表，可以有效克服教师命题随意、试题取样不当、题型单调、覆盖面窄或失之偏颇等弊病。[16]

从整体来说，单元作业通常要兼顾学习与评价两种重要功能，在设计过程中要确保教—学—评一致，也要列出单元细目表，使作业抽样在内容上更好地代表教学目标范围，促进学教一致与评教一致。在单元作业中，教师要注意，作业数量多了，将加重学生的学业负担，作业少了，对整个目标范围的代表性又不够。那么，多大的作业总量是最合适的？作业总量控制好后，怎样将单元作业分配到每个课时，既让每个课时都很饱满，又让学生学得轻松？作业在内容上是否较好地覆盖了教学目标范围，是否有某些目标被遗漏？作业在内容和数量上是否突出了教学的重难点，还是只是简单地将题目做了均匀分配？除了基本知识与技能外，核心素养（包括学科核心素养与跨学科核心素养）在单元作业中是否得到了充分重视？教师要带着以上这些问题，加强对单元作业设计的审查、反思与改进，不断提高教—学—评一致性。

评分者信度

在测量与评价领域，分析评价质量的再评价很重视信度（reliability）估计。作业设计与评价很接近，但又有所不同，因此讨论什么样的作业是好作业时需要引入信度分析，但本节不全面分析各种信度的估计办法，而是重点从评分者信度角度进行讨论。

认识信度

为了保证测量的准确性，有时候需要通过多次测量予以验证。如果同一个对象，今天测量和明天测量的结果相差很大，人们就会对测量的准确性产生怀疑。如果同一个对象，用一种工具测量和用另外一种工具测量所得的结果不一致，到底要相信哪一个？还是两个都不准确，都不值得信赖？这些都需要细致分析。对多次测量结果的一致性程度进行分析，就是信度分析。信度是评价质量分析的又一重要指标。

信度是从经典测量理论（Classical Test Theory）演绎而来的一个概念。经典测量理论认为，人的教育成就和心理特质是一种客观存在，具有相对的稳定性，可以被测量。但由于测量误差（measurement error）的存在，每次实际测量的数值（观察分数，记为 X）都很难和该特质的真正水平值（真分数，用 T 表示）完全一致。于是假定，观察分数与真分数之间是一种线性关系，并只相差一个随机误差（random error，记为 E）。

用公式表示：$X = T + E$。（公式 4–1）

由这一公式可以发现，在一项测验中，随机误差越小，测量分数越稳定、一致，测验的信度就越高。但在实际测量中，真分数是个假想值，不可得，因而估计信度一般通过分析多次测验结果的一致性程度来进行。具体来说，就是在不同时间使用同一测验或使用两个平行测验，或者在不同测试条件下对同一组被试实施多次测验，多次测验所得分数的一致性程度就反映了信度的大小。[17]

信度估计分多种典型情况：用两个平行的测评工具测评同一批对象，所得结果的一致性程度称为复本信度（alternate–form reliability），其大小等于同一批对象在两个复本上所得分数的相关，所以这个相关系数也叫等值性系数。如果用同一个测评工具，对同一组对象施测两次，所得结果的一致性程度称为重测信度（test–retest reliability），其大小等同于同一组对象在两次测验上所得分数的皮尔逊积差相关系数，这个相关系数反映了测评数据的稳定性，因而也叫稳定性系数。如果一个测验由多个评分者进行评分，多个评分者给同一批人的答卷进行评分的一致性程度就是评分者一致性信度（scorer reliability）。

大规模、高利害测验需要保证良好的复本信度、重测信度和评分者一致性信度。而作业设计对复本信度、重测信度一般不做要求，需要重点考虑的是评分者一致性信度。

评分者信度的分析方法

评分者信度指多个评分者给同一批人的作业或答卷进行评分的一致性程度。在测验中，客观题的答案是唯一的，评分很少出现误差；而主观题则不同，它的答案是开放的、多样的，评分具有一定的主观性，针对同一个被试的回答，不同的评分者可能给出不同的评分。

图 4–2 是一个示意图，它描述了评分者甲、乙两人对同一批被试的答题情况进行背靠背、独立评价后给出的分数。对圆圈中的学生，评分者甲给了 5 分，乙给了 4 分，两人评分相差不大；而对方框中的学生，评分者甲给了

6分，乙给了2分，两人评分相差较大。在主观题评分中，要使多个评分者的评分完全一致不太可能。在本图中，除方框中这个学生的评分需要讨论和矫正之外，两个评分者给其余学生的评分基本一致，相差不大，在可接受范围之内。

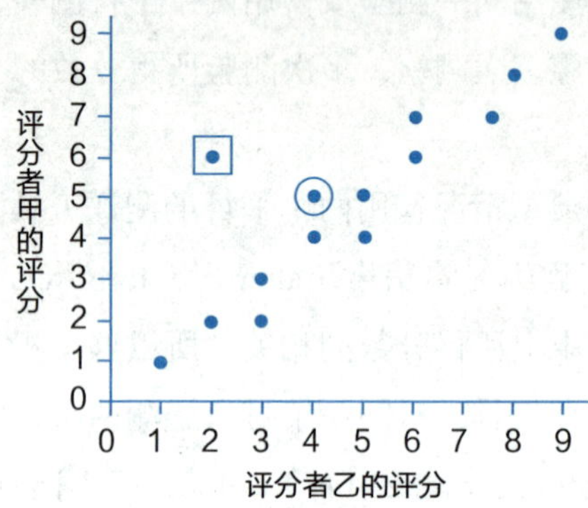

图 4-2　评分者甲和乙评分的一致性分析

采用这种方法绘制两个评分者评分的散点图，可能出现多种不同的情况，如图4-3所示。

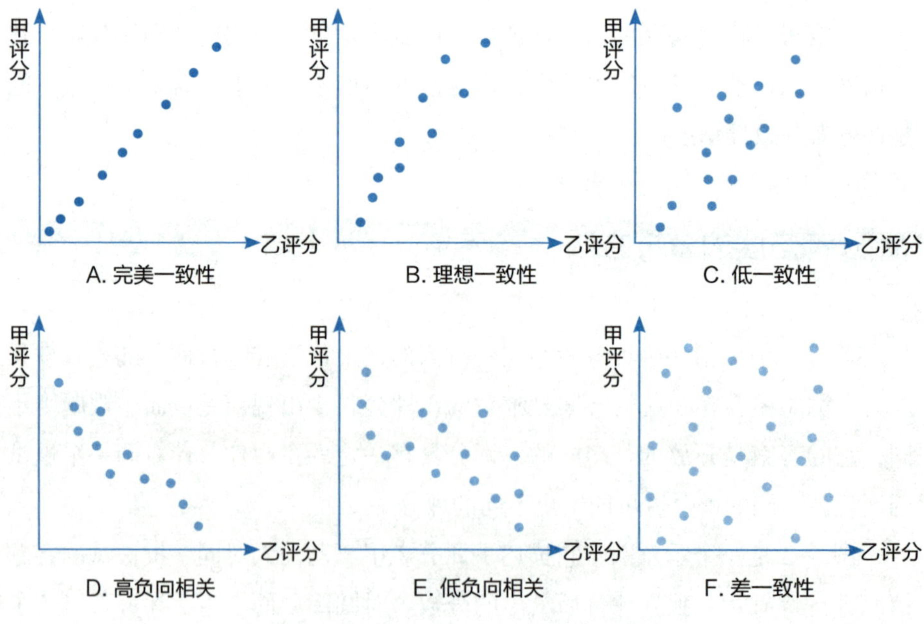

图 4-3　评分者甲和乙评分一致性的不同情形

在A情形中，评分者甲与乙的评分完全一致，两者评分没有差别，这是完美的评分者信度。但当题目中有主观开放型题时，这种完美信度几乎是不可能的，除非在被试量特别少、评分裁量空间也比较小的情况下才有可能发生。在B情形中，甲、乙两人的评分存在不一致，但这种不一致都在可接受范围内，如果计算评分者信度，应该处于0.8以上，属于理想水平。如果甲、乙评分的一致性信度低于0.8，像C情形这样，就需要对评价任务、评分办法进行反思。而D和E体现了甲、乙评分相反的情况，即评分者甲给分越高，乙给分越低，这是虚构的数据，在实际评分中非常少见。F情形中，评分者甲与乙的评分没有任何规律性可言，两者完全没有关系，评分者信度几乎为0。

想更为准确地估计评分者信度，就要计算评分者分数之间的相关系数。当评分者人数为2时，评分者信度等于两个评分者给同一批对象评分的相关系数。如果采用原始的评分计算，就计算皮尔逊积差相关；如果采用基于原始评分转换而成的等级序数计算，就要计算斯皮尔曼等级相关。需要注意的是，同一组原始数据，使用斯皮尔曼等级相关计算评分者信度，要比使用皮尔逊积差相关计算精确度差一些。

当评分者人数多于两个时，上述基于双变量的相关计算方法就不适用了，分析者需要采用肯德尔和谐系数进行估计。计算肯德尔和谐系数，需要将原始评分转化成等级序数，相当于让每个评分者对N个被评对象的表现排出一个等级顺序，得分最低的等级序数最小，为1，最大的等级序数为N，这样就可以得到K列从1至N的等级变量资料。有了这份资料，就可采用如下公式计算肯德尔和谐系数。

$$W=12\left[\sum R_i^2-\left(\sum R_i\right)^2/N\right]/\left[K^2\left(N^3-N\right)\right] \qquad \text{（公式 4–2）}$$

公式中：K表示评分者人数；N表示被评对象的人数；R_i表示第i个被评对象考卷被评的水平等级之和。

例如，评分者甲、乙和丙对7篇学生作文进行背靠背的独立评分，满分为30分，三人给7篇作文的原始评分从14到30分不等（参见表4–4）。将三人评分转化成他们对7篇作文的等级排序，然后计算出R_i和R_i^2，经由公式4–2可得，三人评分的肯德尔和谐系数是0.82，表明三人评分相关度高，具有较好的一致性，评分者信度较高。

表 4-4　三人作文评分一致性分析示例表

被评作文 N=7	原始分			等级序数			R_i	R_i^2
	甲	乙	丙	甲	乙	丙		
1	25	22	19	2	3	3	8	64
2	30	26	20	6	6	4	16	256
3	27	21	18	4	2	2	8	64
4	20	20	14	1	1	1	3	9
5	28	26	21	5	5	5	15	225
6	32	30	22	7	7	6	20	400
7	26	25	26	3	4	7	14	196
合计							84	1214

要提高评分者信度，减少评分环节的随机误差，就必须制订清晰、可操作的评分标准，在正式评分之前加强对评分者的培训，且确保评分者有足够的评分时间。

在我国的大规模、高利害的测验评分中，主观题评分一致性的问题已经受到主管机构的重视。例如，在高考阅卷中，有关主管部门规定：各评卷点分学科应成立学科评卷小组，组长由具有本学科高级职称的人员担任。高考作文要由两人分别评阅，其他题目一人一题单独评阅。两人给出的分数在评卷小组设定的评分误差范围内的，取两人所评分数的平均值；超出评分误差范围的，由评卷小组讨论确定。值得注意的是，主观题评分被人为控制在可接受的误差范围内，并不意味着评分者信度已经合乎要求，这是因为为了减少与他人评分的差异，每个评分者都会有可能地在平均分数附近随意给分，使得与他人分差能够被有效控制，但这种评分的信度难以保证，客观性和公正性也会因此而下降。要解决这个问题，大规模、高利害考试的组织者必须高度重视评分者培训，允许评分者在充分阅读学生答卷的基础上，严格依照标准评分。更重要的是，组织者要向公众提供考试评价中有关评分者信度的数据，证明本次多人评分的结果是一致的、可信的。

如何提高作业的评分者信度

在高利害测验中，被试的分数多一分与少一分，有时候影响非常大，因而主办方一般比较重视评分者信度。而在日常作业中，教师对此给予的关注不是很多，但这并不代表作业设计不需要分析评分者信度。对调研报告、表演作品、作文等的评分都带有主观性。如果评分随意性很大，不同评分者给分差异很大，学生就会无所适从，作业促进学生学习的作用就会受影响。因此，教师需要了解分析与改进评分者信度的常用方法。

首先，教师不仅要提供评分标准，而且要编制评分细则，使评分方法更具操作性。以作文评分为例，如果只是告诉评分者可以从内容、语言和结构三个方面进行整体性评分，那么评分者将会面临很多难以解决的问题：一篇作文主题明确，但内容不充实怎么办？另一篇作文内容尚充实，但语言不够生动又怎么办？如果有具体的评分细则，评分中可能遇到的各种问题都能在细则中找到相应的处理办法，评分的主观性就会下降，误差就会减少。以下就是一份操作性较强的作文评分细则。

作文评分细则

满分 50 分，从内容、语言和结构三个方面对作文进行评价。

一类卷（43—50 分）

切题，中心突出，内容具体充实；行文流畅，语言生动准确；结构严谨，层次清晰。

以 46 分为基准分适当浮动：具备语言和另一项条件的，获基准分；具备三项条件的和只具有语言一项条件的酌情加分或减分。

二类卷（35—42 分）

切题，中心明确，内容较具体充实；文从字顺，语言基本准确；结构紧凑，层次分明。

以 38 分为基准分适当浮动：具备语言和另一项条件的，获基准分；具备三项条件的和只具有语言一项条件的酌情加分或减分。

三类卷（27—34 分）

基本切题，中心基本明确，内容尚具体；语言基本通顺，有少量语病；结构完整，层次尚清楚。

以 30 分为基准分适当浮动：基本具备上述三项基本条件的，获基准分；语言较好的酌情加分；另有些缺点的酌情减分。

四类卷（18—26 分）

不甚切题，内容欠具体，或中心不很明确；语病较多；结构层次较混乱。

以 22 分为基准分，根据具体情况酌情加分或减分。

五类卷（17 分及以下）

不切题，中心不明确；文句不通；漫无章法，结构不完整。

以 13 分为基准分，根据具体情况酌情加分或减分。

这份作文评分细则采用了整体评分原则，如果改用分项记分，每个分项上教师的主观裁量空间缩小了，这样评分者误差就可以得到更好的控制。不仅如此，当学生拿到反馈时，不仅能知道自己的整体分数，还可以知道自己在各个分项上的得分，也就可以判断自己的优势与不足，使后续学习与改进更有针对性。以下是一份快速写作评分细则样例，分别从中心意思、内容组织和语言表达三个维度进行评分。

表 4-5　快速写作评分细则

	5 分优秀	3 分合格	1 分糟糕
中心意思	完全围绕中心意思写作。	基本上围绕中心意思写作。	努力围绕中心意思写作，但想法有些混乱，中心意思不突出。
内容组织	观点突出，表达清晰，中心意思在文中有细节上的支持。	提供了观点，文中有证据或细节上的支持。	文题不对应，文章内容并不能为观点提供支持。
语言表达	几乎没有错别字、病句，标点符号使用正确。	在语法、拼写上存在一些问题。	在语法、拼写上出错较多。

表 4-6、表 4-7、表 4-8 是美国学者塔克（Catlin Tucker）分别针对中学议论文、说明文和记叙文写作设计的三份评分细则 [18]，不仅语文、英语学科教师可以借鉴用于作业设计，其他学校教师在各种开放性作业评分中都可从中得到启示。

表 4-6　中学议论文写作评价表

等级 维度	不合格	一般	较好	优秀
观点理由	观点不明确，没有充分理由。	观点明确，但没有理由，或理由不清楚 / 不充分。	清楚地说明观点和理由。	观点很清楚，并且理由非常充分。
证据材料	没有支撑中心观点的证据材料。	有支撑中心观点和理由的材料，但表达不清楚、不准确。	采用事实陈述、细节描写、文献引用等方式支撑中心观点和理由。	运用有力的事实、翔实的细节和精确的引用来论证中心观点和理由。
解释分析	缺乏对内容的解释或分析。	虽然进行了解释或分析，但解释不够清晰，或分析不准确。	对大部分信息进行了清晰的解释和分析。	对信息进行了清晰、简明、全面的解释和分析。
概括总结	结尾没有总结，或结尾突兀。	有总结性陈述，但陈述内容与中心观点的关联性较弱。	结尾围绕中心观点，总结巧妙。	结尾紧密围绕中心观点，总结强而有力。
组织衔接	结构松散，缺乏条理。	组织有条理，但过渡性语言还需加强。	组织有条理，逻辑清晰，较好地使用了过渡性语言。	组织逻辑性强，流畅度高，内容清晰易懂。
拼写语法	错字百出，语法不通。	偶有错别字或语法问题。	有个别错误，但不影响意义表达。	基本没有任何拼写或语法错误。

表 4-7　中学应用文写作评价表

等级 维度	不合格	一般	较好	优秀
主题	主题不明确。	有主题，但中心不够聚焦。	有主题，中心聚焦。	主题明确，清晰易懂。
证据材料	缺乏足够的事实、细节、引用或示例。	通过事实、细节或例子展开话题，但有些信息与主题不相关。	用事实、细节、引用或例子展开话题，信息与主题关联紧密。	通过相关的事实、具体细节、文献引用或例子充分深入地展开话题。

续表

维度＼等级	不合格	一般	较好	优秀
解释分析	对内容几乎没有解释或分析。	对内容有解释或分析，但解释不够清晰或分析没有深度。	对大部分内容有解释或分析。	解释简洁清晰，分析充分深入。
总结概括	结尾没有总结，或结尾突兀。	结尾有总结，但与主题关联性较弱。	结尾总结明确，且与主题紧密关联。	结尾总结紧扣主题，且简洁有力。
文风文语	用词随意，表述不严谨。	文中包含缩写等非正式表达。	大部分用语正式客观。	通篇保持正式客观的文风文调。
组织衔接	结构松散，缺乏条理。	组织有条理，但是过渡性语言还需加强。	组织有条理，逻辑清晰，较好地使用了过渡性语言。	组织逻辑性强，流畅度高，内容清晰易懂。
拼写语法	错字百出，语法不通。	偶有错别字或语法问题。	有个别错误，但不影响意义表达。	基本没有任何拼写或者语法错误。

表 4-8　中学记叙文写作评价表

维度＼等级	不合格	一般	较好	优秀
内容代入	时间、地点和人物不明确，读者无法清楚整个情境。	至少介绍了一位主人公，能创设情境以吸引读者。	介绍了主人公，描述了具体情境，引导读者置身其中。	文中情境以及主人公描写等能迅速抓住读者眼球，引人入胜。
叙述技巧	没有采取对话和描述等技巧，故事缺乏节奏感，叙述不充分。	采取对话、描述以及大小段等叙述技巧，但情节叙述不充分。	采取对话、描述以及大小段等叙述技巧，情节叙述充分完整。	巧妙地采取对话、描述以及大小段等叙述技巧，情节叙述充分深入。
先后顺序	事件先后顺序不清晰，情节难以贯穿。	事件先后顺序清晰，但某些情节贯穿不畅。	事件先后顺序清晰，情节发展连贯。	事件先后顺序清晰，情节设计巧妙自然。

续表

维度＼等级	不合格	一般	较好	优秀
总结概括	结尾突兀，或没有结论性陈述。	有结论性陈述，但与前文的关联性不大。	有结论性陈述，与前文有较好的关联性。	结尾陈述紧扣上文，且简洁有力。
组织衔接	结构松散，缺乏条理。	观点组织较好，但过渡性语言还需提升。	语言组织逻辑清晰，较好地使用了过渡性语言。	整篇文章结构紧凑，过渡流畅。
拼写语法	错字百出，语法不通。	偶有错别字或语法问题。	有个别错误，但不影响读者阅读。	基本没有任何拼写或者语法错误。

其次，必要时提供有代表性的学生答案样本作为不同等级的样例。在指向复杂能力的开放性作业评分中，有时候即便有每个分数等级的质量描述，教师还是难以准确把握。这时候，如果能在提供评分标准和细则的同时备有代表性答案样例，会有助于教师更好地理解标准和实施评分，也就可以更好地发挥作业的积极作用。以下是 PISA 项目科学测试的一道样题及其评分细则。PISA 项目在解释每个分数的评分标准后，提供了学生答卷的典型样例，对照这些具有代表性的答卷样例，评分者能更清楚该将学生的答案归入哪个代号类别，以及评定为哪个等级。

塞迈尔维斯日记

“1846 年 7 月。下星期我便要到维也纳总医院妇产科第一病房当医生。那里的病人死亡率实在高得可怕。在这个月内，208 名产妇中竟有 36 名死亡，而且全部都死于产褥热。生孩子就像得了一级肺炎那样危险。”

这几行文字选自塞迈尔维斯（1818—1865）的日记，描述了导致很多妇女产后死亡的传染病——产褥热的可怕影响。折线图呈现了塞迈尔维斯所收集到的产褥热病人的死亡数量，分别来自第一病房和第二病房。

包括赛迈尔维斯在内的很多内科医生都不知道产妇患产褥热的真正原因。日记又写道：“1846 年 12 月。为什么这么多顺利生产的产妇，产后死于这种疾病？数个世纪以来的科学研究告诉我们，她们都是死于一种看不见的传染病，原因可能是空气的变化或外太空的影响或地球本身的活动，如地震。”

时至今日，很少有人会相信外太空的影响或地震是产生这个疾病的可能原因。但是在赛迈尔维斯生活的年代，很多人，即使是科学家都会相信这样的说法。我们现在已经知道这种疾病的起因与卫生条件有关。赛迈尔维斯知道外太空的影响或地震不太可能是这种疾病的起因，他根据所收集的资料，尝试去说服他的同事。

问题

假如你是赛迈尔维斯，请根据收集的资料，提出一个理由，说明为什么地震不大可能是产褥热的起因。

评分

满分

代号 21：指出两个病房（每 100 名产妇中）病人死亡数字的差距。

- 由于第一病房妇女的死亡人数较第二病房更高，这就表示产褥热与地震无关。
- 第二病房的死亡人数比第一病房少，如果发生地震，两个病房的死亡数字应该大致一样。
- 由于第二病房的死亡人数没有第一病房多，那么产褥热的出现可能与第一病房的情况有关。
- 地震不可能导致产褥热，因为两个病房的死亡人数差距很大。

部分分数

代号 11：指出地震不是经常发生的事。

- 产褥热不可能由地震造成，因为地震并不是经常发生的。

代号 12：指出地震也会影响病房以外的人。

- 假如地震真的会引发产褥热，那么医院以外的妇女也应该患上这种病。
- 假如地震真的会引发产褥热，那么当地震发生时，全球受影响的人都会染上这种疾病（不应只是那两个病房的病人）。

代号 13：指出当地震发生时，男性没有患上产褥热。

- 如果地震发生时，医院内有男性，而他没有患上产褥热，那么便可以说明地震不可能是造成该病的原因。
- 只有女性才患这种病，男性不会。

零分

代号 01：只指出地震不可能引发产褥热。

- 地震不可能让人生病。
- 小小的震动不会造成危险。

代号 02：只指出产褥热是由其他原因造成的（这些原因可能对，可能错）。

- 地震不会造成毒气泄漏，地震是由板块折叠及断裂造成的。

● 地震不可能造成产褥热，这只是迷信的想法。

● 地震对妇女生产没有任何影响，造成产褥热的原因与医生不够专业有关。

代号 03：由代号 01 及代号 02 混合而成的答案。

● 产褥热不可能是由地震造成的，因为很多妇女在分娩时全无问题，却在分娩后死亡。科学家告诉我们，这些母亲是因为受到一种肉眼看不见的流行性病毒侵袭而死的。

● 产妇患产褥热是因为受到了细菌感染，与地震无关。

代号 04：其他答案。

● 我想这是由于一次大地震的强烈震动造成的。

● 在 1843 年，第一病房的死亡人数下降了很多，而第二病房的死亡人数却没有大幅度下降。

● 医院附近根本没有发生地震，但病人却始终感染疾病。

代号 99：没有作答。

再次，加强评分培训。教师需要学习开放题评分的技能与要求，需要接受有关培训。培训要结合实例，向评分者解析题目、阐释评价意图、讲解评分细则及评分中常见的问题，还要在基本培训后开展试评。试评环节非常重要，不能随便省略。试评不仅可以分析评分者一致性信度，还可以发现评分过程中存在的分歧和可能出现的问题，以便及时解决，使评分误差控制在可接受的范围内。经过培训和练习的教师，未来在为开放式作业编制评分标准和细则时，就有可能做得更好。

最后，确保评分中的资源支持。开放性作业评分需要大量的人力、物力和财力。如果选择的评分者不具备相应的素质和经验，评分者阅卷时间仓促，或缺乏相应的后勤保障，那么即使评分细则再细，评分者培训再严格，评分的准确性也将难以保证。因此，测验管理者在规划测验的过程中要对主观题评分所需的资源支持进行预算，并提出有力的保障计划。对于日常开放性作业评分，学校也要为教师预留足够的评分时间，提供相应的资源支持。

难度和区分度

难度和区分度是传统测验题目分析的重要内容，它们也适用于作业分析与评价。一般而言，教师在作业设计过程中要考虑难度和区分度，将其设置在适当范围内，才能帮助作业发挥其预设功能。

难度

难度，顾名思义，就是作业的难易程度。一道作业题目或一套作业题，如果大部分学生都能做对，那么它的难度就小；如果大部分学生都做不对，就说明它的难度比较大。

难度的计算比较简单。如果作业题是客观题，可以用二分法记分，那么通常使用通过率来表示难度，公式如下：

$$P = R / N \quad \text{（公式 4-3a）}$$

公式中：P 代表项目难度；N 代表全体被试数；R 代表答对该题目的人数。

例如，在 250 个学生中，答对某道题目的学生有 150 人，则该题目的难度为 0.60。

如果题目是主观题，采用非二分法记分，学生会得到从零分到满分之间的一个分数，那么难度通常用平均得分率来计算，公式如下：

$$P = X / X_{max} \quad \text{（公式 4-3b）}$$

公式中：X 表示所有被试在该题目上的平均得分；X_{max} 表示该题目的满分。

例如，在某次考试中语文作文满分为 40 分，250 个学生参加这次考试，作文平均得分为 30 分，那么该作文的难度就是 0.75。

题目的难度水平会影响学生的得分以及对教师教学质量的判断，在高利害测验中，还会影响学生的升学或就业，因而难度的确定需要谨慎。一般而言，在选拔性测验中，题目难度应尽量接近录取率。而在标准参照测验中，比如单元测试、期末考试或学业水平测试，题目要严格依照课程标准或既定目标来编制，只要是在课标要求范围内的，无论难度，都可以使用。作业，无论是学习性作业，还是评价性作业，一般都是在淡化甄别和选拔的思路下布置的，一般也都基于既定标准编制，不用刻意考虑难度。

然而，在实践中，有些时候课程标准没有给出完全清晰的界定，不同人对标准的理解可以有一个合理的弹性空间，而在这个空间之内，作业难度也需要拿捏。

以数学作业为例，某四年级教师在讲完“三角形的面积”之后，出了一道随堂作业题，用以考查学生是否掌握了有关三角形面积计算的知识和技能，题目如下：

> 一个三角形，底长 15 厘米，高 8 厘米，求它的面积。

而另外一名教师讲完同样的内容之后，布置了另外一道随堂作业题，如下：

> 一个三角形，三条边分别为 12 厘米、10 厘米、8 厘米，三条高之中最短的为 5 厘米，面积是（　　）平方厘米。
> 其他两条高分别为（　　）厘米和（　　）厘米。

这两道题都在考查学生有关三角形面积计算的知识，都是依照既定教学目标设计的，但难度明显不同，后者的难度高于前者。在后一题中，学生不能仅会套用公式，还需要知道在同一个三角形中，用任意一条边与其对应的高相乘除以 2 后，都可以计算面积，且面积不变，然后基于这个数学知识做合情推理，才能得出正确答案。后一题难度大，对学生的挑战性更强，能更好地激发学生的学习兴趣，进而促进学生能力的提升。当然，需要补充说明的是，后一道题在课下被细心的同行证实，题中所构想的三角形实际上并不存在，但这道题目的立意值得称赞。

作业难度的把握除了要注意与课程标准保持一致，不随意增加或降低难度外，还要考虑学情实际，最好将题目难度与学生的最近发展区相匹配。如果学生水平较低，有时候可以适当降低难度，让他们体验作业带来的成就感，从而建立学习兴趣和信心；如果学生水平较高，就可以减少低难度的作业，让学生有时间去挑战更高难度的作业，引领他们跳得更高。

区分度

区分度指测验题目对被试表现差异的区分能力。具有良好区分度的题目能有效将不同水平的被试区分开来，即水平高的被试在这道题上通过的可能性大，或得分较高，而水平低的被试在这道题上通过的可能性小，或得分较低。评价题目的区分度要先确定被试的水平，也就是效标分数。在实践中，人们通常用被试在一个测验上的总分作为反映其整体水平的指标，所以这个效标分数被称作内部效标。

如果题目是客观题，可以用二分法记分，其区分度一般用鉴别指数法计算。具体做法是，先按照被试的测验总分由高到低排序，然后选择前 27% 的被试作为高分组，后 27% 的被试作为低分组，分别计算高分组和低分组被试在某道特定题目上的通过率，最后计算两个通过率之差，就得到了鉴别指数，一般用 D 表示，公式如下：

$$D = P_H - P_L \quad \text{（公式 4-4）}$$

公式中：P_H 表示高分组被试在该题目上的通过率；P_L 表示低分组被试在该题目上的通过率。

例如，高分组在某题上的通过率为 0.78，低分组的通过率为 0.45，那么这道题的鉴别指数就是 $D = P_H - P_L = 0.78-0.45=0.33$。

在鉴别指数计算中，高分组和低分组的确定需要特别说明。将测验总分排序后，将前 27% 作为高分组，后 27% 作为低分组，这是最常见的做法。之所以这样做，是因为有研究发现，当分数呈正态分布时，这种区分方法最为有效，既可以使高分组和低分组的差异尽可能放大，又可以使两组人数尽可能多。当然，当效标分数较正态分布平坦时，分析者也可以采用不同的分法，高、低分组各占的比例可高于 27%，但一般应低于 33%。当样本团体的人数较少时，比如小于 100，也不宜使用 27% 的区分法，此时可以考虑把被试分成两半，上下两半分别作为高分组和低分组。总之，高分组和低分组的区分具有一定的人为规定性，在报告鉴别指数时要先说明两组的界定方法。

经过计算，鉴别指数处于 −1.00 至 1.00 之间，指数越大，说明区分度越好。1965 年，美国测验专家艾伯尔（R. L. Ebel）根据多年研究经验提出了一份题目鉴别指数评价标准（表 4–9）。[4]（93）

表 4–9　题目鉴别指数评价标准

鉴别指数	题目评价
0.40 以上	很好
0.30—0.39	良好，修改后会更好
0.20—0.29	尚可，仍需修改
0.19 以下	差，必须淘汰

如果题目属于主观题，评分在零分至满分之间，这种题目的区分度则要通过计算题总相关予以分析。相关越高，说明题目的区分度越好。题总相关，即计算被试在某道题上得分与测验总分之间的相关，其计算方法通常采用皮尔逊积差相关法，但不尽然。在不同的数据条件下，需要采用不同的方法。比如，当题目为主观题，评分是连续的，但被人为分成通过和不通过两个类别时，题总相关的计算要采用二列相关法，其计算公式如下：

$$r_b = \frac{\overline{X}_p - \overline{X}_q}{S_t} \cdot \frac{pq}{y} \qquad \text{（公式 4–5）}$$

公式中：p 表示通过该题目被试的人数百分比；q 表示没有通过该题目被试的人数百分比；$\overline{X}_p$表示通过该题目被试的平均效标分数；$\overline{X}_q$表示未通过该题目被试的平均效标分数；S_t 表示全体被试效标分数的标准差；y 表示正态分布下 p 与 q 分割点正态曲线的高度。

难度与区分度的关系

难度与区分度紧密相连。如果一道题目太难，很少甚至几乎没有学生能答对，那么这道题就难以有效区分高水平和低水平的学生，区分度不好；如果一道题目太容易，大家都能正确作答，区分度也不好。而如果题目保持中等难度，比如是 0.50，则有可能高分组的所有被试都正确作答，而低分组却无人通过，那么这时的鉴别指数 D 就能达到最大值 1.00；如果题目难度为 0.70，有可能高分组通过率为 1.00，低分组通过率为 0.40，那么鉴别指数 D 就是 0.60。

有研究者计算了不同难度的题目可能达到的最大鉴别指数[19]（参见表 4–10），结果发现，中等难度题目的区分度最好，这也是人们在常模参照测验中要求题目保持中等难度的原因之一。

表 4–10　鉴别指数最大值与题目难度的关系

题目难度	最大鉴别指数
1.00	0.00
0.90	0.20
0.70	0.60
0.60	0.80
0.50	1.00
0.40	0.80
0.30	0.60
0.10	0.20
0.00	0.00

作业的主要功能是练习，在当前“双减”工作备受重视的情况下，即使有些作业能够发挥评价学生学习进展的作用，教师也应注意淡化作业选拔和比较的作用，尤其要淡化学生间的比较。因此，**作业应根据课标要求设计，难度上一般不做刻意控制。但有时候考虑到激励学生的需要，教师也可以适当控制难度，让作业具有一定的区分度，让学生更好地成长。**为此，教育部办公厅 2021 年 4 月颁布的《教育部办公厅关于加强义务教育学校作业管理的通知》(以下简称《作业管理通知》) 也强调，作业设计要坚持因材施教原则，鼓励教师为学生布置个性化作业，根据学生水平调控内容、形式与难度，让每个学生在作业完成过程中都有获得感。[20]

伦理与公平

教师的职责是教书育人。教师要眼中有人，心中有爱。因此，教师在设计作业时不能仅局限于对学科内容上的思考，比如教—学—评一致，难度、区分度适宜等，必须看到活生生的学生，即看到完整的人。教师要从伦理与公平的视角分析作业设计。从该视角分析作业设计，可以发现一些新的问题，为改进教学提供新思路。

伦理问题

伦理指人与人相处时应遵守的各种道德准则。一般来说，以人或动物为研究对象的研究都需要经过伦理审查。在作业设计中，伦理审查也十分必要。作业设计必须尊重每一个学生及其相关人的权利，确保将对他们的可能伤害降到最低。

作业伦理审查主要涉及三个方面的问题。

第一，作业是否有意义？如果作业大多是简单的知识与技能的重复，占用了学生的大量时间，对学生的成长促进价值却十分有限，或者作业的难度过大，能正确作答的学生凤毛麟角，导致学生反复经历一种强烈的挫败感，那么这些作业在一定意义上就是有悖伦理原则的。《作业管理通知》指出，中小学要充分发挥作业育人功能，要“切实避免机械、无效训练，严禁布置重复性、惩罚性作业”[20]。

第二，作业是否侵犯了学生或其家庭的隐私权？隐私权是指公民享有的私人生活安宁与私人信息依法受到保护，不被他人非法侵扰、知悉、搜集、利用和公开等的一种人格权。隐私权赋予权利人对私人生活的控制权，隐私权的常见类型有个人生活自由权、情报秘密权、个人通讯秘密权、个人隐私利用权。隐私权是公民人格权的重要内容，《中华人民共和国宪法》（2018 年修正）《中华人民共和国刑法》（2020 年修正）《中华人民共和国民法典》（2021 年施行）等法律条文中均有相关规定，未成年学生的隐私保护，在作业设计中应受到重视。

某六年级教师为了增进亲子了解，开展“知母爱 · 感母恩”主题班会，让学生在母亲节前深入了解自己的母亲，要求学生完成清单中的若干问题。

> 同学们，每个人都说爱自己的母亲，可你知道母亲的这些信息吗？让我们了解母亲，关爱母亲。
>
> （1）母亲是哪一年出生的？
>
> （2）你知道母亲的生日吗？
>
> （3）母亲的身高是多少？
>
> （4）母亲的体重是多少？
>
> （5）母亲穿多大码的鞋子？
>
> （6）母亲喜欢什么颜色？
>
> （7）母亲喜欢哪几样水果？

（8）母亲有什么业余爱好?
（9）母亲用什么牌子的化妆品?

教师在主题班会课上请几位学生向全班分享他们了解的有关母亲的信息，学生都很好地完成了作业，获得了教师的表扬。后来上课视频传到网上，有的学生因为会说话，比如说“我的妈妈不用化妆品，因为我的妈妈本来就很漂亮”，博得了一众喝彩。

在这份作业中，学生被要求填写和公开的信息很多是学生及其家长的个人隐私。学生母亲的身高、体重、年龄、使用的化妆品等信息都是不能随便向人公开的，但一旦教师要求，学生与家长一般不会提出异议，但没有异议不代表这种做法是合适的。

类似的作业其实还有很多。例如语文教师布置作文作业，“请以‘我的妈妈’为题，写一篇作文，要求写真人真事，具有真情实感”。学生妈妈的真人真事有很多属于个人隐私，学生可能判断不好哪些适合讲、哪些不适合讲，那么在写“真人真事”的过程中就有可能暴露妈妈的个人隐私。关键在于，每个学生的家庭环境都不一样，有的学生的妈妈与爸爸离婚了，有的学生没有跟妈妈生活在一起，甚至有的学生的妈妈已经去世了，这些事他（她）都可能不想让别人知道，也有权利拒绝向别人透露。可教师要求写这样的作业，有的学生只好暴露隐私，而有些“聪明”的学生则会写“某个下着瓢泼大雨的夜晚，妈妈给我送伞”。实际上，教师可以在突出人物描写的作文中不要求学生写某个特定的人物，而是让学生在合情合理的前提下，自主选择作文的主人公。比如，这份人物描写的作文作业可改成“以‘值得我学习的人’为题，写一篇作文，描写一个你比较熟悉的人，要求写真人真事，具有真情实感”。

又例如，某位六年级数学教师为了让学生体会百分数在生活中的作用，要求学生“统计一下自己家一月的开支情况，分服装、食品、教育、旅游娱乐、其他等几个类别，然后计算自己家的恩格尔系数”。我听过几次涉及恩格尔系数的数学公开课，教师都在公开课上让学生展示他们家的开支结构图及恩格尔系数。课后，同事们赞赏授课教师能联系生活教数学，积极推动跨学科学习，可他们却没有注意到让学生在课上面向全班同学汇报自家开支结构侵犯了学生的家庭隐私权。这份数学作业可考虑改成，“以下是我市某社区一位孤寡老人的上半年各月生活开支细目，请将他家开支分服装、食品、旅游娱乐、其他等几类进行统计，绘制一份反映他家家庭开支情况的示意图，并计算他家的恩格尔系数”。在改进后的作业中，没有人的隐私被侵犯，而学生同样经历了用统计知识和恩格尔系数分析现实问题的过程，并且在不同程度上激发了学生对孤寡老人养老等社会问题的关注，有利于培养学生的社会责任感。

再例如，某位英语教师在讲“My family”一课前，让学生准备一张家庭合影，并用几个固定句型准备一段话，介绍自己的家庭。课上教师叫到谁，谁就站起来说。“Hello, my name is Mike. There are three people in my family（用手举起照片）. They are my father, my mom, and me（用手指着逐个说）. My father is a teacher（用手指着照片中的父亲）. He is tall. He likes playing basketball.”这样的作业是不是一样没有保护好学生的家庭隐私呢？学生的父亲是教师，还是外卖员，以及父亲的业余爱好是什么，都是他的个人隐私。而如果学生没有父亲或母亲，或者父母离异，或者家里没有所谓的家庭合影，学生又不想让别人知道这些隐私，那该如何是好？

如果是我来讲这节课，我不会布置前置性作业，而是在新课学习结束后安排一个随堂作业，即一个游戏性质的练习。“同学们，学完如何用英语介绍家庭，我们来做个游戏。我给每个小组发了三个信封，第一个信封上写的是‘Me’，第二个信封上写的是‘My parents’，第三个信封上写的是‘My sibling(s)（我的兄弟姐妹）’。每个信封里都有多张纸条，用中文写着不同的家庭信息。请每个同学从三个信封中各抽取一张纸条，然后根据三张纸条上的信息，向本组同学介绍‘你’的 family。”学生抽完纸条，发现每个人的纸条内容都不一样。“我”各不相同，有小学生，有中学生，还有医生或运动员；“我的双亲”情况也千差万别，有的同学抽中的爸爸是工程师、妈妈是护士，有的同学抽中的爸爸和妈妈都在打散工，有的同学抽中的只有爸爸没有妈妈；“我的兄弟姐妹”更有意思，有的同学抽中的是有一个上幼儿园的妹妹，有的同学抽中的是有两个高大帅气的哥哥，有的则抽中没有兄弟姐妹。这份作业不涉及任何人的隐私，每位同学抽到的家庭样态各不相同，传达了一些非常有力量的信息：各种家庭结构（如单亲家庭）都是合理的，都可以很幸福；父母从事各种工作都是值得尊敬的，都不应被歧视。更重要的是，多样化的家庭再现了真实的生活，学生不仅可以了解人生百态，更在介绍“我”的家庭的过程中，练习了生活英语，用英语说自己真正想说的话，也加强了英语口语练习的交际性。

教师必须加强隐私保护意识。作业涉及学生及其家庭的隐私时，教师要有敏感性，要及时改进作业设计，切实保护学生权益。

第三，是否有某个特定人群会因作业而受到伤害？这里特定人群的范围很广，包括女性群体、少数民族群体、单亲家庭子女、重组家庭子女、留守儿童、家庭贫困儿童、学习困难儿童等处境不利群体。每一个学生都需要被尊重、被关爱、被公平对待，教师不能让某个身处特定群体的学生因作业而受到伤害。

女性群体受伤害的例子经常被人提起。例如，如果教师在作业中提到英雄、科学家等正面形象都用男性的“他”作指代，而当提到清洁工、服务员时都用女性的“她”作指代，就会使女性群体感觉被冒犯。一个比较得当的做法是，当提及某个虚构的人物时，均用“他/她”来指代。

少数民族群体也需要注意。教师在作业设计时不能涉及民族禁忌，或发表对某些民族带有歧视性的言论。我国一直以来都重视民族团结，目前实践中这种问题已不常见了。

教师最亟须关注的是不容易被察觉的伤害，因为我们可能在不经意间就伤害了某些人群。以单亲家庭子女为例，教师布置的作业中经常涉及父母，比如写作文“父爱如山”“回家后跟妈妈了解她的童年往事”“用五彩笔画我的一家”等。类似这样的作业，无论是课上作业，还是课后作业，对于没有爸爸或妈妈的学生、父母离异的学生，乃至留守家庭里长期见不到父母的学生来说，可能就会构成不同程度的内心冲突、困扰或伤害。有人可能会问：“照这样说，以后‘感恩父母’的主题班会就不能开了，可如果学生不知道感恩，那怎么办？”但我们应该清楚，教育的目标是教学生学会感恩，而且感恩要见行动，所以“感恩”主题班会就已足够，而不用专门开“感恩父母”主题班会。

从整体上看，伦理审查对于教师来说还比较陌生，但它对学生的身心健康发展十分重要，中小学必须予以高度重视。作业设计中的伦理问题需要加强审查、反思与改进。

不公平的来源

公平通常是在不同群体之间发生的。说作业对某一个群体不公平，总是相对于另外一个群体而言的。**每个群体都可能在完成作业的过程中受到冒犯或歧视，需要敏锐地识别和分析。**

这其中，性别不公平最容易受到关注。在有些地区，女生的受教育机会少于男生，在教育结果上，女生的成绩也低于男生，所以在讨论公平时，人们通常首先会想到女生。但实际上，男生也可能遭受不公平对待。2003 年非典期间，有些城市减少中考考试科目，只考了语文、数学和英语三科，高中则依据考生在这三个科目上的得分招录新生。结果发现，一些传统的优质高中录取的女生数量比原来明显增多。这主要是因为在语文、数学和英语三科中，有两科属于语言记忆类科目。脑科学研究表明，男女生在脑的结构和功能上都具有差异。[21] 比如，男性大脑左半球灰质的比例显著高于女性；男性大脑皮层有更多的神经元；大多数男性和女性的语言区都在左半球，但女性在进行语言加工时，其右脑也会出现明显的激活；更多的女性比男性具有左半球优势，而具有右半球优势的男性比女性多；男性在数学、科学等方面的测验得分比较高，而女生在阅读理解、事实和概念记忆等方面得分比较高。从这一角度来看，女生在上述这种中考模式中占有一些优势，令人遗憾的是，这种性别不公平问题似乎没有受到足够的重视。在作业设计中，教师需要思考的是作业会不会在整体上对某个性别群体不利。绝对的公平是没有的，但教师要通过内容和形式上的调整，使之达到一种可接受的水平。

家庭社会经济地位低的学生，特别是农村学生，在作业中也容易受到不公平对待。原因很简单，教材和教参的编写者多数都生活在城市，熟悉城市的生活和思维方式，所以设计作业时所选择的背景资料和具体问题通常偏向于城市，可能对农村学生不利。比如，早年有教师在物理学习中出了这样一道题，“请找出饮水机上的物理学原理”。教师为自己将物理作业与生活结合起来感到骄傲，但他却没有意识到，这道题对农村学生严重不公平，因为在当时的农村地区，绝大多数学生根本没有见过饮水机。又如，2015 年某大学在美术类艺考中让考生画一只煮熟了的大闸蟹，可是有些家庭社会经济地位不高的学生没有吃过大闸蟹，自然很难在考试中有出色表现。学生画不好，不是因为他绘画水平不高，而是因为他没有吃过或近距离观察过煮熟的大闸蟹，这种题目显然有失公允。目前，越来越多的作业开始强调考查学生在真实情境中利用所学分析和解决问题的能力，那么情境的选择和设计必须照顾到城乡差异，让来自城市和农村的学生都有公平参与和平等对话的机会。

知识窗

公平审查

美国教育考试服务中心（ETS）于 2002 年颁布的《质量和公平性标准（ETS Standards for Quality and Fairness）》，要求对所有测验和题目都进行正规的公平性审查。在该中心，开发高利害测验时，成立一个专门的小组对试题和整个测验进行公平审查，已成为惯例。这个小组通常由 15—25 名评论专家构成。每名专家都对测验内容非常熟悉，且对公平足够敏感。有时候，小组要特意邀请能充分了解和代表某个亚群体的专家参与，以更好地识别那些可能具有冒犯性或歧视性的题目。小组成员要对每个题目和整个测验的公平性进行审查，如果专家在某题上做出否定判断的百分比超出了可接受的数字，就需要进行深入讨论，从而确定这道题目是需要更改，还是直接删除。

此外，与伦理原则相关，不同家庭结构的学生也可能在作业中受到冒犯或不公平对待。现在，我国家庭结构日益多元化，单亲家庭、离异家庭、再婚家庭的比例都有上升趋势。如果在测验中让学生阅读一份反对离婚的文字材料，可能会使来自离异家庭的学生感觉被冒犯。有一道中考题十分具有典型性，题目先让学生阅读一份歌颂母爱的散文，然后回答如下问题：

（1）同学们，你们有没有意识到母亲已经人到中年，请你写一段文字，告诉大家母亲人到中年后发生的变化。

（2）请你写一段在母亲生日晚宴上的致辞。

（3）请你给同学们介绍一本有关母亲的书。

命题者认为这组题目不仅考查了学生的书面语言表达能力，而且关注了学生跟母亲的情感，促进了亲子之间的交流。用意虽好，但问题是，如果有学生的母亲在未到中年时已经离世，或者有学生的母亲与父亲离婚，母亲没有与他（她）生活在一起，他（她）已经有多年未见过母亲，那么他（她）要如何回答这组题目呢？他（她）不能直言自己没见过母亲人到中年的情况，却要忍着心中的难过，写下一些虚构的变化和致辞，这不仅不能考查学生对母亲的情感，反而会对这些学生造成很大的伤害，所以也是不公平的。

综上，作业设计看上去很简单，但实际上是一件十分复杂的工作。它不仅要求促进教—学—评一致，保证评分者信度，让题目有合适的难度与区分度，还要求符合伦理与公平原则。**本着对学生发展负责的原则，每一份作业编制完成后都需要经过审查、反思与改进。没有最好的作业，只有更好的作业。**

作业设计 AB 案

作业设计 A 案是教师设计或布置的作业，B 案则是我们针对相同或相似目标设计的改进作业。从 A 案到 B 案，作业设计实现了一次“华丽的转身”。在每一章结尾，我们将正文中提及的作业设计改进过程，总结在作业设计 AB 案对比表中，供大家在对比中学习与思考。

序号	内容	A 案	B 案
1	小学语文期末考试古诗默写	本学期我们一共学习了 8 首古诗，你最喜欢其中的哪一首？请你把它写下来。（参见本书第 127 页）	（1）沉舟侧畔千帆过， __________。 （2）无可奈何花落去， __________。 （3）长风破浪会有时， __________。 （4）《过零丁洋》中直抒胸臆，表明了作者文天祥以死明志的决心的两句诗是________，________。（参见本书第 128 页）
2	四年级数学“三角形的面积”	一个三角形，底长 15 厘米，高 8 厘米，求它的面积。（参见本书第 145 页）	一个三角形，三条边分别为 12 厘米、10 厘米、8 厘米，三条高之中最短的为 5 厘米，面积是（　　）平方厘米。其他两条高分别为（　　）厘米和（　　）厘米。（参见本书第 145 页）

续表

序号	内容	A案	B案
3	初中语文人物描写作文	请以“我的妈妈”为题，写一篇作文，要求写真人真事，具有真情实感。（参见本书第151页）	以“值得我学习的人”为题，写一篇作文，描写一个你比较熟悉的人，要求写真人真事，具有真情实感。（参见本书第151页）
4	六年级数学百分数与恩格尔系数	统计一下自己家一月的开支情况，分服装、食品、教育、旅游娱乐、其他等几个类别，然后计算自己家的恩格尔系数。（参见本书第151页）	以下是我市某社区一位孤寡老人的上半年各月生活开支细目，请将他家开支分服装、食品、旅游娱乐、其他等几类进行统计，绘制一份反映他家家庭开支情况的示意图，并计算他家的恩格尔系数。（参见本书第152页）
5	三年级英语“My family”	课前准备一张家庭合影，并用几个固定句型准备一段话，介绍自己的家庭。（参见本书第152页）	同学们，学完如何用英语介绍家庭，我们来做个游戏。我给每个小组发了三个信封，第一个信封上写的是“Me”，第二个信封上写的是“My parents”，第三个信封上写的是“My sibling(s)（我的兄弟姐妹）”。每个信封里都有多张纸条，用中文写着不同的家庭信息。请每个同学从三个信封中各抽取一张纸条，然后根据三张纸条上的信息，向本组同学介绍“你”的family。（参见本书第152页）

思考与练习

1. 什么样的作业是好作业？对于这一问题的回答，仁者见仁，智者见智，不同的人从不同视角出发提出了不同的看法。基于自己的从教经验，结合阅读本章后的思考，说说你认为评判作业质量最重要的标准是什么。

2. 教—学—评不一致现象在教学实践中时有发生。结合一节课的随堂作业和家庭作业，分析其是否做到了教—学—评一致，指出亟待改进的地方，并提出有针对性的改进建议。

3. 为开放性作业设计评分标准，对教师来说具有一定的挑战性。选择一道开放性作业，与本教研组教师一起为其研发一份确保教—学—评一致，且具有操作性的评分标准。

4. 泄露学生及家庭隐私，是当前作业设计中亟待关注的重要问题。请你和本教研组教师一起做一次专题讨论，找出当前作业设计实践中侵犯学生及家庭隐私权的典型情况，并商讨改进办法。

本章参考文献

[1] 沃特罗特，符哲琦 . 好作业的五大标志 [J]. 上海教育，2014（17）：44–47.

[2] 上海市教育委员会教学研究室 . 学科单元作业设计案例研究 [M]. 上海：华东师范大学出版社，2018：6.

[3] 中华人民共和国教育部 . 义务教育艺术课程标准（2022 年版）[S]. 北京：北京师范大学出版社，2022.

[4] 赵德成 . 促进教学的测验与评价 [M]. 上海：华东师范大学出版社，2016.

[5] MESSICK. Validity [M]//LINN. Educational measurement. 3rd ed. New York：Macmillan, 1989：13–103.

[6] 美国教育研究协会，美国心理学协会，全美教育测量学会 . 教育与心理测试标准 [M]. 燕娓琴，谢小庆，译. 沈阳：沈阳出版社，2003：12–15.

[7] Educational Testing Service. 2014 ETS standards for quality and fairness[EB/OL]. http://www.ets.org/s/about/pdf/standards.pdf, 2015–05–01.

[8] 中共中央，国务院 . 深化新时代教育评价改革总体方案 [EB/OL]. (2020–10–13)[2021–10–13].https://www.gov.cn/zhengce/2020–10/13/content_5551032.htm.

[9] 张雨强，张志红 . PISA2006 科学试题的设计和开发及其启示 [J]. 外国教育研究，2011，38（02）：59–65.

[10] 教育部初中毕业与高中招生制度改革项目组 . 中考命题指导 · 语文 [M]. 南京：江苏教育出版社，2005：118.

[11] 李方 . 现代教育科学研究方法 [M]. 广州：广东高等教育出版社，1989：80.

[12] 萨克斯，牛顿 . 教育和心理的测量与评价原理：第四版 [M]. 王昌海，等译. 南京：江苏教育出版社，2002：314.

[13] 赵德成 . 内容效度：一个不容忽视的问题 [J]. 语文建设，2006（09）：62–64.

[14] LINN，GRONLUND. 教学中的测验与评价 [M]. 国家基础教育课程改革“促进教师发展与学生成长的评价研究”项目组，译 . 北京：中国轻工业出版社，2003.

[15] OECD. PISA 2009 Results: What students know and can do–student performance in reading , mathematics and science (Volume Ⅰ)[EB/OL]. https://www.oecd–ilibrary.org/education/pisa–2009–results–what–students–know–and–can–do_9789264091450–en.

[16] 李煜祥 . 应用“命题双向细目表”的体会 [J]. 华南师范大学学报（社会科学版），1999（05）：102–105.

[17] 安娜斯塔西，厄比纳 . 心理测验 [M]. 缪小春，竺培梁，译 . 杭州：浙江教育出版社，2001.

[18] TUCKER. Middle school writing rubrics[WB/OL]. (2018–08–22)[2023–04–01]. https://catlintucker.com/2018/08/middle–school–writing–rubrics/.

[19] 戴海崎，张锋，陈雪枫. 心理与教育测量（修订本）[M]. 广州：暨南大学出版社，2007：84.

[20] 教育部办公厅 . 关于加强义务教育学校作业管理的通知 [EB/OL]. (2021-04-08)[2022-01-05]. http://www.moe.gov.cn/srcsite/A06/s3321/202108/t20210830_555640.html.

[21] SOUSA. 脑与学习 [M]. “认知神经科学与学习”国家重点实验室，脑与教育应用研究中心，译 . 北京：中国轻工业出版社，2005：136-140.

第五章

作业设计新理念

本章导读

我国基础教育已经进入高质量发展的新时代，对作业设计提出了更高的要求。作业设计要面向未来，着力体现如下核心理念：强化核心素养立意，以核心素养为导向设计作业，尤其要聚焦问题解决能力；加强作业的情境创设，将任务嵌入在真实的生产生活情境中，让学生在真实情境中学习，增强作业的趣味性、综合性与实践性；拓展作业的探究性与开放性，以更好地激发学生的好奇心，培养学生的探究能力，充分发挥作业的育人功能。

概览

1. 以核心素养为导向是当前作业设计的重要方向。在新课标背景下，无论是作为学习任务的作业，还是作为评价任务的作业，都要改变过去过分注重知识和技能的状况，着力强化核心素养立意，推动核心素养落地。

2. 正确理解学科所强调的核心素养是在作业设计中落实核心素养的前提。教师要认真研读课程标准，深入理解学科核心素养，并将核心素养目标操作化，在此基础上设计作业，才能确保“教—学—评一致”。

3. 各门课程所强调的核心素养框架都比较复杂多样，且各不相同，各有侧重。教师还需要在核心素养框架内进一步聚焦，明确最关键、对学生未来发展影响最深远的核心素养。问题解决能力应成为作业设计中重点关注的核心素养。

4. 义务教育课程方案与普通高中课程方案都强调实践育人，教师要加强学科知识学习与学生经验及生产生活实践的联系，以增强学生认识真实世界和解决真实生产生活问题的能力。因此，好的作业设计要加强情境性，将学习任务嵌入在生产生活情境中。

5. 情境创设一般要符合以下三个标准。(1) 真实：情境必须是真实存在的，反映真实生活世界对学生学习的要求。(2) 复杂：情境要反映现实生活的复杂性，问题解决所需要的条件通常隐含在情境中。(3) 有效：情境要能有效激发学生的目标行为，促进深度学习的发生。

6. 教师要在作业设计中适当增加探究性、实践性与综合性，以深入推动教学改革，进一步转化教学方式，探索启发式、互动式、探究式教学，引导学生主动思考、积极提问与自主探究，有效培养学生的探究能力及相关核心素养。

7. 教师在作业设计中要克服虚假探究。有些教师组织的探究式学习活动在不同程度上形式大于实质，要么是在学生已知问题解决方法的情况下的虚假探究，要么是指向简单事实性知识的理解与掌握的浅层次探究。作业要创设真情境，提出真问题，引发真探究。

8. 教师要多提开放式问题，多布置开放性作业。这就像给沉闷的学习生活“打开一扇窗”，可以让学生舒展筋骨，去闯荡、去探索，自主建构新认识，发现问题解决的多样性方法，激活发散性思维与创造性思考。

2021年4月，教育部办公厅印发《关于加强义务教育学校作业管理的通知》，针对实践中存在的作业数量过多、质量不高、功能异化等突出问题，提出十点指导意见，明确提出在严格控制书面家庭作业数量的同时，要创新作业类型方式和优化作业设计。[1]那么，在减负提质、促进教育高质量发展的新时代背景下，作业设计应遵循哪些新理念？可以在哪些方面有所创新？本章拟结合相关政策、理论与实践，对作业设计应遵循的新理念进行深入探讨。

以核心素养为导向

核心素养培育是当前中小学课程与教学改革的重要议题。2014年，教育部颁发《关于全面深化课程改革落实立德树人根本任务的意见》，要求深入回答"培养什么人、怎样培养人"这一根本问题，在促进学生全面发展的同时明确学生为适应终身发展与社会进步需要所应具备的必备品格与关键能力，构建学生发展核心素养体系，并加大统筹力度，统筹课标、教材、教学、评价、考试等环节，切实推动核心素养落地。[2]

聚焦核心素养的课程标准

《关于全面深化课程改革落实立德树人根本任务的意见》发布以来，核心素养逐渐成为课程改革的关键词。2016 年，教育部基础教育课程教材专家工作委员会审议通过北京师范大学课题组研发的中国学生发展核心素养框架，核心素养被分为文化基础、自主发展与社会参与三个方面，包括人文底蕴、科学精神、学会学习、健康生活、责任担当与实践创新六大素养，并最后具体细化为国家认同的十八个基本要点。[3] 这一框架成为新课标研究的基础。《普通高中课程方案（2017 年版）》《普通高中课程方案（2017 年版 2020 年修订）》《义务教育课程方案（2022 年版）》都进一步强调了核心素养的培育。

《普通高中课程方案（2017 年版 2020 年修订）》指出，中国学生发展核心素养是国家教育方针的具体化，各学科要基于学科本质凝练本学科的核心素养，并围绕核心素养精选课程内容，明确质量要求，提出关于教材编写、教学实施与考试评价的建议。[4]4《义务教育课程方案（2022 年版）》进一步强调，各课程标准首先要依据国家教育方针与培养目标，将全面发展的要求具体化为本课程所重点关注的核心素养，明确学生学习本课程后应形成的正确价值观、必备品格与关键能力，然后聚焦核心素养，基于这些核心素养甄选课程内容，研制学业质量标准，提出教学与评价建议。[5]3–4

进一步分析发现，2020 年修订的普通高中课程标准与 2022 年新版的义务教育课程标准，都强调以学生发展为本和以核心素养为导向，明确提出本学科所特别强调的核心素养。表 5–1 将各阶段最新课程标准强调的核心素养汇总在一起，可以使我们对学科核心素养形成整体的认识。由表可见，各学科的核心素养既有独特性，又与其他学科具有一定的相似性与关联性。比如，语文和英语两门学科在强调语言应用能力的同时，都重视文化意识。又如，科学探究是科学类课程共同关注的核心素养，包括物理、化学、生物及义务教育阶段的科学课程。这也印证了一个观点：越是核心的素养，越是跨学科的。

表 5-1 最新课程标准中的核心素养清单

序号	学科	义务教育课程标准（2022 年版）	普通高中课程标准（2017 年版 2020 年修订）
1	语文	文化自信、语言运用、思维能力、审美创造	语言建构与运用、思维发展与提升、审美鉴赏与创造、文化传承与理解
2	数学	会用数学的眼光观察现实世界，会用数学的思维思考现实世界，会用数学的语言表达现实世界	数学抽象、逻辑推理、数学建模、直观想象、数学运算、数据分析
3	英语	语言能力、文化意识、思维品质、学习能力	语言能力、文化意识、思维品质、学习能力
4	道德与法治 / 思想政治	政治认同、道德修养、法治观念、健全人格、责任意识	政治认同、科学精神、法治意识、公共参与
5	历史	唯物史观、时空观念、史料实证、历史解释、家国情怀	唯物史观、时空观念、史料实证、历史解释、家国情怀
6	地理	人地协调观、综合思维、区域认知、地理实践力	人地协调观、综合思维、区域认知、地理实践力
7	科学	科学观念、科学思维、探究实践、态度责任	
8	物理	物理观念、科学思维、科学探究、科学态度与责任	物理观念、科学思维、科学探究、科学态度与责任
9	化学	化学观念、科学思维、科学探究与实践、科学态度与责任	宏观辨识与微观探析、变化观念与平衡思想、证据推理与模型认知、科学探究与创新意识、科学态度与社会责任
10	生物学	生命观念、科学思维、探究实践、态度责任	生命观念、科学思维、科学探究、社会责任
11	信息科技	信息意识、计算思维、数字化学习与创新、信息社会责任	信息意识、计算思维、数字化学习与创新、信息社会责任
12	通用技术		技术意识、工程思维、创新设计、图样表达、物化能力
13	体育与健康	运动能力、健康行为、体育品德	运动能力、健康行为、体育品德

续表

序号	学科	义务教育课程标准（2022 年版）	普通高中课程标准（2017 年版 2020 年修订）
14	艺术	审美感知、艺术表现、创意实践、文化理解	艺术感知、创意表达、审美情趣、文化理解
15	音乐		审美感知、艺术表现、文化理解
16	美术		图像识读、美术表现、审美判断、创意实践、文化理解
17	劳动	劳动观念、劳动能力、劳动习惯和品质、劳动精神	

在新课标背景下，无论是作为学习任务的作业，还是作为评价任务的作业，都要改变过去过分注重知识和技能的状况，着力强化核心素养立意，推动核心素养落地。

以核心素养为导向的作业设计

作业设计必须遵循“教—学—评一致”原则，即作业要紧密围绕教育目标设计，要么引导、督促和改进学生的学习，激励学生朝既定目标迈进，促进学与教的一致性，要么设置情境与方法，考查学生达成既定目标的程度，保证评与教的一致性。要在教学与评价中加强核心素养导向，就必须深入理解学科核心素养，并将核心素养目标操作化，在此基础上设计促进核心素养落地的作业。

正确理解学科所强调的核心素养，是在作业设计中落实核心素养的前提。而要深入理解核心素养，必须认真研读课程标准。以历史学科为例，《义务教育历史课程标准（2011 年版）》将历史课程定性为人文社会科学中的一门基础课程，指出历史课程具有思想性、基础性、人文性与综合性的特点。这一版历史课标将课程总目标界定为：学生能够掌握中外历史的基本知识，初步掌握学习历史的基本方法和基本技能；对人类历史的延续与发展产生认知兴趣，感悟中华文明的历史价值与现实意义，养成爱国主义情感，开拓观察世界的视野，认识世界历史发展的总体趋势；初步形成正确的世界观、人生观和价值观，为成为拥有良好综合素质的合格公民奠定基础。接下来，课标又分“知识与能力”“过程与方法”“情感·态度·价值观”三个方面，将目标进一步具体化为16个条目。历史课程目标清晰地呈现出来了，但在这些目标中，哪些更重要，哪些是适应个人终身发展和社会发展需要的必备品格和关键能力，没有进行讨论。[6]（1–8）

2017年版以及2020年修订的普通高中课程标准已经开始强调核心素养。历史学科核心素养包括唯物史观、时空观念、史料实证、历史解释、家国情怀五个方面。2022年颁布的新版义务教育课程标准中，历史学科采用了相同的核心素养体系，并对义务教育阶段的要求做了进一步阐释。表5–2列举了《普通高中历史课程标准（2017年版2020年修订）》中对五个核心素养的解释，并相应列举了各个素养上的课程目标，将核心素养目标具体化。[7]（4–5）

表5–2 普通高中历史课程标准提出的核心素养

核心素养	内涵解释	课程目标
唯物史观	唯物史观是揭示人类社会历史客观基础及发展规律的科学的历史观和方法论。 人类对历史的认识是由表及里、逐渐深化的，要透过历史的纷杂表象认识历史的本质，科学的历史观和方法论是非常重要的。唯物史观使历史学成为一门科学，只有运用唯物史观的立场、观点和方法，才能对历史有全面、客观的认识。	了解唯物史观的基本观点和方法，包括人类社会形态从低级到高级的发展、生产力和生产关系之间的辩证关系、经济基础和上层建筑之间的相互作用、人民群众在社会发展中的重要作用等，理解唯物史观是科学的历史观；能够正确认识人类历史发展的总趋势；能够将唯物史观运用于历史的学习与探究中，并将唯物史观作为认识和解决现实问题的指导思想。

续表

核心素养	内涵解释	课程目标
时空观念	时空观念是在特定的时间联系和空间联系中对事物进行观察、分析的意识和思维方式。 任何历史事物都是在特定的、具体的时间和空间条件下发生的，只有在特定的时空框架当中，才可能对史事有准确的理解。	知道特定的史事是与特定的时间和空间相联系的；知道划分历史时间与空间的多种方式，并能够运用这些方式叙述过去；能够按照时间顺序和空间要素，建构历史事件、历史人物、历史现象之间的相互关联；能够在不同的时空框架下对史事做出合理解释；在认识现实社会时，能够将认识的对象置于具体的时空条件下进行考察。
史料实证	史料实证是指对获取的史料进行辨析，并运用可信的史料努力重现历史真实的态度与方法。 历史过程是不可逆的，认识历史只能通过现存的史料。要形成对历史的正确、客观的认识，必须重视史料的搜集、整理和辨析，去伪存真。	知道史料是通向历史认识的桥梁，了解史料的多种类型，掌握搜集史料的途径与方法；能够通过对史料的辨析和对史料作者意图的认知，判断史料的真伪和价值，并在此过程中增强实证意识；能够从史料中提取有效信息，作为历史叙述的可靠证据，并据此提出自己的历史认识；能够以实证精神对待历史与现实问题。
历史解释	历史解释是指以史料为依据，对历史事物进行理性分析和客观评判的态度、能力与方法。 所有历史叙述在本质上都是对历史的解释，即便是对基本事实的陈述也包含了陈述者的主观认识。人们通过多种不同的方式描述和解释过去，通过对史料的搜集、整理和辨析，辩证、客观地理解历史事物，不仅要将其描述出来，还要揭示其表象背后的深层因果关系。 通过对历史的解释，不断接近历史真实。	区分历史叙述中的史实与解释，知道对同一历史事物会有不同解释，并能对各种历史解释加以辨析和价值判断；能够客观论述历史事件、历史人物和历史现象，有理有据地表达自己的看法；能够认识历史解释的重要性，学会从历史表象中发现问题，对历史事物之间的因果关系做出解释；能够客观评判现实社会生活中的问题。

续表

核心素养	内涵解释	课程目标
家国情怀	家国情怀是学习和探究历史应具有的人文追求，体现了对国家富强、人民幸福的情感，以及对国家的高度认同感、归属感、责任感和使命感。 学习和探究历史应具有价值关怀，要充满人文情怀并关注现实问题，以服务于国家强盛、民族自强和人类社会的进步为使命。	在树立正确历史观基础上，从历史的角度认识中国的国情，形成对祖国的认同感和正确的国家观；能够认识中华民族多元一体的历史发展趋势，形成对中华民族的认同感和正确的民族观，具有民族自信心和自豪感；了解并认同中华优秀传统文化、革命文化、社会主义先进文化，了解中国各个历史时期的英雄人物，传承民族气节、崇尚英雄气概，认识中华文明的历史价值和现实意义；了解世界历史发展的多样性，理解和尊重世界各国、各民族的文化传统，具有广阔的国际视野，树立正确的文化观；认同社会主义核心价值观，认同走中国特色社会主义道路是历史的必然，树立中国特色社会主义道路自信、理论自信、制度自信和文化自信；能够确立积极进取的人生态度，塑造健全的人格，树立正确的世界观、人生观和价值观。

不难发现，这五个方面的核心素养是一个不可分割的有机整体。其中，唯物史观是历史学习的理论指引，是其他素养得以达成的理论保证；时空观念是历史学科本质的体现，是其他素养得以达成的基础条件；史料实证是历史学习的必备技能，是其他素养得以达成的必要途径；历史解释是对历史思维与表达能力培养的基本要求，是其他素养得以达成的集中体现；家国情怀体现了历史学习的价值追求，是其他素养得以达成的情感基础与理想目标。它们之间相互联系，相互依存，通常共同体现在复杂的学习活动中。

改变过去历史教学片面强调历史知识记忆的状况，立足学生发展，强调核心素养，是当前我国历史作业设计的核心理念，也是国际历史教学的共同趋势。

美国评价、标准与学生测验研究中心（National Center for Research on

Evaluation, Standards, and Student Testing，NCRESST）是一个研究协作体，由加州大学洛杉矶分校、科罗拉多大学、斯坦福大学、南加州大学等多所高校组成。它受美国教育部资助，主要致力于教育质量评价研究及评价系统设计，在表现性评价研究领域也颇有影响。以下是该中心于1994年编制的一道历史测验题，[8][73–74] 这道测验题可以轻松转化成平时作业。学生要做好这份作业，必须要具备历史解释、时空观念、史料实证等核心素养，还要有展现家国情怀和人类命运共同体的意识。

假设现在是2024年，也就是30年后的将来。那时候地球已相当拥挤，食物和能源（如石油）都出现短缺。美国要送一批航天员到宇宙中的其他地方去探险，以寻找新的资源。科学家们认为，在某个遥远的星球上可能会存在丰富的资源。而且，他们还有证据表明有种生物生活在那个星球上，在那里“安居乐业”，但这种生物到底是何面目，科学家们也无从知晓。

你现在的身份是一名探险方面的资深专家，总统请你给他的策划团队提建议。他发现，航天员要做的事情与历史上欧洲探险家（如哥伦布）开辟新航线有某些相似之处。你的历史知识将会对即将开启的宇宙探险有帮助。

为准备给总统的策划团队提建议，请回答下面一些问题：

1. 登陆其他星球和历史上欧洲探险家（如哥伦布）去新大陆有哪些相同之处？写出至少两个相同点，但如果你想到的不止两个，可以多写。要求援引具体的历史事件支持你的观点。

2. 登陆其他星球和开辟新航路有哪些不同之处？写出至少两个不同点，但如果你想到的不止两个，可以多写。要求援引具体的历史事件支持你的观点。

3. 探险者应该尽力完成的主要目标和好事是什么？写出两个人类追求的目标和两个可以使其他星球受益的目标，但如果你想到的不止两个，可以多写。

4. 探险者要尽力避免或克服哪些可能的问题？写出两个人类可能遇到的问题和两个在其他星球会遇到的问题，但如果你想到的不止两个，可以多写。如果可以的话，请你援引具体的历史事件支持你的观点。

5. 在制订计划时，还有哪些值得考虑的主意？

6. 根据你对哥伦布及其他探险家的了解，你认为要使这次宇宙探险尽可能成功，总统和航天员应该计划和实际做些什么？

在我国，随着历史新课标的颁布与实施，越来越多的教师在实践中也设计了不少核心素养导向的考试题或作业。例如，某地历史高考模拟考试结合泉州入选《世界遗产名录》事件，出了这样一道题：

> 2021 年，“泉州：宋元的世界海洋商贸中心”被列入《世界遗产名录》。联合国教科文组织世界遗产委员会认为，泉州一系列遗址展示了 10—14 世纪泉州作为海上商业中心的活力以及与内地的联系。
>
> 泉州 22 处代表性古迹遗址包括市舶司遗址、磁灶窑址、德化窑址、安溪青阳下草埔冶铁遗址、洛阳桥、安平桥、石湖码头、泉州府文庙、老君岩造像、德济门遗址、九日山祈风石刻、六胜塔等。
>
> 世界文化遗产具有“突出的普遍价值”。请你为校刊“史海泛舟”栏目写一则介绍“世界文化遗产——泉州”的短文。

这道题也可以转化成平时的作业。学生要完成这份作业，首先要将泉州放在古代中国对外贸易丝绸之路起点（空间）和公元 10—14 世纪（时间）——主要跨越中国古代宋、元两个朝代——这个特定的时空下进行分析，这要求学生具有时空观念的核心素养。当然，有关泉州的讨论也可能在时间上向前或向后延伸，因为泉州早在唐代就已是中国四大港口之一，只是到宋末元初才成为全中国最大的对外贸易港口，元朝中期更是发展成当时世界上最大的两个对外贸易港口之一，与埃及的亚历山大港齐名。其次，为“史海泛舟”栏目撰文介绍泉州港历史，必须有具体的史料作为证据，因而学生需要在短文中提供有关史料。比如，公元 1087 年，北宋朝廷下诏在泉州设置福建路市舶司，管理泉州诸港海外贸易和有关事务，这就涉及史料实证的核心素养。最后，学生在短文中不能只是一味地堆砌历史资料，还要对泉州港历史上的发展进行评论。比如，泉州港为什么会在元朝成为东方大港？有哪些政治经济社会因素在发挥作用？对于当下中国外贸发展有哪些启示？又如，泉州在历史上有哪些重大的贡献？留下了哪些文化遗产？对当下中国仍然发挥怎样的影响？在这样的评论中，不可避免地需要学生展现一定的唯物史观、历史解释及家国情怀的核心素养。此外，这道作业还体现了跨学科学习的思想，学生要写好这篇短文，还需要具备一定的书面语言表达能力及读者意识。

必须要承认的是，过去很长一段时期，我国的教学都处于片面强调知识与技能的状态，很多教师都是在这种教育背景下成长起来的，因此在新理念指导下加强作业设计的核心素养立意，对不少教师来说还存在很大的挑战。有些教师编制的题目存在“穿新鞋，走老路”的问题，即看上去在追求核心素养立意，但骨子里仍然摆脱不掉死记硬背。仍以历史学科为例，有一年某省出了这样一道高考题：

中日是一衣带水的邻邦，两国关系的发展有赖于青年一代的沟通和交流。为此，我省N中学邀请日本某校学生前来访问，并拟定了以下交流提纲。假如你是N中学的一员，按照提纲要求，你将如何回答下列问题？

（1）在中日友好交往的历史中，先进的中华文明曾予日本以很大影响。请以汉、唐为例，各举一项史实说明。（2分）

（2）19世纪60年代后，中日两国开始近代化道路的探索，试以“洋务运动”和“明治维新”为例，简述其背景的共同点和各自军事改革的措施。（6分）

（3）明治维新后，日本走上对外扩张道路，中日关系发生逆转。（请）指出日本发动战争的根源。（3分）

（4）近代日本发动的两次大规模侵华战争，给中国人民带来深重灾难，试列举日军制造的两起惨绝人寰的大屠杀。（2分）同时，侵略战争也使日本人民备尝战争的苦果，下图《1945年8月的广岛》（本文略）的景象是哪次空前军事行动的结果？（1分）

（5）综上所述，你认为怎样才能实现中日关系的友好发展？（2分）

当年高考结束后，有人公开发表文章称赞这道题实现了“内容与形式的完美结合”[9]，是一道有问题情境，既贴近生活又联系历史，让学生鉴古知今的题目。但稍做分析，我们就会发现这道题尽管有情境创设，在尝试联系现实，但它真正考查的还是学生对孤立知识的记忆，不能体现应用历史知识分析现实问题的历史解释的核心素养，形式与内容仍然是“两张皮”。

课程改革正在进行中，如何理解核心素养？怎样在作业设计中落实核心素养？已有的作业设计真的在推动核心素养落地吗？各学科教师们需要针对这些问题展开深入研究，这些议题应该成为教师教研活动的重要主题。

在核心素养中进一步聚焦

值得注意的是，各门课程所强调的核心素养框架都比较复杂多样，且各不相同，各有侧重。要在作业设计中体现核心素养立意，深入推动核心素养落地，教师还需要在核心素养框架内进一步聚焦，明确最关键、对学生未来发展影响最深远的核心素养。

问题解决能力应成为作业设计重点关注的核心素养，理由如下：

其一，问题解决能力是 21 世纪全球普遍提倡的重要核心素养。重要的核心素养通常是跨学科的，具有领域共通性。师曼等人对欧盟、美国、新加坡、中国香港等 29 个国际组织或经济体的核心素养框架进行元分析，发现有 21 个国际组织或经济体共同强调"问题解决"这一核心素养。通过进一步将 29 个国际组织或经济体中的 15 个高收入经济体单独进行分析，可发现其中有 13 个经济体都强调问题解决能力。[10]

其二，问题解决能力是我国评价与考试政策关注的重点。早在 2014 年，《国务院关于深化考试招生制度改革的实施意见》就指出，高考命题要"着重考查学生独立思考和运用所学知识分析问题、解决问题的能力"，增强基础性与综合性。[11]2019 年，《国务院办公厅关于新时代推进普通高中育人方式改革的指导意见》又对此进行重申，指出考试命题要重点考查学生"运用所学知识分析问题和解决问题的能力"。[12] 这一高考命题改革方向强化了素质教育观念，是对教学实践中脱离生产生活实际、重知识轻能力、学生实践能力与问题解决能力薄弱等现实问题的回应，应作为指挥棒引领中小学的作业设计。

其三，问题解决能力的培养与评价具有良好的实践基础与技术支持。基于问题的学习（Problem-based Learning，PBL）以及项目式学习（Project-based Learning，PBL）都强调让学生在真实且跨学科的情境中主动发现问题，并带着问题探寻解决问题的方法，以综合提高学生发现新知、批判性思考、创造性思考、沟通合作等核心素养。随着课程改革的推动，这两种教学方式在实践中都得到较为广泛的应用。在评价方面，我国近些年来在中高考及平时测验中对表现性评价展开积极探索，已经取得了一些进展，积累了很多优秀的案例和成功的经验，可以为作业设计提供有益参考。

以初中物理课程为例，某位教师在讲完杠杆原理后，为检验学生是否掌握了相关知识以及是否能用相关知识解决实际问题，设计了这样一道课后作业题：

我们经常用指甲刀剪指甲，请结合你剪指甲的经历及所学说一说：

（1）指甲刀中有几个杠杆？

（2）它们分别是哪几个（用字母表示）？

（3）它们分别是省力杠杆还是费力杠杆？

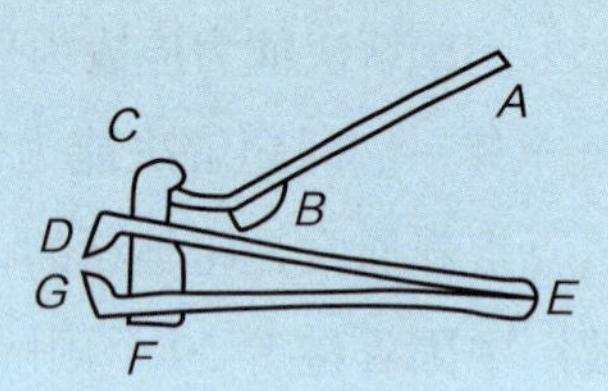

这道作业题依托“用指甲刀剪指甲”这个真实情境，将问题拆解，让学生逐一通过建模的方法解决问题。但是，本题的设问生活化程度不够，生活中一般人不会提出这样的问题；而且，在提供的示意图中已经大致标示了指甲刀中的杠杆，使得部分建模过程形同虚设。于是，我们将这道题目稍做修改，如下：

刘爷爷年龄大了，家里人给他买的是一般家庭常用的指甲刀，可他使不上劲儿，剪指甲很费劲。如果让你帮忙改造一下这个指甲刀，设计出一个能让像刘爷爷这样的老年人使用便利的指甲刀，你会怎么做？

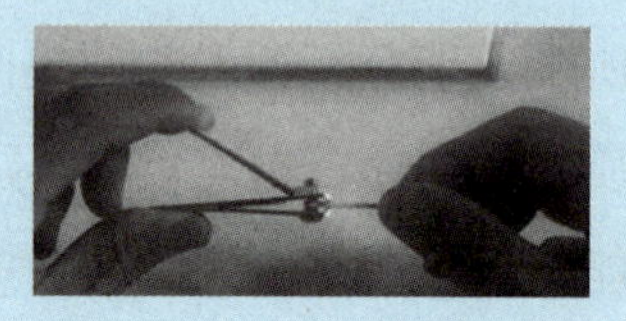

这道题与传统孤立考查学生杠杆知识掌握程度的题目不同，它创设了真实情境，提出了生活化任务，将物理问题嵌套在情境中，即要求学生帮刘爷爷改进指甲刀设计。学生要完成任务，首先要识别任务的性质，知道要用杠杆原理来分析与解决这个问题；接下来要激活新学习的杠杆原理知识，通过画图（注意：改进后题目提供的图已不再是有字母标注的示意图）和建构模型，分析指甲刀中有几个杠杆，哪几个是省力杠杆，哪几个是费力杠杆，发

现问题解决的条件；最后要利用所学，针对老年人手大力小的实际情况提出改进办法。题目指向学生的物理建模与问题解决能力，突显核心素养立意；而且，这道题还具有探究性与开放性，学生在改进指甲刀的设计时，调整哪个或哪几个杠杆，调整的是杠杆形状、支点位置还是力臂长度，方法可以不同。如果各学科的作业都能像这样聚焦问题解决的核心素养，学生的学习兴趣就会有所提升，更为关键的是，他们的问题解决能力和综合素质也能得到更好的培养。

需要指出的是，聚焦问题解决能力并不是说其他核心素养不重要，其他学科核心素养与跨学科核心素养也是作业设计的重要内容。甚至课程目标中的非核心素养，比如基础知识与基本技能，也必须通过作业让学生加以练习和巩固，以提高学生对知识的掌握程度与对技能的精熟水平。**教师在作业设计中既要抓住重点，又要以全面为基础，在重点与全面之间把握平衡，提高学习目标的达成度。**

加强情境创设

加强课程内容与学生生活以及现代社会和科技发展的联系，是本轮基础教育课程改革的核心理念。《义务教育课程方案（2022 年版）》强调，要落实核心素养导向，中小学需强化实践育人，加强学科知识学习与学生经验以及生产生活实践的联系，在教学中注重真实情境的创设，以增强学生认识真实世界和解决真实生产生活问题的能力。[5]（14）《普通高中课程方案（2017 年版

2020年修订)》也指出，普通高中教育是在义务教育基础上进一步提高国民素质、面向大众的教育，要为学生适应社会生活与未来发展做好准备，要促进课程内容情境化，在学生学习过程中创设与生活关联的、任务导向的真实情境。[4](3，11) 因此，为促进学生有效学习，好的作业设计理应增强情境性，将任务嵌入在生产生活情境中。

为什么强调情境创设

让学生在情境中学习，引导学生运用所学知识去分析和解决实际问题，一直是一个基本的教学原则。早在1897年，**杜威就在《我的教育信条》一文中指出，“教育是生活的过程，而不是将来生活的预备”**[13](6)。他认为，之所以有些学校的教育没有取得预期的成功，是因为教育者没有遵循“教育即生活”“学校即社会”的基本原则。很多人“把学校当作一个传授某些知识，学习某些课业或养成某些习惯的场所。这些东西的价值被认为多半要取决于遥远的将来；儿童之所以必须做这些事情，是为了他将来要做某些别的事情；这些事情只是预备而已。结果是，它们并不成为儿童的生活经验的一部分，因而并不真正具有教育作用”[13](7)。他还强调，在具体教学过程中，思想和观念不可能单纯以观念的形式从一个人传递给另外一个人。只有让学生在有意义的情境中学习，切身考虑问题的种种条件，寻求问题的解决方法时，才能激发真正的思维[14](174-175)，才会引发有意义的学习，才能培养出在生活场景中分析问题与解决问题的能力。

学习理论的发展为这一原则提供了理论支持，推动教育者重视情境对学习的影响。[15] 行为主义心理学在早期学习研究中占主导地位，心理学家认为学习是通过强化在刺激与反应之间建立联结的过程，学习是对外界情境的反应，情境提供了对个体的刺激，是引发学习的关键条件，也在一定程度上影响学习结果的迁移。20世纪50年代后期，认知主义心理学兴起，心理学家将学习看作是经过复杂加工的活动，是使外部客观事物内化为个体认知结构的过程，情境是引发学习行为的输入条件，也是学习的对象，个体在学习中从自然的真实情境中抽取重要特征，形成概念结构或认知结构。到20世纪80年代末90年代初，受认知科学、生态心理学、社会学以及人类学等多学科的影响，学习的研究取向逐渐从认知转向情境。[16]学习的情境理论关注情境与个体的交互作用，认为学习不可能脱离具体的情境而产生，情境是整个学习中重要而有意义的组成部分。情境不同，所发生的学习也不同，学习受到具体的情境特征的影响。[17]教与学的活动要重视情境性，尽量让学习在与现实情境一致或相类似的情境中发生，教师不是把提前准备好的知识与技能教给学生，而是指导学生在问题情境中探究与合作，自主学习和寻找解决问题的方法。

情境创设的优点

增加作业的情境性具有多种优点。

第一，情境创设能提高作业的趣味性，有利于激发学生的好奇心和兴趣，为有效学习创造有利的心理条件。纯粹指向知识与技能的作业属于机械学习，学生通常提不起兴趣。《教育部办公厅关于加强义务教育学校作业管理的通知》明确指出，中小学教师要切实避免机械训练，严禁布置重复性作业。[1]而如果将作业与生动、新奇的情境联系起来，任务的趣味性和吸引力就会增加，学习就会转变成有意义的学习，学生做作业的兴趣会提高，主动性也会增强。以初中物理“电阻原理”学习为例，如果课后作业是让学生思考、探究教室里的电风扇如何调节风力大小，是否运用及如何运用电阻原理，或者是让学生思考并动手试一试将家里的普通台灯改装成可以调节灯光明暗程度的台灯，那么在完成作业过程中，学生不再是简单背诵或机械练习有关物理知识，其主体性和创造性可以得到更大程度的调动。

第二，情境创设可以提高作业的综合性，促进综合性学习。传统作业多指向零散、割裂、碎片化的知识，所引发的认知活动通常只停留在记忆水平，没有激活高阶思维与深度学习。而作业一旦嵌入到真实情境中，因为情境是鲜活、动态和复杂的，那么完成作业通常需要激活目标以外的知识，也就使知识整合与综合学习成为可能。嵌套情境后的作业可以引发三种层次上的综合学习。第一种层次是将目标知识与本学科其他知识综合，这与当前义务教育阶段新课标倡导的单元作业的理念不谋而合，希望教师设计的作业克服知识碎片化倾向，让学生综合运用一个单元所学习的核心知识与方法解决嵌套在情境中的实际问题。[18] 第二种层次是将某学科知识与其他学科知识综合起来，引导学生进行跨学科学习。比如，数学作业要求学生解决食品营养成分表中的百分数问题，就需要引导学生整合生物学中的营养学知识，而不是孤立地学习百分数。跨学科学习在新颁布的《义务教育课程方案（2022年版）》中受到前所未有的重视，要求各门课程用于跨学科主题学习的课时不少于总课时量的 10%。[5]（11）基于跨学科学习理念设计综合性作业是加强综合课程建设的重要手段，可以促进学生的深度学习。第三种层次是将学科知识点与课外知识、与广阔的生产生活实践整合，引导学生从“走近”生活到“走进”生活，调动所有的知识、观念与经验去分析问题和解决问题。这是最广泛意义上的综合性学习，是最高水平的综合，它使纯粹的知识学习转变成综合实践活动，使学习不再局限于书本与学校，由“书本世界”“教育世界”“科学世界”向真实的“生活世界”回归。这样，作业引发的学习将更真实、更有深度，也更有用。

第三，情境创设可增加作业的实践性，有利于提高学生的问题解决能力。有真实情境与无真实情境嵌套的作业，能唤起的学生活动和培养的素养能力存在很大不同。依托真实情境的作业通常将解决问题的条件隐含在实践中，需要学生在分析问题性质的基础上识别工具与条件，激活已学，必要时还要整合多种知识——包括跨学科知识乃至书本上没有的知识，探寻解决问题的办法，从而提高其问题解决能力。相反，脱离情境的作业，涉及的主要是孤立的知识和机械的技能，长期接受此种作业训练，当学生走进真实世界时，未必就能将知识迁移到现实生活中来解决真实情境中的任务。国外有研究者曾经进行实验，将学习基础相同的 250 个学生随机分为两组，让他们完成涉及知识点和问题结构高度一致，但一个没有情境、一个有情境的两份不同作业。[19] 两份作业分别如下：

化学物质：把某种特定的化学物质放入水中，它就会发出嘶嘶声并产生气泡。请你探究一下：什么因素会影响这种化学物质保持不溶解的持续时间？是因为水的温度，还是因为这种化学物质的颗粒大小？你可以选择你面前的任何物品进行探究。请做好记录，以便其他人能理解你的研究发现。

糖：当你吃某种糖时，这种糖会在你的嘴里溶解并起泡。把这种糖放在水中也会这样。请你探究一下：什么因素会影响这种糖保持不溶解的持续时间？是因为水的温度，还是因为这种糖的颗粒大小？你可以选择你面前的任何物品进行探究。请做好记录，以便其他人能理解你的研究发现。

结果发现，第一组无情境组对化学物质溶解进行探究的学生中有 54% 令人满意地完成了任务，而第二组有情境组对糖溶解进行探究的学生中只有 26% 达标。这一实验启示我们，教师想知道学生学到的知识是不是活知识，能否在适合的场景中用来解决问题，就必须将作业任务嵌套在情境中。[20] 在作业设计中加强情境性，可以准确反映学生的问题解决能力，为教学反思与改进提供有用信息。

作业情境创设中的常见问题

在作业设计中重视情境性，就是要求教师在明确作业所针对的目标后，先寻找应用目标的真实情境，也就是在个人生活、公共生活、教育生活或职业生活中可能应用这些目标的特定场景和需要解决的具体问题，然后选择有代表性、能激发学生兴趣和好奇心，并能最终带给学生成就感的场景，再将学生需要解决的问题嵌入其中。情境创设一般要符合以下三个标准：（1）真实：情境必须是现实存在的，能重复或模拟个体接受“检验”的工作场所或生活情境，反映真实世界对学生学习的要求。（2）复杂：情境要反映现实生活的复杂性。问题解决所需要的条件隐含在情境中，需要学生进行判断、分析、探索、整合与创新，以展现学生使用所学知识、技能完成复杂任务的能力。（3）有效：情境要能有效激发学生的目标行为，促进深度学习发生，或使学习表现得到评价。

随着课程改革及“双减”工作的推动，越来越多的教师开始有意识地加强学习与学生生活及现代社会的联系，重视作业设计的情境性，但实践中还存在一些亟待关注的问题。

首先，缺乏真实性。受学科知识性质的影响，有的学科知识相对比较抽象，有些时候某些知识在现实生活中的应用过于复杂，所以**教师在作业设计中可以模拟情境，但模拟的情境也要尽量真实，基本接近个体真正应用知识的工作场所、公民生活、个人生活等情境。**[21]然而，有些教师在作业设计中所模拟的情境却过于虚假。例如，某位初中数学教师在讲《反比例函数》一课时布置了如下的随堂作业：

几位同学玩撬石头的游戏，已知阻力和阻力臂不变，分别是 1200 牛和 0.5 米，设动力为 F，动力臂为 L。

（1）动力 F 与动力臂 L 有怎样的函数关系？

（2）小刚、小强、小健、小明分别选取了动力臂为 1 米、1.5 米、2 米、3 米的撬棍，你能得出他们各自撬动石头需要多大的力吗？

（3）若想使动力 F 不超过 200 牛，则动力臂至少是多少？

（4）受条件限制，无法得知撬石头时的阻力，小刚选择了动力臂为 1.2 米的撬棍，用了 500 牛的力刚好撬动；小明身体瘦小，只有 300 牛的力量，他该选择动力臂为多少的撬棍才能撬动这块大石头呢？

这道作业题有了情境设计，但情境有些虚假，缺乏真实性，涉及的事情都是生活中几乎不可能发生的。首先，撬石头游戏很危险，有过这种经历的学生很少；其次，即便将主人公换成工人，铁路、木工厂等不同场所的工人使用的撬棍长度也不会太长，至少不可能像本题中小明选取的撬棍，仅动力臂就长达 3 米。这是真实情境中不可能存在的情况。

如果换一个情境，将题目变成这样，情境的真实性及问题的挑战性就会大大增加：

某工厂刚接到一个新订单。李厂长查阅以前的工作记录，发现同样工作量的订单，在同样的技术条件下，安排的工人人数不同，完成的天数（每个工人每天工作 8 小时）就不同（参见右表）。如果厂长想在第 5 天完成这个新订单，他该安排多少名工人？

工人数	完成天数
16	3
12	4
8	6
4	12

用数学的眼光观察这个情境，用数学的思维分析这个任务，会发现工人数量 y 与完成天数 x 呈反比例函数关系，函数表达式可写为 $y=\frac{48}{x}$。进一步将 x=5 代入，可得 y=9.6，那么究竟厂长可以安排几名工人呢？厂长的目标是第 5 天完成订单，那么安排 10 个或 11 个工人都可以。再多，如果安排 12 个工人及以上，只要 4 天就可以完成订单。从这一视角看，这道题目不仅创设了真实情境，而且增加了探究性与开放性。

其次，“穿衣戴帽”。有些教师在作业设计中联系情境，甚至嵌入了家国情怀、文化意识、团结友爱等育人因素，但实际上的情境与要完成的任务缺乏联系，两者只是直接的拼装而已。比如，某位初中数学教师在讲完科学计数法后出了这样一道作业题：从今年开始，我国经济增长内生动力逐步增加，经济运行整体好转。5 月份，某公司实现交易额 26000000000 元，同比增长 22%，将 26000000000 用科学计数法表示为（　）。这道作业题的核心任务是将 26000000000 转变成科学计数法，与宏观经济形势、公司交易额增长等其实没有什么联系，情境性因素只起到“装饰”作用而已。

PISA 测试中的情境

国际学生评价项目（Programme for International Student Assessment，PISA）测试引入中国，让我们看到一种完全不同的命题与考试方式，其中最为突出的一个特点是强调试题的“情境”，让测试与现实生活紧密联系。PISA 试题通常先呈现一个真实的生产生活情境，然后提出与情境紧密相关的学科问题，让学生解答。PISA 测试涉及的情境真实、丰富、广阔且有意义，通常被分为个人情境、教育情境、公共情境、科学情境、职业情境等几种类型。将题目嵌套在真实情境中，可以增强学习的意义感和趣味性。

第三，创设情境单一。现代课程理论之父泰勒在《课程与教学的基本原理》一书中指出，教材由学科专家主导编写具有很大的局限性。因为学科专家往往把学生看作是将来要在这个领域从事高深研究的人，而不是把这门学科视作基础教育的一个组成部分。学科专家应考虑的是这门学科对一般公民有何用处，在什么场合与条件下使用，即探讨这门学科的一般教育功能，而不是该学科本身的特殊功能。[22] 然而，我国中小学教材基本上由学科专家主导编写，各门课程与生产生活的联系程度不够，有的学科多采用专家熟悉的城市生活情境，有的则采用较多的虚构情境。真正在各种生产场景、生活场景下，什么时候会用到哪些学科知识以及如何使用，教育者的思考还不够深入。教师在作业设计中也缺乏与广阔的生活世界的关联。以下是一组美国学生的数学作业[23]，从中可以发现作业涉及的情境丰富多样，能带给我们不少启发。

1. 加利福尼亚州某初中从 1997 年至 2001 年的学生注册人数如下图所示。根据图中所示的学生注册规律推测，如果 2004 年的学生注册人数为 x，则 x 的取值范围是多少？

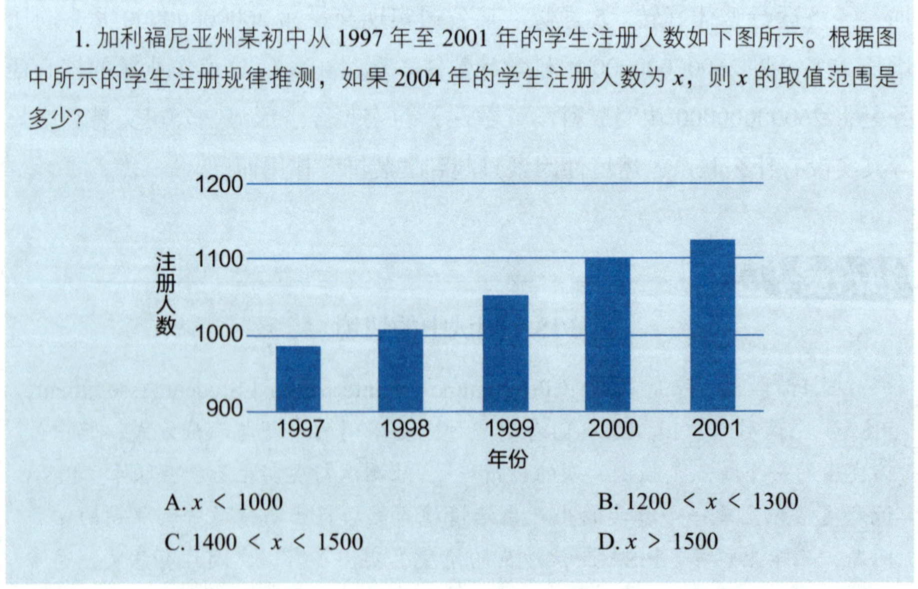

A. $x < 1000$　　B. $1200 < x < 1300$

C. $1400 < x < 1500$　　D. $x > 1500$

2. 下表所示的是某公司连续 5 年的利润表，请根据该表格中的数据，找出下面四种结论中正确的一项。

年份	1984	1985	1986	1987	1988
利润（百万美元）	12.5	14.6	13.1	14.5	12.2

A. 1987 年的年利润比 1986 年的年利润高 20%。

B. 1984—1985 年的年利润增长值最大。

C. 1985—1986 年的年利润增长值最大。

D. 1984 年和 1985 年的年利润总和要大于 1986 年和 1987 年的年利润总和。

3. 表中数据表示的是正方形边长 x 与面积 y 的关系。

边长 x（厘米）	1	2	3	4
面积 y（平方厘米）	1	4	9	16

下面哪个图形能代表表格中的数据?

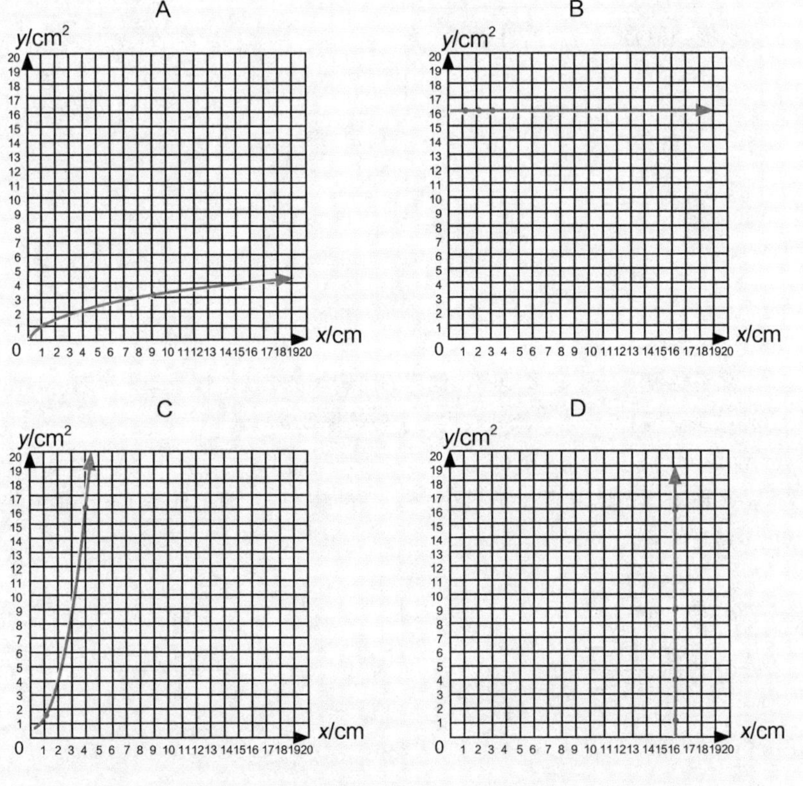

4. 凯罗调查了 15 个学生养宠物的情况，下列哪个图形或表格最形象地呈现出了每个同学养宠物的信息？

A

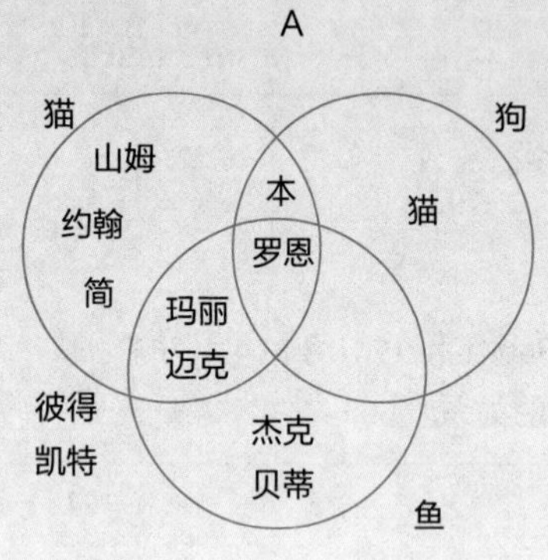

B

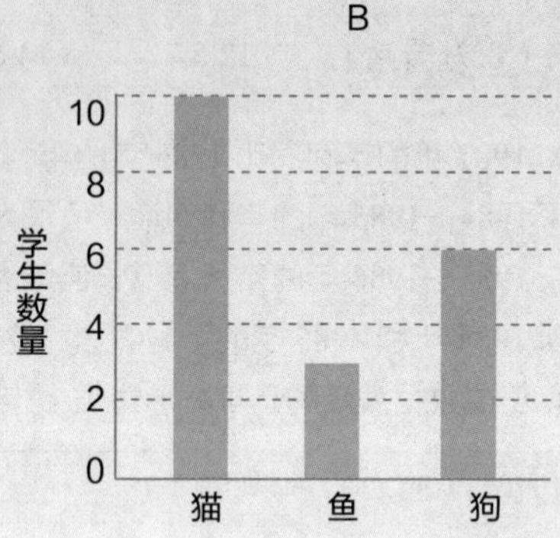

C

宠物种类	学生数量
猫	10
鱼	6
狗	3

D

狗 20%

猫 40%

鱼 40%

5. 派克绘制了一张家乡地图，他用的比例尺是 1 厘米代表 2 千米的，离他家最近的加油站距离是 1.5 千米，反映在地图上应该是多少厘米？

A. 0.3　　B. 0.75　　C. 1.3　　D. 3

6. 杰斯 15 次测验的平均分是 95 分。假设最近一次测验他得了一个最低分 72 分，那么杰斯新的平均分是多少？

A. $\overline{X}=\dfrac{95+72}{2}$　　B. $\overline{X}=\dfrac{95\times 15-72}{14}$

C. $\overline{X}=\dfrac{95\times 15+72}{16}$　　D. $\overline{X}=\dfrac{95\times(72-15)}{15}$

第四，未注意生产生活情境的复杂性。要让作业联系生产生活情境，就很可能涉及情境中的人，因此必须注意情境的复杂性。如果教师在作业设计中忽视生产生活的复杂性，将知识从生产生活情境中剥离出来，或者将情境过分简化，会在一定程度上影响学生的学习、思考与发展。某位道德与法治学科教师布置了一道有关“合理消费”的作业题，要求学生根据所学知识说说如何使用爸爸的年终奖。这些知识为个体消费提供了一个指导性原则，但具体到真实生活中的消费来说，每个人的决策会受家庭年人均收入、家庭负债、现有资产、消费观、工作需求、个人爱好等多种主客观复杂因素的影响，各个家庭的差异很大。有关研究也表明，人的决策难以做到完全理性，通常是有限理性的。[24] 因此，下题将 D 选项视为正确答案，认为其他选项不合理，就是忽视生活世界复杂性的一种典型表现。

因为工作业绩突出，爸爸获得了 5 万元年终奖金，一家人商量怎样把这笔奖金花得更有意义。根据所学知识，你赞同：

A. 购买名贵貂皮大衣

B. 去免税店购买奢侈品手袋

C. 将年前购置的正常使用的电脑换成某品牌全新顶配电脑

D. 趁欧元贬值的好时机去欧洲进行一次文化之旅

第五，对情境创设中的伦理问题重视不够。如果情境创设不当，可能会对某些学生构成冒犯，或侵犯学生及其家庭的隐私权，甚至令某些学生受到伤害。例如，有英语教师在讲完《My Family》一课后，让学生各自找一张家庭合影，模仿课文准备一段话介绍自己家庭及成员的基本情况，下节课请个别同学进行分享与交流。这样的作业不仅侵犯了学生的家庭隐私，对于成长在离异或单亲家庭、社会经济地位偏低家庭的学生，还可能造成心理上的伤害。

重视与改进情境创设，应该成为当前中小学学科作业设计的努力方向。当然，我们不能因此要求教师在所有作业中都创设情境，这种教条主义可能会衍生新的问题。一些简单纯粹、需要重复记诵或练习的知识技能，比如速算、化学元素周期表记忆等，有时可以不联系情境。如果非要在没必要的情况下增加情境，一来可能只是“穿衣戴帽”，二来可能在结果上“画蛇添足”，增加学生的认知负荷，反倒会影响学生的学习体验。

增加探究性与开放性

探究式学习（Inquiry-Based Learning）强调学生的自主参与和深度学习，通常从情境、困难或问题开始，让学生围绕一定的情境性信息或相关材料，自主探寻问题解决方法或自主建构意义。[25] 这种学习方式激发了学生学习的主动性，让学生自主建构与合作探究，可以有效帮助学生提升新知能力、批判性思考能力、问题解决能力、探究能力、合作沟通能力等高阶认知能力。随着基础教育课程改革的深入推动，探究式教学在中小学受到越来越多的关注，成为公开课中备受青睐的一种教学方式。2019 年 6 月，《国务院办公厅关于新时代推进普通高中育人方式改革的指导意见》指出，高中学校要积极探索问题导向的互动式、启发式、探究式教学，认真开展验证性实验和探究性实验教学，加强课题研究、项目设计、研究性学习等跨学科综合探究，并且在作业设计中适当增加探究性、实践性与综合性。[12] 同年，《中共中央国务院关于深化教育教学改革全面提高义务教育质量的意见》重申，中小学要“优化教学方式”“注重启发式、互动式、探究式教学”，推动研究型、项目化、合作式学习，引导学生主动思考、积极提问与自主探究，以有效培养学生的探究能力及相关核心素养。[26]

从虚假探究到真实探究

探究能力不仅是科学类课程所强调的学科核心素养，而且也是各门课程普遍倡导的学科共同能力。探究能力与自主学习能力、独立思考能力、批判性思考能力、研究性学习能力、问题解决能力，以及好奇心、责任心等联系紧密，相互交织，是21世纪发达国家普遍倡导的核心素养之一。作为学习活动的作业，必须要加强探究性，让学生通过作业活动在新情境中探究新问题，引导学生自主学习和积极探究，提高探究意识与探究能力。然而在我国，探究式教学对中小学教师而言还是新生事物，很多教师组织的探究式学习活动在不同程度上形式大于实质，要么是在学生已知问题解决方法情况下的虚假探究，要么是指向简单事实性知识理解与掌握的浅层次探究。[25] 因而，很多教师设计出来的探究性作业也存在类似问题。

探究实践

《义务教育生物学课程标准（2022年版）》指出，生物学课程“注重探究和实践，以丰富的生物学知识为载体，通过多种教学活动展现人们认识自然现象和规律的思维方式及探究过程，反映自然科学的本质”。[27] 生物学课程将探究实践看作创新型人才的重要标志，特别重视探究实践核心素养。

具体而言，探究实践是源于对自然界的好奇心、求知欲和现实需求，解决真实情境中的问题或完成实践项目的能力与品格。其主要环节有：发现问题和提出任务，制订方案，实施方案，获得证据或形成初步产品，分析证据和改进设计，得出结论或物化成果，进行表达、交流或展示等。

以初中生物学学科为例，某位教师设计了这样一道作业题：

菊花一般在秋天开花。影响菊花开花的生态因素是什么？科学兴趣小组对“菊花是否开花与日照长短的关系”进行了探究。

（1）做出假设：________________。

（2）进行实验：取10盆大小、长势都差不多且均未开花的菊花，其中5盆放在日照时间短的地方，另5盆放在日照时间长的地方，其他环境条件都适宜且相同，经过一段时间后，观察开花情况。该实验的主要变量是____________。

（3）如果他们的假设成立，观察到的现象应该是____________。

教师设计这道作业题旨在激发、培养、提高学生的探究能力。具体来说，第（1）—（3）题分别对应的是提出假设、进行实验设计和对结果进行猜想的能力。然而，进一步分析发现，这道作业题并不能有效唤起学生的探究行为，探究性明显不足。首先，这道题在题干中清楚地说明了自变量与因变量，实验假设基本上已不言自明，学生不需要“提出”假设，只要转换一下表述方式，将假设具体表述出来即可。其次，第（2）小题看上去关注了实验设计能力，让学生“经历”了实验探究过程，但实验设计毕竟是教师提出的，学生只是识别实验设计中的因变量是什么，真正的“探究”并没有发生。最后，第（3）小题让学生对结果进行猜想，但在没有启动研究时对结果的猜想实际上与完成第（1）小题“做出假设”后的猜想基本一致，因而也没有真正激发出学生的结果猜想行为。一道旨在促进探究的课后作业并没有真正唤起探究行为，也就难以激发学生的好奇心，不能有效培养学生的探究能力。

下面尝试对这一作业设计进行优化，同样是指向“提出假设”能力，也利用同样的情境与材料，题目可以修改成这样：

菊花一般在秋天开花，影响菊花开花早晚的生态因素是什么？请提出两个假设。如果你想到的不止两个，可以多写。

（1）假设1：____________________；

（2）假设2：____________________；

（3）假设3：____________________。

在改进后的作业中，学生需要根据所学生物学知识与生物学思想提出假设和表述假设。如果学生说菊花品种会影响开花早晚，则回答不得分，因为菊花品种不是影响菊花开花早晚的“生态因素”；如果学生说给菊花浇水施肥的情况会影响开花早晚，也不给分，因为人工养护因素不属于“生态因素”；当学生根据秋天相对于其他季节的不同气候特点提出假设时，说明他已能基于生物学思想提出合理假设，才可以得分。这样的作业才是一份具有探究性的作业，而且是典型的生物学学科作业，学生需要学好生物学知识、具备一定的生物学思想才能完成，而不是基于生活常识就可以完成。如果要围绕菊花开花这个问题，指向实验设计能力，我们可以设计这样的作业题：

就哪些生态因素会影响菊花开花时间，有人提出假设“日照时间是影响菊花开花早晚的一个因素”，于是他设计如下实验：取 10 盆大小、长势都差不多且未开花的菊花，其中 5 盆放在日照时间短的地方，另 5 盆放在日照时间长的地方，其他环境条件都适宜且相同，经过一段时间后，观察开花情况。

（1）在这个实验中，实验变量是________________；

（2）两组菊花“其他环境条件都适宜且相同”，这里所说的其他环境条件主要指什么？请列举两个以上；

（3）这个实验设计得好不好？能否有效验证假设是否成立？理由是什么？

在这份作业中，学生不仅要理解实验设计，指出实验中的因变量是什么，明确需要控制的无关变量有哪些，而且要对实验设计进行批判性分析。对实验设计进行分析，是一种通行的探究能力培养策略。衡量一个实验设计得好与坏，最重要的指标是看它的内在效度，也就是“实验者所操作的实验变量对因变量所造成的影响的程度”。[28] 实际上，在这个实验设计中，每组菊花的样本量以及被观察的菊花组数够不够；不同组别间需要控制的是日照时间的差异，还是光照时间抑或是连续黑夜时间的差异，以及组间差异控制在多大合适；如何做到光照时间不同但温度和湿度等其他环境因素基本相同；菊花的品种是否需要控制……许多问题都需要讨论。如果教师带领学生对实验设计中的这些瑕疵或纰漏进行探究，提出改进建议，就可以有效激发与培养学生的探究能力及相关核心素养。这才是真正增进探究能力的作业设计。

作业要创设真情境，提出真问题，引发真探究。

增加作业设计的开放性

好的探究性作业是探究式教学的延伸，可以促进中小学教学方式的进一步转变，并形成良性循环，最终有效提升学生的探究能力。**好的探究性作业应具备以下特点：问题嵌套在真实的情境中；问题是学生未知的，能激发学生的好奇心与探究欲；解决问题的工具和条件隐含在情境中，需要学生进行批判性选择和转化；问题解决的方法不唯一，甚至最终答案也不唯一。**

由此可见，作业设计的探究性与开放性联系紧密，开放性的作业更能吸引学生去探究。题目如果缺乏开放性，它留给学生的探究空间就比较有限，难以深度激发学生的探究行为。相对而言，开放性的作业更能有效激发学生的探究意识、独立思考与合作探究，有利于认知目标分类学体系中理解、应用、分析、综合、评价、创造等高阶认知能力的培养。**教师要多提开放式问题，多布置开放性作业。这就像给沉闷的学习生活“打开一扇窗”，可以让学生舒展筋骨、去闯荡、去探索，自主建构新认识，发现问题解决的多样性方法，激活发散性思维与创造性思考。**

在全球影响力较大的PISA[29]、国际数学和科学趋势研究（Trends in International Mathematics and Science Study，TIMSS）以及美国教育进展评估（the National Assessment of Educational Progress，NAEP）[30]测试中，题目设计都注重开放性，有相当比例的题目属于建构反应式（constructed response）题目，作业设计可以借鉴这种做法。作业设计的开放性，可以是任务本身具有开放性，比如写作文，让学生写一位令他敬佩、给他鼓励的人，具体写什么人没有限定；可以是解题方法或任务完成过程具有开放性，比如数学教师让学生利用身边的工具粗略测量一间房屋的长宽高；可以是答案不唯一，比如给一间特定面积的房屋铺满地砖，提问备料时需要购买多少块特定规格的瓷砖；也可以是多种开放性的结合。

比如，某位五年级语文教师上《山居秋暝》一课，讲解了整首古诗后，与学生重点讨论为什么诗中说“随意春芳歇，王孙自可留”，最后布置随堂作业：再读《山居秋暝》，说说这首诗表明了王维是一个怎样的人。在教师的引导下，多数学生都能较好地概括出诗人王维的特点：具有高洁的情怀，官场失意后不怨天尤人，而是寄情山水、修养性情。然而，受建构主义思潮的影响，语文阅读教学比较强调个性化阅读。不同的人读《山居秋暝》，可以有不同的理解与想象。不同的人说王维，也可以有不同的评论。因此，这份作业可以增加一些开放性，比如将题目修改为："为什么《山居秋暝》中王维说'随意春芳歇，王孙自可留'？说说你眼中的王维是一个怎样的人。"原来的问题是"这首诗表明了"王维是一个怎样的人，是询问标准答案的问法。而修改后的作业问"你看到的"王维是一个怎样的人，暗示每个人可以有不同的看法，留出了开放性空间，鼓励学生独立思考。于是，就会有学生"看到"王维当时心中其实带着愤懑和怨气；还有学生可能"看到"王维似乎很清高，但他没有社会责任感，没有为黎民百姓请命的心……一些不同的解读就会涌现出来，古诗文阅读的深度明显增加了。

有人担心，开放式作业的评分会比较困难。对此可以从两个方面进行分析：一方面，必须承认，教学过程中的作业设计与大规模高利害测试命题不一样，它对评分主观性的控制可以适度放宽；另一方面，简答、论述、写作、表现性任务等开放性题目一直都是中小学常用的作业形式，编制以合理而不是完美或完全正确为标准的评分办法并不困难。更重要的是，因为开放性作业鼓励学生独立思考，有利于学生的探究能力、批判性思考能力、创造性问题解决能力等多种复杂能力的培养，有潜在的育人价值，所以即使评分办法编制比较困难，评分过程费时费力，也要在作业设计中进一步倡导。

综上所述，为了能够有效培育学生的核心素养，好的作业设计在加强情境创设，增加趣味性、综合性与实践性的同时，还要增加题目的探究性与开放性。当然，"金无足赤"，作业设计也不可能十全十美，满足所有的标准或条件。只要教师牢记立德树人这一根本任务，心中装着学生的发展，在作业设计中有意识地创设情境，增加题目的实践性、综合性、探究性、开放性，就可以更好地发挥作业的育人功能，促进学校教育教学质量的提升。

作业设计 AB 案

作业设计 A 案是教师设计或布置的作业，B 案则是我们针对相同或相似目标设计的改进作业。从 A 案到 B 案，作业设计实现了一次“华丽的转身”。在每一章结尾，我们将正文中提及的作业设计改进过程，总结在作业设计 AB 案对比表中，供大家在对比中学习与思考。

序号	内容	A 案	B 案
1	八年级物理杠杆原理	C A B D G E F 我们经常用指甲刀剪指甲，请结合你剪指甲的经历及所学说一说： （1）指甲刀中有几个杠杆? （2）它们分别是哪几个（用字母表示）? （3）它们分别是省力杠杆还是费力杠杆? （参见本书第 178 页）	刘爷爷年龄大了，家里人给他买的是一般家庭常用的指甲刀，可他使不上劲儿，剪指甲很费劲。如果让你帮忙改造一下这个指甲刀，设计出一个能让像刘爷爷这样的老年人使用便利的指甲刀，你会怎么做?（参见本书第 178 页）

续表

<table>
<tr><th>序号</th><th>内容</th><th>A案</th><th>B案</th></tr>
<tr><td>2</td><td>初中数学《反比例函数》</td><td>几位同学玩撬石头的游戏，已知阻力和阻力臂不变，分别是1200牛和0.5米，设动力为F，动力臂为L。
（1）动力F与动力臂L有怎样的函数关系？
（2）小刚、小强、小健、小明分别选取了动力臂为1米、1.5米、2米、3米的撬棍，你能得出他们各自撬动石头需要多大的力吗？
（3）若想使动力F不超过200牛，则动力臂至少是多少？
（4）受条件限制，无法得知撬石头时的阻力，小刚选择了动力臂为1.2米的撬棍，用了500牛的力刚好撬动；小明身体瘦小，只有300牛的力量，他该选择动力臂为多少的撬棍才能撬动这块大石头呢？（参见本书第184页）</td><td><table><tr><th>工人数</th><th>完成天数</th></tr><tr><td>16</td><td>3</td></tr><tr><td>12</td><td>4</td></tr><tr><td>8</td><td>6</td></tr><tr><td>4</td><td>12</td></tr></table>
某工厂刚接到一个新订单。李厂长查阅以前的工作记录，发现同样工作量的订单，在同样的技术条件下，安排的工人人数不同，完成的天数（每个工人每天工作8小时）就不同（参见上表）。如果厂长想在第5天完成这个新订单，他该安排多少个工人？（参见本书第185页）</td></tr>
<tr><td>3</td><td>初中生物科学探究</td><td>菊花一般在秋天开花。影响菊花开花的生态因素是什么？科学兴趣小组对“菊花是否开花与日照长短的关系”进行了探究。
（1）做出假设：__________。
（2）进行实验：取10盆大小、长势都差不多且均未开花的菊花，其中5盆放在日照时间短的地方，另5盆放在日照时间长的地方，其他环境条件都适宜且相同，经过一段时间后，观察开花情况。该实验的主要变量是__________。</td><td>菊花一般在秋天开花，影响菊花开花早晚的生态因素是什么？请提出两个假设。如果你想到的不止两个，可以多写。
（1）假设1：__________；
（2）假设2：__________；
（3）假设3：__________。
（参见本书第192页）
就哪些生态因素会影响菊花开花时间，有人提出假设“日照时间是影响菊花开花早晚的一个因素”，于是他设计如下实验：取10盆大小、长势都差不多且未开</td></tr>
</table>

续表

序号	内容	A案	B案
3	初中生物科学探究	（3）如果他们的假设成立，观察到的现象应该是__________。（参见本书第191—192页）	花的菊花，其中5盆放在日照时间短的地方，另5盆放在日照时间长的地方，其他环境条件都适宜且相同，经过一段时间后，观察开花情况。 （1）在这个实验中，实验变量是__________； （2）两组菊花“放在其他环境条件都适宜且相同的地方”，这里所说的其他环境条件主要指什么？请列举两个以上； （3）这个实验设计好不好？能否有效验证假设是否成立？理由是什么？（参见本书第193页）
4	五年级语文《山居秋暝》	再读《山居秋暝》，说说这首诗表明了王维是一个怎样的人。（参见本书第194页）	为什么《山居秋暝》中王维说“随意春芳歇，王孙自可留”？说说你眼中的王维是一个怎样的人。（参见本书第195页）

思考与练习

1. 认真研读本学科课程标准，对本学科的核心素养尝试进行操作化界定，然后结合教学进度，编制一份核心素养立意清晰的作业。

2. 与本教研组教师一起收集指向核心素养的多份作业样例，每个人从中找出各自认为做得最好的一份，说说推荐理由。

3. 注重作业中的情境创设，已在教师中基本达成共识。然而，情境创设实践中存在的问题仍然比较多。结合自身观察，列举常见的问题有哪几种，并说说可以怎样解决这些问题。

4. 在本学科找一道常规、缺失开放性的作业，将其改编成一道具有开放性的作业。如果在增加开放性的同时，能增加实践性、探究性、综合性就更好了。

本章参考文献

[1] 教育部办公厅 . 关于加强义务教育学校作业管理的通知 [EB/OL].（2021-04-06）[2022-09-19]. http://www.moe.gov.cn/srcsite/A06/s3321/202104/t20210425_528077.html.

[2] 教育部 . 关于全面深化课程改革落实立德树人根本任务的意见 [EB/OL].（2014-04-08）[2022-12-10]. http://www.moe.gov.cn/srcsite/A26/jcj_kcjcgh/201404/t20140408_167226.html.

[3] 核心素养研究课题组 . 中国学生发展核心素养 [J]. 中国教育学刊，2016（10）：1-3.

[4] 教育部 . 普通高中课程方案（2017 年版 2020 年修订）[S]. 北京：人民教育出版社，2020.

[5] 教育部 . 义务教育课程方案（2022 年版）[S]. 北京：北京师范大学出版社，2022.

[6] 教育部 . 义务教育历史课程标准（2011 年版）[S]. 北京：北京师范大学出版社，2011.

[7] 教育部 . 普通高中历史课程标准（2017 年版 2020 年修订）[S]. 北京：人民教育出版社，2011.

[8] 教育部基础教育司 . 新课程与学生评价改革 [M]. 北京：高等教育出版社，2004：73-74.

[9] 孔素芳 . 内容与形式的完美结合：对 2007 年高考历史江苏卷第 29 题的分析 [J]. 中学政史地（高二），2007（*Z*1）：59-61.

[10] 师曼，刘晟，刘霞，等 . 21 世纪核心素养的框架及要素研究 [J]. 华东师范大学学报（教育科学版），2016，34（03）：29-37，115.

[11] 国务院 . 国务院关于深化考试招生制度改革的实施意见 [EB/OL].（2014-09-03）[2022-12-10]. http://www.moe.gov.cn/jyb_xxgk/moe_1777/moe_1778/201409/t20140904_174543.html.

[12] 国务院办公厅 . 国务院办公厅关于新时代推进普通高中育人方式改革的指导意见 [EB/OL].（2019-06-11）[2022-12-10]. http://www.moe.gov.cn/jyb_xxgk/moe_1777/moe_1778/201906/t20190619_386539.html.

[13] 杜威 . 学校与社会 · 明日之学校 [M]. 赵祥麟，任钟印，吴志宏，译 . 北京：人民教育出版社，2005.

[14] 杜威 . 民主主义与教育 [M]. 王承绪，译 . 北京：人民教育出版社，2001：174-175.

[15] 杜伟宇，孟琦 . 学习理论发展的情境脉络 [J]. 全球教育展望，2006，35（12）：23-26.

[16] 姚梅林 . 从认知到情境：学习范式的变革 [J]. 教育研究，2003（02）：60-64.

[17] BROWN, COLLINS, DUGUID. Situated cognition and the culture of learning. Educational researcher[J]. 1989, 18(1)：32-42.

[18] 王月芬 . 重构作业：课程视域下的单元作业 [M]. 北京：教育科学出版社，2021：110.

[19] CUMMING, MAXWELL. Contextualising authentic assessment[J]. Assessment in Education Principles Policy & Practice, 1999, 6(2)：177-194.

[20] 泰勒 . 方案评价的原则 [M]// 瞿葆奎 . 教育评价 . 北京：人民教育出版社，1989：425.

[21] WIGGINS. 教育性评价 [M]. 国家基础教育课程改革“促进教师发展与学生成长的评价研

究”项目组，译 . 北京：中国轻工业出版社，2005：19–25.

[22] 泰勒 . 课程与教学的基本原理 [M]. 施良方，译 . 北京：人民教育出版社，1994：20.

[23] 胡庆芳，杨翠蓉，季磊，等 . 美国学生课外作业集锦 [M]. 北京：教育科学出版社，2008：140–157.

[24] 方齐云 . 完全理性还是有限理性：N · A · 西蒙满意决策论介评 [J]. 经济评论，1994（04）：39–43.

[25] 赵德成 . 到底还要不要继续推动探究式教学 [J]. 课程 · 教材 · 教法，2018，38（07）：41–46.

[26] 中共中央，国务院 . 中共中央国务院关于深化教育教学改革全面提高义务教育质量的意见 [EB/OL].（2019–06–23）[2022–12–20]. https://www.gov.cn/zhengce/2019–07/08/content_5407361.htm.

[27] 教育部 . 义务教育生物学课程标准（2022 年版）[S]. 北京：北京师范大学出版社，2022.

[28] 李方 . 现代教育科学研究方法 [M]. 广州：广东高等教育出版社，1997：192.

[29] 陆璟 . PISA 开放题评分与我国高考的比较 [J]. 上海师范大学学报（基础教育版），2009（06）：1–6.

[30] 冯翠典，高凌飚 . TIMSS 和 NAEP 的开放题评分技术研究 [J]. 教育测量与评价（理论版），2010（03）：23–27，31.

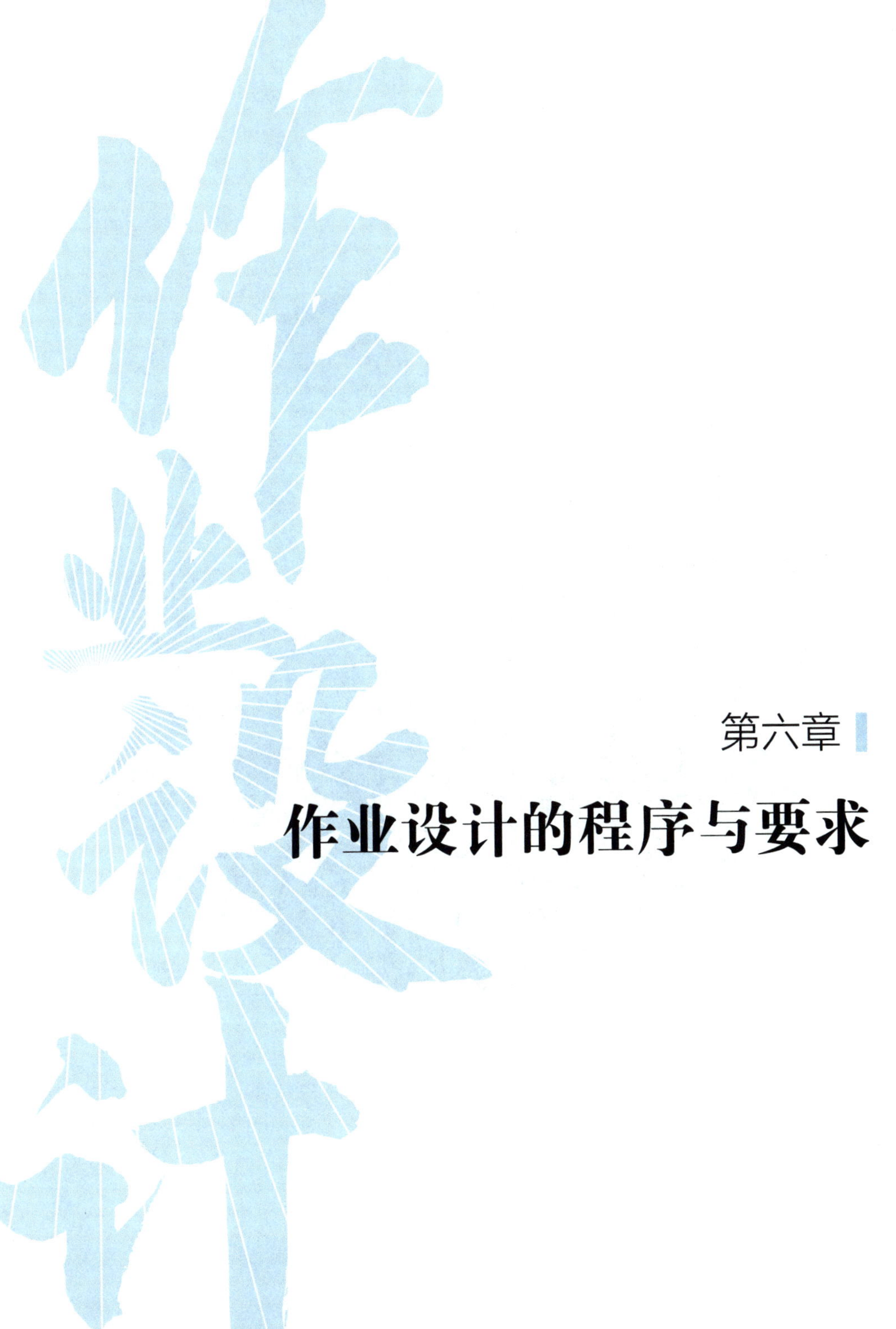

第六章

作业设计的程序与要求

本章导读

每位教师在读书期间都做过不计其数的作业，走上教师工作岗位后也经常给学生布置作业，但经常接触作业的人不一定都能科学设计与合理选用作业。给学生设计和布置怎样的作业，不仅要依据课标与教材，而且要从学生实际出发，依学情而定。一般而言，作业设计要经过如下六个步骤：（1）明确作业设计的目的；（2）操作化界定作业目标；（3）选择作业类型与形式；（4）设计作业情境与任务；（5）明确评价标准和评分细则；（6）审查与改进。

概览

1. 作业设计一般可分六个步骤进行，这六个步骤依次是：（1）明确作业设计的目的；（2）操作化界定作业目标；（3）选择作业类型与形式；（4）设计作业情境与任务；（5）明确评价标准和评分细则；（6）审查与改进。

2. 为什么要设计这次作业？通过让学生完成作业要达到怎样的目的？教师在着手设计作业前首先需要回答这些问题。目的不同，作业在内容、形式、难度、实施时间，乃至评分方法等诸多方面都会有所差异。

3. 作业目标表述要具体，有可操作性，要遵循 SMART 原则（目标管理的常用方法，是 Specific、Measurable、Attainable、Realistic、Time-bound 等 5 个英文单词首字母的缩写）。要做到 SMART，教师需要从研读课程标准开始，然后基于学业质量标准，操作化界定作业所指向的目标。

4. 2020 年修订的普通高中课程标准和 2022 年版义务教育课程标准，不仅分总目标和学段目标，明确提出了课程目标，而且研制了学业质量标准，整体刻画不同学段学生学业成就表现，引导教师把握教学的深度与广度，为作业设计提供了更加清晰的依据。

5. 教师要创新作业类型方式，多布置探究性作业和实践性作业，探索跨学科综合性作业。许多教师在这方面进行了大量探索，涌现出一些优秀的作业设计范例，但也出现了为创新而创新、作业效果不佳的情况。

6. 作业的情境与任务都需要精心设计，一些看上去不太重要的细节却可能在很大程度上破坏作业的科学性与育人价值。教师要善于发现作业设计中可能存在的问题，不断优化情境创设与任务安排，才能编制出优秀的作业。

7. 在开放式作业中，教师要设计操作化评分标准，列举不同分数情况下学生的典型表现。另外，应在适当的时机告诉学生评价标准，一方面发挥其导向作用，让学生知道作业该怎样完成，另一方面则发挥其发展性功能，引导学生利用这一标准开展自我评价与反思，使评价过程成为自我学习与成长的一个重要历程。

8. 教材和教参中的作业要经过严格的试用与审查，如果发现问题要进行相应的改进，完善后才能收录。教师在日常教学中布置的作业相对宽松，但也需要自我审查与改进。

作业设计不仅关乎学生的练习活动，更关乎教师教与学生学的方式。有怎样的作业，就有怎样的学习。要深入推进教学方式转变，教师在教研活动中需重点研究作业设计。教师要学会根据教学需求设计作业，提高作业设计能力。作业设计一般分六个步骤进行，这六个步骤依次是：（1）明确作业设计的目的；（2）操作化界定作业目标；（3）选择作业类型与形式；（4）设计作业情境与任务；（5）明确评价标准和评分细则；（6）审查与改进。接下来，我们将对这几个步骤逐一进行深入讨论。

明确作业设计的目的

如第一章所述，作业有多种功能，每一次作业设计都要从明确目的开始。为什么要设计这次作业？通过让学生完成作业，要达到怎样的目的？教师在着手设计作业前首先需要回答这些问题。**目的不同，作业在内容、形式、难度、实施时间，乃至评分方法等诸多方面都会有所差异**。作业的目的多种多样，根据作业布置的时间和功能可归纳为三类：为学习新知做准备、评价学生学习和巩固练习。

为学习新知做准备

为学习新知做准备包括课前预习，但又不局限于预习。预习一般指在正式学习之前提前学习教师要讲授、学生要掌握的新知识。然而，为学习新知做准备还包括复习与新知相关联的旧知、了解与新知相关的背景性资料或相关知识等。就这一意义而言，为学习新知做准备的作业与前置性作业基本一致。在自主学习备受重视的当下，有些学校强调先学后教、以学定教、少教多学等教学理念，要求教师在讲授新知前布置前置性作业，让学生为新知学习做充分的准备，教师就可以在课上将更多的时间投入在重难点教学上，从而提高教学效率。

为复习旧知而设计的作业，可以让学生在探索新知时更容易在旧知与新知间建立联系，引发心理学上所说的同化和顺应。这种作业的设计通常要求教师明确旧知与新知的联系，并在作业和后续学习中引导学生发现两者之间的关联，温故知新，或以旧引新。比如，某位一年级语文教师讲授识字课《动物儿歌》，在课前让学生找一找自己认识的带虫字旁的字，让孩子发现虫字偏旁的字多数和昆虫有关（如蜻蜓），但有的不是昆虫，是非昆虫类的其他小动物（如蜘蛛、螃蟹）。又如，某位九年级数学教师在讲授《二次函数的图像和性质》前，让学生复习一次函数图像的画法和性质，并在不翻看教材有关内容的前提下思考如何绘制二次函数的图像。这样的前置性作业可以激活旧知，促进知识的迁移以及新知的学习。

了解相关知识是为学习新知做准备的第二种具体情况。相关知识与已经学习过的旧知不一样，它们是没有正式学习过但与新知学习有很大关联的知识，了解相关知识可以拓展或深化新知的学习。当前，新课标强调综合学习与跨学科学习，教师在前置性作业中可以布置这种类型的作业。这种作业的难度通常不大，主要是搜索、查阅或简单分析相关材料。比如，某位五年级语文教师在讲授《山居秋暝》一课前，让学生搜集王维写的诗并反复诵读，待课上与同学们一起总结王维诗歌的特点，以拓展学习内容。又如，某位八年级语文教师在讲授《安塞腰鼓》一课时布置前置性作业，让学生通过各种方法了解作者信息和文章写作背景，引导学生在改革开放的时代背景下赏析文章，而不仅仅是赏析安塞腰鼓作为民间艺术的美，这样做深化了文章主题，提高了学生的审美能力。

为学习新知做准备的第三种典型情况是预习新知。经常让学生做预习作业，可以强化学生的自主学习意识，养成良好的学习习惯，提高自主学习与终身发展能力。预习性质的作业一般针对基础知识和技能目标设计，也可以针对教学目标中的重难点设计，从而为课上更快突破重难点做好铺垫。有时，教师还可以不设计具体的预习任务，只是笼统地要求学生预习即将讲授的内容，从而引导学生站在教师的立场上自主思考新授课内容应掌握哪些知识与技能、教师在授课过程中会提出怎样的要求和测评题目，以及自己作为学生该如何解答这些题目。这样，学生就可以像教师备课一样引导自己的学习，预习会更深入，可以更有效地提升自主学习能力。

评价学生学习

评价是作业的重要功能。透过学生完成作业的表现，教师可以分析学生的学习情况。具体而言，作业发挥的评价功能可以是诊断性评价，也可以是形成性评价或终结性评价。

诊断性评价是在教学活动开始之前进行的测定性评价，也可以理解为对评价对象的基础、现状、存在的优势与不足、原因等进行的鉴定。教师在计划单元教学，甚至计划一节课教学的时候都需要重视诊断性评价，重视学情分析。著名教育心理学家奥苏伯尔（David Pawl Ausubel，1918—2008）在其代表性著作《教育心理学》一书的序言中写道："如果我不得不将教育心理学还原为一条原理的话，我将会说，影响学习的最重要的因素是学生已经知道了什么，我们应当根据学生原有的知识状况去进行教学。"[1] 教师可以基于平时的教学观察与师生交流情况来分析学情，有时则需要通过作业收集有关信息。**服务于诊断性评价的作业设计不仅要了解学生学习的起点，分析学生在上课前是否已经掌握了新知和掌握的程度，而且还要考查学生是否具备开**

始学习新知所必需的认知、情感和动作方面的先决条件。这种作业的难度通常不大，主要指向一些学生可以自学掌握的基本知识和技能。如果教师批阅或抽查作业后发现学生完成度很高，在课上就可以少讲甚至不讲学生已经掌握的内容。如果教师发现学生作业中存在一些普遍性的问题，就应该在课上给予针对性的指导，甚至将有关内容确定为教学重难点。

形成性评价指在教学实施过程中教师对学生学习情况所进行的评价，在我国，多将其称为过程性评价。它即时、多次、动态地发生在教学过程中，旨在发现教学过程中存在的具体问题，并及时调整和解决，以追求最佳的效率和效果。布卢姆（Benjamin Bloom）等人曾经用“恒温器”来类比形成性评价，他们分析道：“寒暑表可能是十分精确的，然而除了记示或测示室温之外，它对室温起不了什么作用。对比之下，恒温器根据与既定标准温度的关系来记示室温，其后随即制订各种改正程序（即打开或者关闭火炉、空调机），直到室温达到既定的标准温度为止。”[2] 形成性评价就像恒温器，是为了教学及时改进的评价。随堂作业是一种典型的形成性评价方式。服务于形成性评价目的的随堂作业一般题量不大，通常针对少数重要的知识点或容易出错的知识点而设计，作业形式灵活多样，可能是选择题或判断题，也可能是简答题或论述题，还可能是需要小组合作完成的表现性任务。任务难度随不同教学内容而变化。学生完成作业的情况为教学改进提供了依据。

知识窗

布 卢 姆

布卢姆（Benjamin　Bloom，1913—1999 年），美国当代著名心理学家、教育家，芝加哥大学教育系教育学教授，曾担任美国教育研究协会会长。20 世纪 50 年代，他因教育目标分类的系统学说而闻名，著有《教育目标分类学》；60 年代，他提出关于“人类特性”的理论，著有《人类特性和学校学习》；70 年代，他又提出“掌握学习”的学校教学理论，著有《我们的儿童都能学习》《掌握学习理论导言》。他提出的关于“人类特性”和学校教学的理论，曾经被列为美国“最有意义的教育研究成果之一”。

终结性评价是指一段时期的教学结束后，对最终结果进行的评价。它重视最终的结果，是事后的检验，因此主要依据事先设定的目标来进行评价，评判学生达成既定目标的程度。在“双减”政策背景下，“学校和班级不得组织周考、月考、单元考试等其他各类考试”[3]，教师教了一节课或一个单元，到底教得怎样，学生学得如何，就需要通过作业予以检验。服务于终结性评价的作业要注意教—学—评的一致性，也就是在内容上要能较好地代表既定目标的范围，确保评价的内容效度。当然，需要指出的是，每一次评价都是基于题目抽样而进行的，要让作业或测验题目全面覆盖所有的教学目标是不可能的，也没有必要。正如效度是一个相对性概念一样，教—学—评一致性也是相对而言的，特别是在“双减”备受关注的当下，更不能强求评价与教学完全一致。另外，这种作业的难度一般没有特别要求，不论是特别容易还是特别难的题目，只要在教学目标范围之内，是教学的重点，都可以出现在作业中。

巩固练习

练习是重要的学习方式。有关研究揭示，分散练习和集中练习对学生学习成绩影响的效果量高达 0.71，在众多影响学习的教学方法因素中仅次于提供形成性评价与反馈，对学生学习具有不容忽视的重要影响。[4] 多数教师也认识到了巩固练习的价值，在教学实践中为巩固练习而布置作业。服务于巩固练习的作业一般基于相关评价的结果。如果评价结果显示学生在某些知识和技能上掌握得不够扎实，就可以设计相应的作业让学生多加练习。值得注意的是，重复性练习容易让学生感到枯燥，因此教师在作业设计中要增强练习的趣味性与吸引力。具体可考虑的举措包括：将作业任务嵌套在真实的任务情境中，使练习变成有意义的学习；控制任务的难度，设计在学生的“最近发展区”，使作业具有适度的挑战性；增强趣味性，加强作业反馈环节，必要时使用一些激励手段。

效 果 量

效果量（effective size）是反映实验处理效果大小的一个量，通常用d表示，其计算方法是用实验组平均数和对照组平均数的差除以对照组标准差。传统的实验效果分析多通过推论统计检验进行，但这种分析方法受样本量大小的影响很大。有时候，实验组和对照组的差异即使非常小，但由于样本量足够大，检验后也可能达到显著性水平。而效果量是一个不依赖样本大小，能客观反映自变量和因变量关联强度的指标。国际上很早就明确要求公开发表的研究报告在分析实验效果时必须提供效果量的测定结果。一般情况下，如果d值大于0.5，就被认为效果量中等，d值大于0.8，则被认为效果量很大。

操作化界定作业目标

第一步——明确作业设计的目的——回答了为什么要设计作业，要发挥作业的哪方面功能，要通过作业达成什么目的的问题。第二步——操作化界定作业目标——是要明确作业指向的具体学习目标，也就是明确作业要促进哪些学习目标的达成，或作为评价手段评判哪些学习目标的达成程度。**作业目标表述要具体、有可操作性，借用管理学思想来说就是要遵循SMART原则**。SMART原则是目标管理的常用方法，它是5个英文单词首字母的缩写，其中S指specific，具体的；M指measurable，可测量的；A指attainable，可达成的；R指realistic，具备现实条件的；T指time-bound，有时间界限的。

要做到SMART，教师需要从研读课程标准开始，然后基于学业质量标准操作化界定作业所指向的目标。

研读课程标准

课程标准是确定一定学段的课程水平及课程结构的纲领性文件[5]，是教材编写、教学、评价与考试命题的依据。2001年，新一轮国家基础教育课程改革将我国沿用已久的教学大纲改为课程标准，增强了课程管理的规范性。2014年3月，《教育部关于全面深化课程改革落实立德树人根本任务的意见》颁布，要求深入回答“培养什么人、怎样培养人”这一根本问题，**在促进学生全面发展的同时明确学生为适应终身发展与社会进步需要所应具备的必备品格与关键能力，构建学生发展核心素养体系，并加大统筹力度，统筹课标、教材、教学、评价、考试等环节，切实推动核心素养落地。**[6]在这一文件的推动下，《普通高中课程方案（2017年版）》《普通高中课程方案（2017年版2020年修订）》与《义务教育课程方案（2022年版）》相继颁布，基础教育阶段中小学新修订的课标已全部正式颁布，为每一位教师的教学工作提供了强有力的依据。

新颁布的各学科课程标准都强化了课程育人导向，将党的教育方针和培养目标具体化为本课程着力培养的核心素养，体现正确价值观、必备品格和关键能力的培养要求[7]（3）。以2022年版的义务教育阶段课程标准为例，语文学科围绕立德树人根本任务，以识字与写字、阅读与鉴赏、表达与交流、梳理与探究等实践活动为主线，面向全体学生，提高学生文化自信、语言运用、思维能力和审美创造等核心素养，为促进学生全面发展奠基。[8]（2–5）数学学科也注重核心素养导向，进一步强调使学生获得数学基础知识、基本技能、基本思想和基本活动经验（简称“四基”），发展运用数学知识与方法发现、提出、分析和解决问题的能力（简称“四能”），会用数学的眼光观察现实世界，会用数学的思维思考现实世界，会用数学的语言表达现实世界（简称“三会”）。[9]在此基础上，各学科课程标准还界定了学科总目标与学段目标，阐释了课程内容，对教学、评价、教材编写、课程资源开发、教学研究与教师培训提出了实施建议，为作业设计指明了方向。

课程标准是教师教学设计的依据，也是作业设计的出发点。

把握学业质量标准

2020 年修订的普通高中各学科课程标准和 2022 年版的义务教育阶段各学科课程标准，**不仅分总目标和学段目标，明确提出了课程目标，而且研制了学业质量标准，整体刻画不同学段学生学业成就表现，引导教师把握教学的深度与广度，为作业设计提供了更加清晰的依据**。

以《义务教育语文课程标准（2022 年版）》为例，它首先分 9 条提出了学科教学的总目标，然后分一至二年级、三至四年级、五至六年级和七至九年级四个学段，从“识字与写字”“阅读与鉴赏”“表达与交流”和“梳理与探究”四个领域提出了学段目标与要求。如第四学段（七至九年级）“表达与交流”领域的目标是这样表述的。[8]（15–16）

【表达与交流】

1. 注意对象和场合，学习文明得体地交流。耐心专注地倾听，能根据对方的话语、表情、手势等，理解对方的观点和意图。

2. 自信、负责地表达自己的观点，做到清楚、连贯、不偏离话题。注意表情和语气，根据需要调整自己的表达内容和方式，不断提高应对能力，增强感染力和说服力。

3. 讲述见闻，内容具体、语言生动。复述转述，完整准确、突出要点。能就适当的话题做即席讲话和有准备的主题演讲，有自己的观点，有一定说服力。讨论问题，能积极发表自己的看法，有中心，有根据，有条理；能把握讨论的焦点，并能有针对性地发表意见。

4. 多角度观察生活，发现生活的丰富多彩，能抓住事物的特征，为写作奠定基础。写作要有真情实感，表达自己对自然、社会、人生的感受、体验和思考，力求有创意。

5. 写作时考虑不同的目的和对象。根据表达的需要，围绕表达中心，选择恰当的表达方式。合理安排内容的先后和详略，条理清楚地表达自己的意思。运用联想和想象，丰富表达的内容。正确使用常用的标点符号。

6. 写记叙性文章，表达意图明确，内容具体充实；写简单的说明性文章，做到明白清楚；写简单的议论性文章，做到观点明确，有理有据；能根据生活需要，写常见应用文。能从文章中提取主要信息，进行缩写；能根据文章的基本内容和自己的合理想象，进行扩写；能变换文章的文体或表达方式等，进行改写。尝试诗歌、小小说的写作。

7. 注重写作过程中搜集素材、构思立意、列纲起草、修改加工等环节，提高独立写作的能力。根据表达的需要，借助语感和语文常识修改自己的作文，做到文从字顺。能与他人交流写作心得，互相评改作文，以分享感受，沟通见解。作文每学年一般不少于 14 次，其他练笔不少于 1 万字，45 分钟能完成不少于 500 字的习作。

为聚焦核心素养，明确各学段结束时学生应达到的要求，语文课标进一步提出了学业质量标准，按照日常生活、文学体验、跨学科学习三类语言文字运用情境，整合识字与写字、阅读与鉴赏、表达与交流、梳理与探究等语文实践活动，描述学生语文学业成就的关键表现。以第四学段（七至九年级）为例，有关表达与交流的学业质量描述摘录如下：[8]（42–43）

在讨论问题过程中，能积极发表自己的看法，做到有中心，有根据，有条理。

能耐心专注地倾听，复述、转述完整准确，要点突出。

能就适当的话题做即席讲话和有准备的演讲，有自己的观点，有一定说服力。

能多角度观察生活，抓住事物特征，选择恰当的表达方式，合理安排详略，条理清楚地表达自己的感受和认识。

能用多种媒介形式交流沟通。

能使用常用的标点符号，准确地表情达意。

能用流程图、文字等形式呈现活动设计方案。

能围绕学习活动开展调查，用文字、图表、图画、照片等形式呈现学习成果。

能利用图书馆等多种渠道获取资料，整理相关学习内容，完善自己的认识，撰写活动总结。

能通过口头或书面方式，向他人推荐中华优秀传统文化经典、革命文化和社会主义先进文化作品。

能根据具体情境要求，选择合适的文本样式记录经历、见闻和体验，表达感受、认识与观点。

能记录探究过程，归纳概括自己的发现，条理清晰地呈现问题解决的过程，并汇集学习成果。

能通过梳理、分析材料提炼出自己的看法。

能有条理地列出提纲，用策划书、调查报告、小论文等形式发表研究成果，力求格式规范、内容完整、条理清晰。

操作化界定教学目标

课程标准在学段水平上对学习目标与学业质量标准的界定相对比较概括，教师在实践中还需要结合所使用的教材，基于学情实际进一步明晰教学目标，要“以一种较特定的方式描述在单元或学程完成之后，学生应该能做（或生产）什么，或者学生应该具备哪些能力”，操作化地表达教学目标。[10]（17）

在表述教学目标时，很多教师经常使用一些语义模糊的语句。布卢姆曾举例如下：[10]（31）

1. 学生具有……的知识。
2. 学生领会……
3. 学生批判性地思考有关……
4. 学生理解……
5. 学生对……表示欣赏。
6. 学生对……感兴趣。
7. 学生完全欣赏……
8. 学生掌握了……的意义。
9. 学生能够记忆……
10. 学生学会……
11. 学生重视……
12. 学生开阔了眼界。
13. 学生有效地工作。
14. 学生有效地讲话。

15. 学生正确地讲话。
16. 学生顺利地阅读。
17. 学生会使用基本技能。

这里，前12项目标表述中所使用的术语都是难以直接测评的，看不到“理解”和“记忆”，也触摸不到“批判性思考”；而后面5项目标似乎可以观察，但它们的表述却容易引起歧义。“有效”“正确”与“顺利”的标准究竟是怎样的，每个人的理解差异可能很大，甚至人们对“基本技能”是什么也会有不同的看法。要充分发挥教学目标的导向作用，其表述需要字斟句酌、深入研究。

布卢姆是教育目标分类学研究领域的权威专家。针对目标表述不清晰的现象，他指出：教学目标的表述必须操作化。只有教师将目标转化成明确的操作性定义，才能从目标着手，否则只能留下美丽的希望，或只是一些陈词滥调而已。以下是教师撰写的教学目标范例：

- 陈述……之间的关系。
- 区分……
- 把……配对。
- 用自己的话来……
- 翻译一段……
- 对……做出评价。
- 注销图书馆出借的图书……
- 列举……的后果。
- 对……进行证明。
- 把原理……用于新的情境。
- 阅读……
- 辨认……
- 用图表表示……
- 排除……的原因。
- 以……为题演讲。
- ……

布卢姆和他的同事于 1956 年将教学活动所要实现的整体目标分为认知、情感、心理运动三大领域，并从实现各个领域的最终目标出发，确定了一系列目标序列。当然，将目标分为三个领域，并不意味着不同领域之间是完全独立的。比如，当一个学生讲话的时候，可能同时涉及了三个领域。如果教师关心的是学生语言组织的内容，他强调的是认知目标；如果教师关心的是学生透过语言所反映出来的兴趣和情感，那他强调的是情意目标；如果教师关心的是学生的表现形式（姿态、动作），那他强调的是心理动作目标。因此，如果让教师在每个单元，甚至每节课的教学计划中都将三方面目标分开表述，必然存在一定困难，教师应该侧重于最主要的一个目标领域来表述。

长期以来，认知发展都是教学的重要目标，所以布卢姆等人对认知领域的教学目标进行了更为细致的描述和例释，将其分为识记、理解、运用、分析、综合和评价六个层次。[11] 这一目标分类体系自发表以来，在美国乃至全世界产生了巨大影响。为了更好地回应教育改革的需求，更加有效地指导教学与评价实践，这一分类体系也在不断被修订。最近一次大型修订由安德森（Lorin W. Anderson）领衔的一个团队于 2001 年完成。

与布卢姆等人原来的一维度分类不同，新修订的教育目标分类学采用了“知识”和“认知过程”二维框架。[12]（21）知识指学习时涉及的相关内容，包括从具体到抽象的四种类型：事实性知识、概念性知识、程序性知识和元认知知识。认知过程的分类与旧体系差别不大，从低到高分成六个水平，即记忆 / 回忆、理解、应用、分析、评价和创造。表 6–1 是新版认知目标分类框架，这种新的定义方法使教学目标更加清晰，更便于教学和评价。

表 6–1　新版认知目标分类框架

知识维度	认知过程维度					
	记忆 / 回忆	理解	应用	分析	评价	创造
事实性知识						
概念性知识						
程序性知识						
元认知知识						

安德森等人还对认知过程维度目标做了进一步分解，使之更加有操作性（参见表6–2）。[12]（51–52）以“理解”为例，他们将理解分为解释、举例、分类、总结、推断、比较和说明七种情况，每种情况都提供了同义词、定义及例子。

表6–2　新版认知目标分类学认知过程目标说明

认知过程	同义词	定义及其例子
1 记忆/回忆（Remember）——从长时记忆中提取相关的知识		
1.1 识别（Recognizing）	辨认（Identifying）	在长时记忆中查找与呈现材料相吻合的知识（例如，识别美国历史中重要事件的日期）
1.2 回忆（Recalling）	提取（Retrieving）	从长时记忆中提取相关的知识（例如，回忆美国历史中重要事件的日期）
2 理解（Understand）：从口头、书面和图像等交流形式的教学信息中构建意义		
2.1 解释（Interpreting）	澄清（Clarifying） 释义（Paraphrasing） 描述（Representing） 转化（Translating）	将信息从一种表示形式（如数字的）转变为另一种表示形式（如文字的）（例如，阐释重要演讲和文献的意义）
2.2 举例（Exemplifying）	示例（Illustrating） 实例化（Instantiating）	找到概念和原理的具体例子和例证（例如，列举各种绘画艺术风格的例子）
2.3 分类（Classifying）	归类（Categorizing） 归入（Subsuming）	确定某物某事属于一个类别（如概念或类别）（例如，将观察到的或描述过的精神疾病案例分类）
2.4 总结（Summarizing）	概括（Abstracting） 归纳（Generalizing）	概括总主题或要点（例如，书写录像带所放映的事件的简介）
2.5 推断 Inferring	断定（Concluding） 外推（Extrapolating） 内推（Interpolating） 预测（Predicting）	从呈现的信息中推断出合乎逻辑的结论（例如，学习外语时从例子中推断语法规则）

续表

认知过程	同义词	定义及其例子
2.6 比较（Comparing）	对比（Contrasting） 对应（Mapping） 配对（Matching）	发现两种观点、两个对象等之间的对应关系（例如，将历史事件与当代的情形进行比较）
2.7 说明（Explaining）	建模 （Constructing Models）	建构一个系统的因果关系（例如，说明法国 18 世纪重要事件的原因）
3 应用（Apply）——在给定的情景中执行或使用程序		
3.1 执行（Executing）	实行（Carrying Out）	将程序应用于熟悉的任务（例如，两个多位数的整数相除）
3.2 实施 （Implementing）	使用，运用（Using）	将程序应用于不熟悉的任务（例如，在牛顿第二定律适用的问题情境中运用该定律）
4 分析（Analyze）——将材料分解为它的组成部分，确定部分之间的相互关系，以及各部分与总体构成或总目的之间的关系		
4.1 区别 （Differentiating）	辨别（Discriminating） 区分（Distinguishing） 聚焦（Focusing） 选择（Selecting）	区分呈现材料的相关与无关部分或重要与次要部分（例如，区分一道数学文字题中的相关数字与无关数字）
4.2 组织（Organizing）	发现连贯性 （Finding Coherence） 整合（Integrating） 概述（Outlining） 分解（Parsing） 构成（Structuring）	确定要素在一个结构中的合适位置或作用（例如，将多种历史描述组织起来，形成赞同或反对某一历史解释的证据）
4.3 归因（Attributing）	解构（Deconstructing）	确定呈现材料背后的观点、倾向、价值或意图（例如，依据其政治观来确定该作者文章的立场）
5 评价（Evaluate）——基于准则和标准做出判断		

续表

认知过程	同义词	定义及其例子
5.1 检查（Checking）	协调（Coordinating） 查明（Detecting） 监控（Monitoring） 检验（Testing）	发现一个过程或产品内部的矛盾和谬误；确定一个过程或产品是否具有内部一致性；查明程序实施的有效性（例如，确定科学的结论是否与观察数据相吻合）
5.2 评论（Critiquing）	判断（Judging）	发现一个产品与外部准则之间的矛盾，确定一个产品是否具有内部一致性；查明一个给定问题的恰当性（例如，判断解决某个问题的两种方法中哪一种更好）
6 创造（Create）——将要素组成内在一致的整体或功能性整体；将要素重新组织成新的模型或结构		
6.1 产生（Generating）	假设（Hypothesizing）	基于标准产生可选择假设（例如，用假设来说明可观察的现象）
6.2 计划（Planning）	设计（Designing）	为完成某一任务设计程序（例如，计划关于特定历史主题的研究报告）
6.3 生成（Producing）	建构（Constructing）	生产一个产品（例如，有目的地建立某些物种的栖息地）

以教育目标分类学为指导，无论是单元教学目标，还是一节课或相互联系的几课时的教学目标，教师的表述都要清晰具体。目标表述越清晰，越有操作性，就越能为教学设计与作业设计提供有价值的参考。

以六年级上册语文习作课《夏天里的成长》的教学为例，某位教师在第1课时提出如下教学目标：

学习体会课文是如何围绕中心意思从不同方面写的；尝试从不同方面围绕中心意思列写作提纲。

第一个目标表述用了动词“体会”，操作性不够。另外，第二个目标暗示教师设定的具体目标只是让学生知道课文是从多个方面围绕中心意思写作的，以后要学习这种写作技巧。然而，用“总—分—总”方式布局课篇、围绕中心意思写作这个道理，学生实际早已知晓，所以说这节课的目标设定也低于“最近发展区”，没有带领学生向更高处迈进。如果修改为以下目标：

用自己的话说说课文是如何围绕中心意思写作的，不仅要说整体的写作结构，而且要关注段落内与段落间的写作技巧，从中概括出本文带来的写作启示，列举散文围绕中心意思写作的重要技巧和要求；

能以一个常见主题为例，快速勾勒出行文框架，提出从多个方面围绕中心意思写作的基本思路，能用多个段落分层次、有逻辑、逐级深入地写作。

这样的表述基本达到了SMART的要求。目标表述所使用的动词有“说说”“概括”“列举”“勾勒”“提出”等，涉及布卢姆认知目标分类学体系中“理解”层次的“举例”和“总结”，以及“创造”层次的“产生”和“计划”等，目标较为具体。此外，这样的目标设定还增加了教学的深度，让学生不只知道散文写作可以用总—分—总方式围绕中心意思写作，还让学生知道中间分出来的几个方面要有清晰的逻辑关系，可以像课文范例那样，由容易察觉的成长到不易察觉的成长，也可以由远及近，或由简单到复杂；文章的总起段落要点题，亮出中心意思；文章的总结段落要呼应中心意思，进一步点亮主题；每个段落都要有主题句，然后再做具体阐述或分析。可见，目标越有操作性，教学就越能引发深度学习，学习成效才会有保障。可操作化的目标，不仅可以让教师知道教学的努力方向，而且可以知道该如何评价自身教学的有效性，从而为作业设计奠定更坚实的基础。

从教学目标到作业设计目标

教学目标包括单元教学目标和课时教学目标，一般从“知识与技能”“过程与方法”和“情感态度价值观”三个维度进行界定。而从教学目标到作业设计目标，需要经历一个目标抽样的过程。**从教—学—评一致性原则来看，评价和作业设计应当全面覆盖既定的教学目标。但实际上这很难做到，无论是以评价为目的设计作业，还是以练习为目的设计作业，都需要基于抽样原理选择目标。**

从评价视角看，评价的过程是从大量可观察行为中抽取一定数量与被评特质直接相关的行为样本进行观察和评价。正如在河水水质监测中，不同地段、不同位置的河水水质并不一样，但检验人员不会也不可能收集所有的河水进行水质监测，而是从河水中抽取一部分有代表性的样本进行监测，然后据此推断整个河水的质量。以评价为目的设计作业也必须采取相似的做法。以小学四年级识字写字学习为例，学生在第二学段（三至四年级）要认识常用汉字2500个左右，其中1600个左右会写。[8] [9] 具体到四年级某个学期的某个单元，要求学生认识和会写的字有很多，那么，在通过作业评价学生的识字写字情况时，教师不可能让学生逐个认应该会认的每一个字，或逐个写应该会写的每一个字，而是从这些目标汉字中抽取一个有代表性的样本来测试学生，并基于学生在样本题目上的表现推断其识字写字水平。

要通过作业评价学生的学习，在测验与评价次数被严格控制的“双减”背景下，教师只能通过分散布置的随堂作业或课后作业实施评价。这些作业所针对的目标样本要有一定的代表性，不仅要保证一定的数量，而且要能较好地覆盖既定目标范围，突出重难点。例如，学科教师为一堂课设定的目标通常由多个条目构成，如果课后作业仅针对其中的一条，而且是相对而言不太重要的一条，那么教师就很难通过学生的作业表现准确地评价学生的学习成效和自身的教学质量。更具体地说，假设一名语文教师在一个单元中要教学生认55个生字，其中28个要求会写，可教师布置的带有检测性质的作业只要求学生看拼音写5个字，那么他就难以准确把握学生的识字学习进展。

从练习角度看，教师布置的作业一般也难以覆盖所有的学习目标，需要从既定目标中选择部分目标设计作业。练习性质的作业与评价性质的作业不同，评价性质的作业在目标选择上一般要求选样的代表性，而练习性质的作业对代表性要求不高，一般基于学生学情与具体目的来选择。如果班里学生的基础不太好，作业设计的难度就不宜太大，因而作业通常指向基础性的学习目标；如果作业数量需要控制，作业设计通常就只需要选择容易出错的学习目标，或重难点目标；如果教师想让学生挑战更高难度，也可以针对难度较大的目标设计作业。

选择作业类型与形式

作业有很多种类型与形式。不同类型的作业有不同的优势与局限性，适合不同的学习目标。在作业设计中，教师要根据作业目的和目标，选择合适的类型与形式。

选用合适的书面作业类型

书面作业是学生主要用纸和笔就能完成的作业，所以也有人将其称为纸笔作业。这是最为常见的作业形式，在实践中应用最为广泛。《关于加强义务教育学校作业管理的通知》（以下简称《作业管理通知》）强调，中小学要“严控书面作业总量”，一至二年级不得布置书面家庭作业，可在校内安排适当巩固练习；三至六年级每天书面作业完成时间平均不超过 60 分钟；七至九年级每天书面作业完成时间平均不超过 90 分钟；周末、寒暑假、法定节假日也要控制书面作业时间总量。[13] 教师不能随便布置书面作业，必须精心选择和设计更有价值的书面作业，要有所取舍。从类型来看，教师要认识不同书面作业类型的优势与局限性，充分发挥作业评价与促进学习的积极作用。

借鉴考试领域对书面考试题目的划分方法，书面作业也可分为选择反应（selected responses）作业与建构反应（constructed responses）作业。选择题以及可以转化成选择题的判断题和匹配题属于选择反应题，不需要学生建构答案，从备选项中做出选择即可；填空题、简答题、论述题、写作题等多种题型则被认为是建构反应题，它需要学生从大脑中生成答案，具有更大的主观性。

书面作业也可以分为客观题与主观题两类。客观题是答案确定且唯一的作业题，所有的选择反应类作业都是客观题。主观题是答案需要学生建构，且答案不唯一的题目，多数建构反应类作业都是主观题，但有的建构反应题答案唯一，属于客观题。

下面有两道语文填空题，第一道是中考语文题，第二道是高考语文题。

1. 亲民党主席宋楚瑜率领大陆访问团在拜祭黄帝陵时所说的“炎黄子孙不忘本，两岸和平一家亲”，言简意赅地表达出两岸炎黄子孙的共同心声，勾起多少人的思念之情。请根据上联所表达的内容，写出或改写平时所积累的名句，对出下联。

上联：少小离家为异客

下联：________________

2.《过零丁洋》一诗中，表现作者文天祥的民族气节以及舍生取义生死观的千古名句是________________。

第一道题没有标准答案，学生可以对出不同的下联，这种题是主观题。第二道题同样是填空题，但它的答案是确定的、唯一的，这种填空题就是客观题。

布置客观题作业有很多优势。概括起来，主要有：（1）作业设计相对容易，教师可以基于学习目标将客观测验题转化成作业。（2）作业任务比较简单，学生只需要勾画出正确选项即可，相对来说完成速度快，占用时间少；（3）因为占用时间少，所以可以设置比较大的题量，一方面可以扩大作业的目标覆盖范围，另一方面也可以通过增加题量起到强化练习和巩固知识的作用。

当然，客观题作业也有其局限性。有人认为，客观题一般是让学生在各种选项中选择正确答案，所以只能唤醒、促进和评价学生的再认能力或其他低阶认知能力。这种观点有一定的道理，但也不完全正确。如果作业针对的是事实性知识，仅用客观题只能激发学生对知识的再认能力；但是，作业任务既涉及知识记忆，也可以唤起复杂的认知过程，至少不局限于事实性知识。客观题的应用范围可以很广泛。设计良好的客观题不仅可以巩固学生对一般事实性知识的记忆，而且可以评价和培养学生多种复杂的能力，比如对基本原理的理解与应用，又如对某种理论的分析和评价，以下面这道化学作业题为例：

下列方法能鉴别空气、氧气和二氧化碳 3 瓶气体的方法是（　　）。

A. 闻气味　　　　B. 将集气瓶倒扣在水中

C. 观察颜色　　　D. 将燃着的木条伸入集气瓶中

这是一道有关物质鉴别的题目。要鉴别空气、氧气和二氧化碳，学生不仅要回忆三种气体的特点，而且要比较三种气体之间的异同，推断备选鉴别方法的结果，其牵涉的认知能力已远远超出了再认水平。

相对于客观题，主观题的优势主要体现在任务的真实性和复杂性上。一般来说，主观题所涉及的任务真实性比较高，比较接近现实生活。试想，在实际生活中，几乎没有人被要求从安排好的选项中选择正确答案，或者对某个陈述做出正或误的判断，但很多人可能会被要求做一个简短的口头报告，或者设计一份活动计划书。主观题的复杂性较高，能有效评价学生各种复杂能力和综合能力。有研究者曾列举多种可以用主观题考查的复杂能力[14]，包括：

- 辨认、提取和表达相关信息的能力
- 归纳和分析材料的能力
- 解释各种关系的能力
- 应用概念或原理解决问题的能力
- 提出、组织和表达观点的能力，或用事实、资料支持观点的能力
- 陈述推理的能力
- 设计实验或调查的能力
- 提出假设，以及对假设进行支持或驳斥的能力
- 对论点进行评价的能力

此外，主观题还具有不同程度的开放性，可以留给学生深度思考、自主探究的空间，引发深度学习，有利于培养学生的独立思考能力、批判性思考能力、创造性思考能力等高阶认知能力。当然，也有人就此提出批评意见，认为主观题答案不唯一，作业评价带有一定的主观性，容易产生评分误差。不同评分者对某一具体标准的理解、重视程度和宽严程度不一样，评分还可能受到来自评分者（如评分者个人偏好）、学生（如学生字写得是否工整）、环境（场地灯光是否足够）等方面因素的影响。

然而，主观题的评分误差并不是不可控的，它可以通过多种举措予以控制。更重要的是，作业与考试不同。在一些大规模、高利害的考试中，如中高考，学生的分数与其升学、就业等重大利益直接关联，给学生的评分必须做到最大程度的客观公正，但平时作业，无论是为促进学习的作业，还是为了解评价目标达成度的作业，它们对评分者一致性和评分准确性的要求可以适度放宽，特别是在当前推动“双减”工作、强化评价发展性功能的时代背景下。而且，作业评价有因评分主观性带来的随机误差——某次作业给某个同学的评分高一点，下次也有可能低一点，综合起来，多次作业的评分是可以准确评价学生学习情况的，对每个学生来说也是公平的。

当然，这种宽松的处理也是有限度的。完全开放，连教师都不知道评价标准的主观题作业要少布置。教师说不清楚如何评价，就意味着教师也不知道通过这样的作业能达到怎样的目的。无目的的作业，其育人价值有限，而

且增加了学生的负担。

探索多样化作业类型

《作业管理通知》要求，除书面作业外，学校要根据学段、学科特点及学生实际需要和完成能力，合理布置科学探究、体育锻炼、艺术欣赏、社会与劳动实践等不同类型作业。[13] 多样化作业类型在第一章中已有讨论。由第一章分析可知，不同类型的作业各有其优势，适用于学生不同能力的培养或评价。

以科学探究类作业为例。科学探究是物理、化学、生物学以及科学学科所强调的核心素养。高中生物学课标指出，"'科学探究'是指能够发现现实世界中的生物学问题，针对特定的生物学现象，进行观察、提问、实验设计、方案实施以及对结果的交流与讨论的能力"。[15] 强调这一核心素养的目的是改变过去过分注重知识与技能的问题，让学生经历探究，提高探究意识和能力，最终能像科学家一样思考。以下提供一个实例：[16]

一位生物学家探究植物的向光性，她的假设是植物的感光点在植株的顶端。实验中，她用不透光的帽子盖住正在生长的植株的顶端，这些植株就不会向光弯曲，那些没有盖住的植株就会向光弯曲。她认为这些实验结果支持了她的假设。

假如这位科学家重复做了这个实验 10 次，每次的实验结果都是一样的。请回答以下问题：

1. 这些重复做的实验：

a. 表明她是出色的实验者。

b. 使她对自己的解释更有信心。

c. 使她更相信自己的实验设计。

d. 使她对实验结果更有信心。

e. 使她对自己的假设更有信心。

2. 下面哪个陈述可能是这位科学家在她的实验中所做的假设？

a. 允许有些光透过帽子到达植株的顶端。

b. 顶端帽子的重量不会阻止植株的弯曲。

c. 当植株的顶端没有被帽子盖住时，植株会向光弯曲。

d. 植株的顶端能感受光源的方向。

e. 科学家没有做假设。

3. 科学家后来认为，自己在前面实验中没有进行合适的对照实验。下面哪项可能是最合适的对照实验?

a. 让植株在完全黑暗的环境中生长，观察其是否弯曲。

b. 将植株的顶端去掉，观察其是否会向光源弯曲生长。

c. 用一个透明的帽子将植株的顶端盖住，观察其是否向光弯曲。

d. 将植株放在光源来自四面八方的环境中生长，观察其是否弯曲。

e. 她所用的对照实验，即植株不用帽子盖住顶端的实验，是不用改进的。

这份作业是典型的科学探究作业，作业指向的不是简单的知识点，而是让学生认识与理解一项实验设计，并对其进行批判性分析。它能激发、培养或评价学生构建假设、设计实验、解释数据、得出结论等综合的探究能力。

科学探究作业也可以设计成操作性实验，让学生亲自操作实验，记录和分析数据。相对而言，体育锻炼、艺术欣赏、社会与劳动实践等类型的作业的实践性更强。当然，教师也可以在语文、数学等传统学科中布置动手操作的实践作业，让学生在真实情境中利用所学去解决实际问题。在跨学科学习备受重视的时代背景下，科学探究、体育锻炼、艺术欣赏、社会实践类型的作业可以在各种学科中使用。比如，三年级语文教师在讲完《蜜蜂》一课后，可以设计一份科学探究与口语交际相结合的跨学科家庭作业：

法布尔通过实验证实蜜蜂具有超强的方向辨别能力，在很远的地方也能找到家。这是一项设计严谨的实验。有人想知道蝙蝠在黑夜中飞行靠什么认路，可以设计怎样的实验？你有怎样的想法？今天晚上回家后，与家人讨论交流一下。

每一种类型的作业都有其优势，当然也有其局限性。教师在作业设计实践中要充分认识到这一点，然后取长补短，设计出符合教学目的、能有效促进学生发展的作业。

不要为了创新而创新

《作业管理通知》指出，教师要“创新作业类型方式”“鼓励布置分层作业、弹性作业和个性化作业，科学设计探究性作业和实践性作业，探索跨学科综合性作业”。[13] 许多教师在这方面进行了大量探索，涌现出一些优秀的作业设计范例，但也出现了为创新而创新，作业效果不佳的情况。

以一道小学五年级有关“组合图形的面积”的数学作业题为例，某位教师在讲授完新课后布置了这样的数学作业：

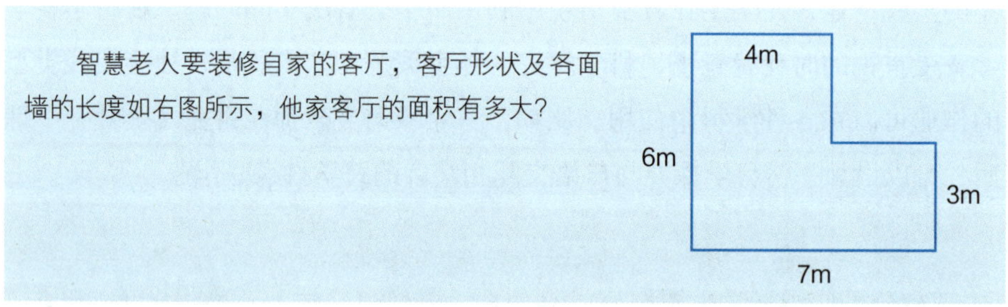

这道题难度太低。小学三年级学生在学习完长方形和正方形的面积计算方法之后，不用学习“组合图形的面积”，基本上就可以完成这道题目。从这一意义而言，透过学生在这道作业题上的表现，教师无法对学生新知——用割补法计算组合图形的面积——的掌握程度做出准确判断，也起不到巩固练习新知的作用。此外，这道题脱离真实生活。“智慧老人”不是一个真实的人物，所以这道题并不能看到学生用数学的眼光观察现实世界和解决现实问题的能力。只有增强作业情境的真实性，让学生计算真实生活中的组合图形面积，才能有效地促进学生问题解决能力的提升。

有人提高难度，让学生计算少先队中队旗（参见下图）的面积，认为这样的作业与生活实际结合，落实了实践性与探究性，能引导学生用生活的眼光观察现实世界与解决实际问题。这种改变使作业走近生活，但问题是，真实生活世界里有谁会去计算少先队队旗的面积呢？即便有工厂接到制作100面少先队队旗的订单，需要事先计划买多少红布，但这时候也不需要计算中队旗的面积，他们只要知道中队旗外围矩形的长和宽就可以了。

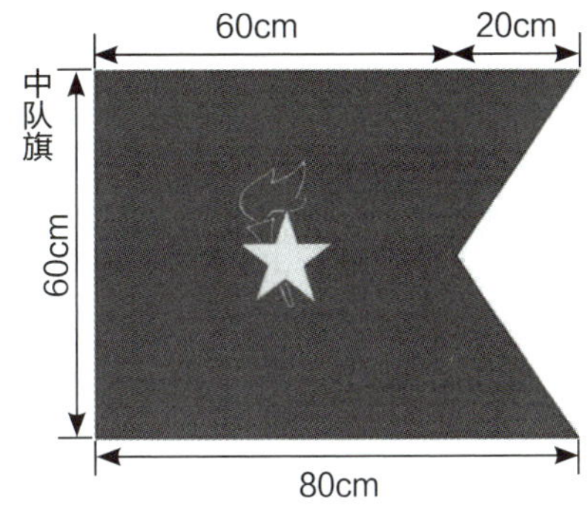

后来，有教师又创新作业形式，设计了一道实践性家庭作业，题目如下：

> 我们刚刚学完《组合图形的面积》一课，今天晚上回家后请你量一量家里每面墙的长度（以米为单位，精确到一位小数），粗略绘制家里的房屋平面结构图，并计算房屋面积。下次课我们将在全班举行分享活动。

这道题让学生动手测量并计算组合图形的面积，实践性很强，有形式上的创新，看上去比计算客厅面积一题有所改善。但实际上，这道题也存在一些亟待思考与改进的问题。首先，这道题侵犯了学生的家庭隐私权，不符合伦理与公平原则。学生家庭有没有住房、是住自家房子还是租房子、房屋面积有多大，均属于学生的隐私。学生做完作业后在全班同学面前交流，可能会引发攀比，会使有的学生因为自家没有住房或住房面积小而感到自卑。其次，这道题目不能巩固学生所学，也不能评价学生掌握割补法的程度。道理很简单，因为一般而言，绝大多数学生家庭的住房都已经分割成若干个房间，且房间基本上是方方正正的矩形，所以实际上计算自家房屋面积不需要割也不需要补，用不到新学的割补法。所以说，这种形式上的创新并没有达到作业设计的预期目的。

衡量作业设计好坏的根本不是形式，而是作业是否能准确评判学习目标的达成程度或能否在实质上促进学习目标的达成。因而，作业类型与形式的选择要服务于作业设计的目的和目标。同样是为了促进学生掌握新学的计算组合图形面积的割补法，以及引导学生利用所学新知解释生活现象或解决生活问题，教师可以设计这样的纸笔作业题，如下：

张爷爷买了一套小单元房，房产证上说这套房子的面积是 63 平方米，可张爷爷感觉家里没有那么大。他测量了家里几面墙的长度，如右图，请问：开发商是不是量错了？

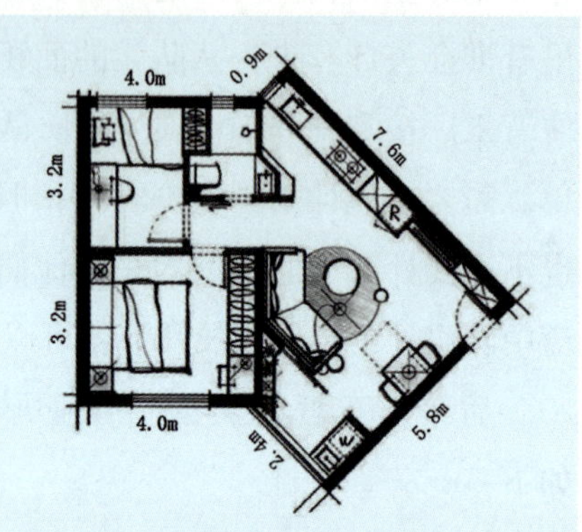

这道题有几处变化值得注意：（1）题目中的人物是张爷爷，虽然也是虚构的人物，但要比说“智慧老人”更真实；（2）题目中说张爷爷买了一套小单元房，没有说张爷爷买大别墅，没有宣扬物质崇拜；（3）这是一幅真实的户型图，家具设计都有，增强了情境的真实性；（4）这道题对于五年级学生来说具有适度的挑战性，能激发学生利用割补法计算组合图形面积的行为，能有效考查学生的掌握程度；（5）这道题涉及房屋面积的计量方式，引导学生走进生活，而不只是走近生活。学生通过割补和计算得出这套房子的面积是 56.94 平方米，但不能因此说开发商量错了。张爷爷家房产证上标示的是房屋的建筑面积，而张爷爷量出来的既不是建筑面积，也不是套内面积（建筑面积减去公摊面积），而是老百姓俗称的“使用面积”。考虑到使用面积一般接近套内面积，拿使用面积除以建筑面积可粗略得出这套房的得房率超过 90%。那么，无论这套房是塔楼还是板楼里的房子，都没有违反有关政策，都不能说开发商量错了。

教师如果设计这样的作业题，不仅可以有效促进学生目标知识的掌握以及培育问题解决核心素养，而且能有效激发学生的数学学习兴趣，引导学生走进（注意，不是“走近”）现实生活，学习生活中的数学，学习有用的数学，用数学的眼光观察世界，用数学的思维思考现实问题。

像《组合图形的面积》作业题一样，有的教师创新了作业类型与形式，但却忽视了作业的效度、难度、伦理、公平等问题，从而影响了作业效果的发挥。

又如，“双减”政策以及《作业管理通知》发布后，“创意年味儿作业”受到追捧，不少学校在网上晒出一些形式新颖的寒假作业。这些作业调动了学科知识，增加了实践性、探究性、开放性与趣味性，可有的作业却侵犯了学生的家庭隐私，还可能会引发攀比。举例来说，语文寒假作业要求学生“以时间为序，借鉴编年史体例，简要记录自己的寒假生活”；数学寒假作业要求学生“记录每一笔压岁钱的来源及金额，制订一份压岁钱使用计划”；英语寒假作业让学生“用英语介绍自己的家人，并拍摄视频上传到班级群，比比谁的介绍更有创意”。

从作业目的和目标出发，这些作业都可以从形式与内容两个方面做出改进。同样是用编年史体例记录生活，可以设计这样的语文作业：

> 坚持做一件事很重要。今年寒假给自己定个小目标：坚持 2 周以上持续做一件事情。比如，坚持每天锻炼 1 小时；又如，坚持每天学做一样菜。事情可大可小，贵在坚持。请在坚持做这件事的同时借鉴编年史体例做一份简要记录，也可以写下你的心得。

同样是在寒假经历中寻找生活中的数学，学习简单的统计分析，数学作业可以设计成这样：

> 过年了，家家户户都要置办很多东西。请你去家附近的农贸市场（或者小商店）和大型超市去考察物价，记录 5 种以上常见蔬菜或肉类食品的价格，年前和年后至少各去 2 次。请设计记录表，对数据进行初步的统计分析，并说说你的发现和思考。

同样是用英语介绍一个或几个人，英语寒假作业可以改成这样：

> 过年是一次很好的社交机会，也是我们了解社会的重要时机。请你主动跟一个以前不太熟悉的人或陌生人交流一下，了解一下他/她过去一年的生活、收获及新年的展望，然后用英语跟同学们介绍“His/Her past year”，形式不限，可以是手抄报、新闻稿，也可以是视频故事。

设计作业情境与任务

情境创设与任务设计是作业设计的核心步骤。好的情境与任务不仅能激发学生完成作业的兴趣，让学生愿意做作业，而且能有效促进目标达成（从练习的角度来看）或评价目标的达成程度（从评价的角度来看）。教师们在读书期间做过无数次作业，做了教师后也经常给学生设计和布置作业，但并不是每个人都能设计出好作业。教师的作业设计能力亟待提升。

一般性建议

本书前面几章对作业情境与任务设计的要求已经做过深入的讨论，尤其是第三章从评价视角对好作业的设计标准进行了阐释，第四章从减负提质视角对作业设计新理念进行了分析。这里，在前述讨论的基础上，我们再强调或补充一些建议。

与预期成果相匹配

作业设计的目的要么是促进学生学习以形成某种预期成果，要么是实施评价考查学生达成预期成果的程度。也就是说，每一道作业题都有明确的预期成果指向。好的作业设计必须与预期成果相匹配。作为学习手段的作业，必须能有效唤醒学生指向预期成果的行为，促进学习目标的达成；作为评价手段的作业，则必须激发学生的预期表现，使教师能准确评判学生达成预期目标的程度。这是作业设计的基础性要求。

清楚表述作业任务

清楚的表述不但可以使待执行的任务操作定义十分清楚，而且也能使学生按照预期学习成果的表现来反应。在作业设计中，教师要注意使用简单易懂的语言、表述准确、正确运用标点符号和语法、所选图画材料清晰、避免用语啰唆，以使学生能准确理解作业要求。如果作业表述不清楚，学生不能理解或理解不到位，作业的完成情况就会不理想，作业的预期功效也难以达成。例如，某位二年级语文教师在讲授《中国美食》一课时，在第一课时快结束时布置了一份随堂作业：认读课文中的食谱，找出各种美食的烹饪方法并圈画出来，说说你的发现。这篇课文中列举的中国美食有：凉拌菠菜、香煎豆腐、红烧茄子、烤鸭、水煮鱼、葱爆羊肉、小鸡炖蘑菇、蒸饺、炸酱面、小米粥、蛋炒饭。学生通常从中圈画出来的字词有：凉拌、香煎、红烧、烤、煮、爆、炖、蒸、炸、炒。但问题是，这些字词中有的并没有准确传达出制作方法的信息。比如，炸酱面的“炸”，炸酱面的面是煮的，卤子炸肉酱其实也不是炸出来的，因此，炸酱面不是“炸”出来的。这份随堂作业如果改成这样会更好：认读课文中的食谱，看看哪个字或词大致传达了美食制作方法的信息，把它圈画出来，并说说你的发现。修改后的表述就更加严谨了。

题目要适合学生的阅读水平

不同年龄、不同年级学生的阅读能力存在很大的差异，如果学生因为阅读存在障碍而没有答对题目，那么学生是否掌握了预期学习目标就难以准确判断。教师在作业设计时要使阅读和词汇尽可能简单。想想看，如果用文言文出数学题，有些学生就会因为读不懂文言文而答不出或答不对题目，但这并不代表他数学没有学好。2015 年，中国科学院大学有位生物教师出的“蛋白质工程原理”期末考试题走红网络，因为这位教师在题目中引用了很多诗词，所以被称为国科大年度最浪漫期末试卷。[17]“青莲居士于花前月下对影成三人时用到了哪一类生物工程产品？”“‘无我原非你，从他不解伊’，为何独酌却有‘三人’？试写出原诗中的一两句或别的相关诗句。”这样的试题转换成平时作业，表述富有诗意，但问题是学生如果诗词水平不够，读不懂这些诗词该怎么办？生物作业指向生物知识和生物学科能力，虽然也可以跨学科整合其他学科的知识与能力，但不能喧宾夺主，要考虑学生的阅读能力。

题目表述不能包含民族、种族、性别或城乡等偏见

从公平的视角对作业进行偏见审查，看作业是否冒犯了某一类人，或者对某一类人显得不公平，这在公平备受关注的当下，十分重要。举个例子，在道德与法治评价性作业中，如果题目中提到经理、科学家、医生等收入较高、社会声誉较好的人群，都用“他”或“他们”来指代，而提到一些没有声望的职业人群（如保姆、员工）则用“她”或“她们”，那就对女性学生构成了冒犯，有的女生可能因为受到性别歧视而感到气愤，在一定程度上影响她们的学业表现。

避免无意线索

在设计作业时，要保证学生只有达到了预期的学习成果，才能正确地作答。如果编制作业的时候不够小心，题目本身或其他题目提供了一些无意线索，暗示了答案，那么题目就不能锻炼学生的目标行为，也不能准确评判学生学和教师教的效果。比如，选择题题干中的名字、日期或事件，可能会给另一道简答题提供答案。教师在设计完作业后，要从头至尾通读，识别题目内的无意线索，并找出题目之间重叠或相互提示的部分，做出必要的改进。

确保答案或评分细则没有争议

指向事实性知识的作业多使用客观题，答案是唯一的，评分也很简单，所以一般不会出现争议。但是在指向复杂学习成果的作业中，什么样的答案是正确的，什么样的表现应该得高分，就需要仔细斟酌。一般来说，教师在设计好作业任务之后，要在设想学生各种可能反应方式的基础上，制订一个具体、细致、可操作的评分标准和细则。如果条件允许，有时候还需开展预试，以确保答案和评分细则没有争议。

一道口语交际作业题的设计与改善

设计怎样的情境与任务取决于使用者要达到怎样的目的，以及要针对哪些学习目标，也就是本章第一步和第二步所解决的问题。在明确目的和目标后，教师可以结合教材、学情及身边资源，选择合适的情境，设计有效的任务。

以语文学科为例。一名初中教师要设计一份口语交际作业来评价学生本领域学习的进展，他首先需要认真审读自己在备课过程中设定的学习目标。假如，他依据课程标准和教材，设定了如下学习目标：

- 主动发表自己的看法，文明得体地交流。
- 耐心专注地倾听，听清楚对方的话再深入交流。
- 在交流过程中，能根据需要调整自己的表达内容和方式，不断提高应对能力。

为评价学生学得怎么样和教师教得怎么样，教师设计了一道课后作业题，如下：

第一稿：

同学们，我们每个人都有自己心底的秘密，今天晚上回家后，请你和父母说说你心底的秘密。你会如何说呢？请你把它写下来。

把这道作业嵌套进生活情境中，让学生与自己的父母说说心里话，不少教师认为是一道很好的作业题。有人说，初中生进入青春期后自我意识开始增强，亲子关系也不再像原来那么亲密，这时候让他跟父母交流一下，可以促进亲子关系的改善，也可以促进学生的心理健康。但初中生原本不太愿意与父母交流，现在还让他跟父母说心底的秘密，有些强人所难，甚至涉嫌侵犯学生的隐私权。设若教师坚持这个话题，学生通常也不会说真话、实话，跨学科意义上促进心理健康的目的会大打折扣。如果教师仍然将作业情境设定为家庭交流，更换一下作业任务，可能就不一样了。

第二稿：

学校图书馆在制订新的图书借阅规则，你觉得这个规则怎么样？今天晚上回家后，请你和父母说一说。你会如何说呢？请把它写下来。

这是一个公共性话题，避开了隐私，相比上一稿作业要好得多。然而，这道作业题中仍然存在亟待关注的问题。作业要求学生回家后与自己的父母说一说，可有的孩子没有父母，该怎么完成作业？不难发现，当前社会正处于剧烈变化时期，家庭结构也呈现出多元化趋势。有的孩子没有父母；有的孩子成长于单亲家庭；有的孩子父母健在，但长期在外务工，没办法及时取得联系；有的孩子父亲因车祸去世了，母亲再婚后不常联系……如果教师布置的作业总是要求学生的父母协助，像这样家庭的孩子恐怕完成起来有难度。关键是，思考和完成这道作业的过程就是戳学生伤疤的过程，可能会给学生带来不良情绪，反倒不利于学生的心理健康。

北京市 2014 年高考小作文出过这样一道考题，如下：

从下面三个题目中任选一题，按要求作答。不超过 150 字。

1. 毕业前，语文老师请同学们把自己学习语文的体会写下来，与下一届同学分享。要求所写的体会具体、切实，易记忆。

2. 今天早晨是家长送你来考场的吗？请对“家长送考”现象予以评论。要求观点鲜明，有理有据。

3. 写一段抒情文字（可写诗歌），纪念自己的 18 岁。要求感情真挚，富有文采。

在这里，第二个备选作文题要求学生对“家长”送考现象进行评论，没有说“父母”。这样的用词会更好。因为，有的学生可能没有父母，有的学生可能成长于复杂的家庭背景中，但无论如何，他都有家长或监护人。于是，借鉴北京高考作文题，教师将口语交际课后作业修改成这样：

第三稿：

学校图书馆在制订新的图书借阅规则，你觉得这个规则怎么样？今天晚上回家后，请你和家长或朋友说一说。你会如何说呢？请把它写下来。

作业设计在不断改善。教师更改了交际的对象，让学生回家跟“家长”说一说。而且，在家长不方便——比如爷爷奶奶文化程度不高，甚至是文盲——的情况下，学生还可以跟身边的朋友交流。这样，作业就增加了选择性与开放性。然而。这道作业题仍然存在不容忽视的严重问题，那就是，作业结尾处的“你会如何说呢？请把它写下来”，一旦教师要求学生写下来，那就无法准确评价学生的口语交际表现了。如果学生写得好，教师不能认定他口语交际表现好，达成学习目标程度高。反之，如果学生写得不好，教师也不能认定他口语交际表现不佳。因为，书面语言表达能力与口头语言表达能力存在一定差别，更何况，口头语言表达能力与口语交际能力也不是一回事。这份评价性质的口语交际课后作业效度不好，必须改进。

可这样一说，我们突然发现，有些中考、高考口语交际考试题目，以及教师在平时、期中和期末测验中使用的不少口语交际测试题目，似乎都是用纸笔形式完成的，其实际效度有限，并不能对学生口语交际表现达标程度做出准确判断。以下提供两则 2006 年的高考语文口语交际题示例，一则来自四川卷，另一则来自安徽卷。

2006 年四川卷

2006 年 2 月，在意大利都灵举行的冬季奥运会上，中国双人花样滑冰运动员张丹（女）和张昊（男）这对很有希望获得金牌的年轻小将，在完成重大比赛中尚未有人尝试过的高难度动作——“抛四周跳”时，20 岁的张丹不慎摔伤膝盖。在大家都以为他们会放弃比赛的时候，张丹只经过 5 分钟的短暂处理就重新回到冰面上，忍着伤痛与张昊一起流畅地完成了余下的动作，获得了银牌。

请你根据以上情境，对张丹、张昊说一段赞美的话。要求说话连贯、得体，语言有文采。不超过 60 字。

你对张丹、张昊说：

2006 年安徽卷

在下面两种语境下，用语最得体的一组是（　　）

【情境 1】某同学的发言超时了，你作为主持人，需要终止他的发言。

【情境 2】某同学正在发言，你作为主持人，需要插话，想打断他。

A. 对不起，已经超时了。/ 你停一下，我来说两句。

B. 对不起，已经超时了。/ 不好意思，我打断一下。

C. 已经超时了，对不起。/ 不好意思，我打断一下。

D. 已经超时了，对不起。/ 你停一下，我来说两句。

由此可见，第三稿的口语交际作业设计仍需改进。口语交际具有情境性、动态性、灵活性、开放性等特点，比较适合活动性任务和现场观察。于是，服务于同一教学目标的评价，教师将课后作业改成随堂作业，如下：

第四稿：

同学们，我们刚读过《少年爱因斯坦》一文，你怎样看待爱因斯坦对当时学校教育的不满？如果有同学对我校某些教育方式也不满意，你觉得怎样做合适？

请同学们每四人分成一组，就上述问题进行小组讨论。

这份随堂作业让学生讨论交流的是一个公共话题，学生有话可说。更重要的是，教师可以在学生分组讨论的过程中通过观察等方式收集数据，考查学生达成教案所述学习目标的程度。也就是说，教师在巡视中可重点关注学生是否主动发表自己的看法，文明得体地交流，是否耐心专注地倾听，以及是否在交流过程中能根据需要调整自己的表达内容和方式。如果学生的达标程度达到可接受程度，即可进行新内容的教学。如果达成度不理想，则要具体问题具体分析，分析是哪些学生没有达标、在哪个分目标上不达标、欠缺程度有多大，然后有针对性地给予个别化指导或整体补救。

假设教师发现有个别同学没有做到“文明得体地交流”，具体表现为跟同学交流看法时总喜欢标新立异，爱质疑他人，经常表达与众不同的观点，但说话的方式让其他同学不愿意接受。于是，教师在个别化指导中可以给他提出5点建议：（1）说话声音小一点，控制下音量，“有理不在声高”，压低音量，你的风度就能显现出来；（2）语速慢一点，语速快像放机关枪，容易让对方感觉紧张；（3）说话时面带微笑，即便说的观点与别人不同，也要微笑；（4）说完对方的优点后不用“但是”这个连接词，用“同时”，可以使语气更缓和，更容易让人接受。比如：“你的做法可以照顾到老师的感受，同时，我在想，如果这样……”（5）少用反问句。这个同学原来爱说：“你说得很好，但如果那样，不就……了吗?!”现在改用一般疑问句，类似：“你说得很好，同时，我在想，如果咱们那样做，会不会出现怎样的新问题呢?”这样显得更得体。

又假设，教师发现很多同学对这个话题很感兴趣，很多话似乎没有说完。于是他给学生布置了一道课后作业题，让学生换个场合与同伴再就此话题进行口语交际练习，这就培养了学生在多种真实场景下利用口语交际进行沟通交流的能力。

> 课后作业：
>
> 对学校有不满，怎样做更合适？不同的人有不同的看法。让我们也听听大人的想法，看看他们有什么建议。今天回家后找身边的成年人，与他 / 他们做个交流。
>
> 建议少说多听，虚心听取别人的意见。

在这道作业题中，教师让学生回家后找身边的成年人交流，而没有指定父母或某个特定的人，照顾了在不同家庭结构中成长的学生的感受，而且鼓励学生在保证安全的情况下尽量扩大社交范围，练习在多种场景中与不同的人展开口语交际。这样，学生可以与父母亲戚交流，也可以与村里或居住在同一小区的叔叔阿姨交流，任务更具开放性与挑战性。另外，这道作业题后面提示，“建议少说多听，虚心听取别人的意见”，实际上是在指导学生注意在更换场合与对象后，口语交际的要求也就发生了变化，在与成年人交流时，态度上要体现出尊重和谦逊，这才是文明得体。在教师的指导下，随着作业的完成，学生的口语交际能力也在不断提升。

从一道口语交际作业的多轮修改，不难发现，**作业的情境与任务都需要精心设计，一些看上去不太重要的细节却可能在很大程度上破坏作业的科学性与育人价值**。教师要善于发现作业设计中的可能问题，不断优化情境创设与任务安排，才能编制出优秀的作业。无论是哪个学科，只有设计出能有效促进深度学习和评价学生学习进展的作业，教学质量才会稳步提升。

从课时作业到单元作业

传统意义上教师布置作业先分课时进行，等进入单元复习阶段再整体统筹综合练习。新颁布的义务教育课程方案强调综合学习，鼓励教师探索大单元教学，促进知识整合，引导学生举一反三、融会贯通，强化知识之间的内在联系，促进知识结构化。[7]（14）在这样的背景下，有人倡导以单元为单位统筹设计作业。

单元作业最为重要的价值体现在，它引导教师基于单元整体学习目标，对教学、作业、评价、资源、时间等进行统筹，增强同一单元内不同课时作业之间的结构性与递进性，促进知识之间的整合。[18] 以小学数学三年级上学期《长方形和正方形》教学为例，教材先教学生认识长方形和正方形的特点，然后在认识周长概念的基础上学习估算和计算两种图形的周长。教师在讲完这一单元后布置的作业多是提供大小不等的长方形或正方形，让学生估算或计算其周长。有了单元作业整体设计思路之后，教师在作业中就可尝试将本单元各种知识整合在一起。下面是某教师设计的一道作业题：

有一个正方形，它的边长是 12 厘米，用两条线段将其分割成三个相等的小长方形后，如右图，求每一个小长方形的周长。

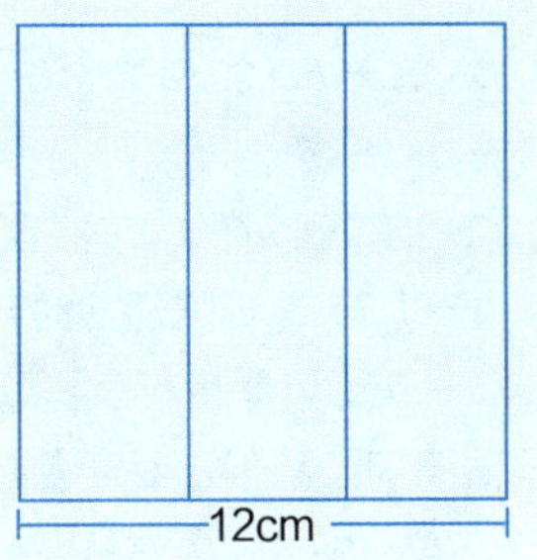

这道作业题将长方形、正方形的特点与长方形周长计算的知识整合在一起，学生由此推断小长方形的长是 12 厘米，宽是 4 厘米，再利用长方形周长公式计算出其周长为 32 厘米。综合学习已经发生。

而北京市著名特级教师刘德武老师在一节公开课上出了一道随堂作业题，更是将单元综合学习推向一个新高度，题目如下：

有一个长方形，已知它的长是 16 厘米，在其中截取一个最大的正方形后，还剩下一个小长方形，求这个小长方形的周长。

刘老师在课上没有给这道作业题配图。当我们把这道题交给中小学教师做时，很多教师表示，大长方形的宽未知，这道题没法做。也有教师通过设未知数和列方程求解出这个小长方形的周长。但问题是，小学三年级的学生还没有学过方程的有关知识，他们需要使用本单元学习过的知识解决这个问题。在课上，刘老师让学生分组讨论、探究解决问题的办法，结果每个组都成功解决了问题。让我们透过学生解决问题的过程，看看学科知识是怎样在单元内真正整合起来的。

第 1 组学生代表：（学生举着小组同学绘制的草图，如第一组图，但学生的图中没有用字母表示顶点。学生当时用手指示哪条边与哪条边相等，这里改用字母表示）“老师，在一个大长方形中割出一个最大的正方形，正方形的四条边是相等的，所以 *AB*，*AC*，*BD* 和 *CD* 都一样长。右边剩下的小长方形 *CDEF* 两条对边分别相等，即 *CE* 等于 *DF*，*CD* 等于 *EF*。现在我们要求长方形 *CDEF* 的周长，将 *CD* 替换成 *BD*，*CD* 加

DF 等于 BD 加 DF，就是大长方形原来的长，是 16 厘米。同理，将 EF 替换成 AC，EF 加 CE 就等于 AC 加 CE，也是 16 厘米。两个 16 厘米加起来，小长方形的周长就是 32 厘米。”

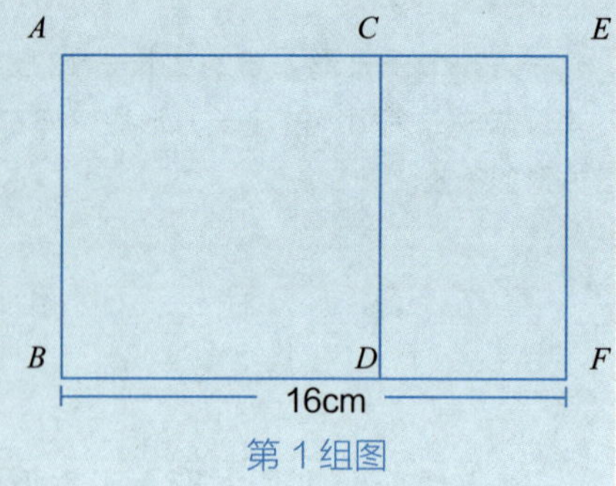

第 1 组图

第 2 组学生代表：“老师，我们这组的做法不同。我们已经学习过长方形周长的计算公式，即长加宽乘以 2，CD 加 DF 等于 BD 加 DF，就是 16 厘米，16 厘米乘以 2 就知道小长方形的周长是 32 厘米。我们要计算长方形周长，不需要知道它的长和宽分别是多少，只需知道两条临边和是多少就可以。”

第 3 组学生代表：“老师、同学们，在这道题中，大长方形的宽没告诉我们，它是个未知数，它就有多种可能。但是，它不能是 8 厘米，因为如果是 8 厘米，割去一个最大的正方形后剩下的还是一个正方形；它还不能等于或超过 16 厘米，如果这样，这个大长方形的长就变成宽了。我们小组的同学假设，大长方形的宽等于 3、7、10 和 13，一人试一个，画完、算完发现无论宽是多少，剩下长方形的周长都是 32 厘米。所以，我们小组认为，剩下这个长方形的周长是 32 厘米。”

第 4 组学生代表：（学生举着一张 A4 纸，边折边说，这里也用带字母的方式予以转述）“老师、同学们，在大长方形中截取一个最大正方形的方法，我们在幼儿园就学过，就是将 A 点向着 D 点折过去，CD 左边就是最大的正方形，右边是要求周长的小长方形。要求小长方形的周长，就得知道两条临边的和，即 CD 加上 CE。当我们把折过去的纸再打开，CD 加 CE 就是 AC 加 CE，就是 16 厘米，再乘以 2 就是 32 厘米。”

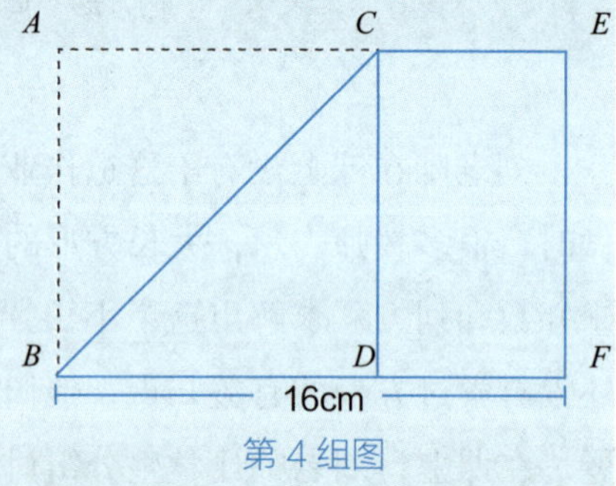

第 4 组图

要完成这道题，学生需要调动有关长方形与正方形特点的知识、周长的知识，还需要具备等量代换、逻辑推理、数形结合等学科核心素养。更重要的是，学生需要掌握一个学科大概念（big idea），即计算长方形周长，不需要知道它的长和宽分别是多少，而这一点很多教师直到今天才知道。当然，学生之所以能顺利解答这一问题，是因为**刘老师在课时的前半段已经搭设好各种支架，学生踩着支架再向上跳，这才是建构主义心理学中真正意义上的“最近发展区”**。

当然，也有教师质疑，说刘老师所教的学生基础好，头脑聪明。其实不然，刘老师每次都是跨地区借班上课，他教的学生与别的学生并无二致。有句话说得好，“教师能走多远，学生就能走多远”。教师在单元教学整体规划和单元综合作业设计中真正落实综合学习，乃至跨学科学习，学生就可以学得更有深度，核心素养培育就会更到位。

从课时作业到单元作业还有一个好处，就是促进形成性评价与终结性评价的有机整合。2021 年 8 月，教育部办公厅颁布《关于加强义务教育学校考试管理的通知》(以下简称《考试管理通知》)，要求中小学要大幅压减考试次数。具体而言，小学一二年级不进行纸笔考试，义务教育阶段其他年级由学校每学期组织一次期末考试，初中年级从不同学科的实际出发，可适当安排一次期中考试；各地不得面向小学各年级和初中非毕业年级组织区域性或跨校际的考试；学校和班级不得组织周考、月考、单元考试等其他各类考试，也不得以测试、测验、限时练习、学情调研等各种名义变相组织考试。[3] 由文件可知，学校除三年级以上的期末考试以及初中阶段的期中考试以外，周考、月考、单元考试等终结性评价受到严格限制。教师不能组织单元验收测试，那学生在这个单元学得怎么样，似乎就少了权威数据的支持。

有人提出可以将单元测验转化成家庭作业，但这实际上行不通。一是因为《考试管理通知》明确规定，学校和教师不得以测试、测验、限时练习、学情调研等各种名义“变相”组织考试；二是《作业管理通知》还规定，中小学要严控书面家庭作业总量。具体来说，学校要确保小学一二年级不布置书面家庭作业，可在校内安排适当巩固练习；小学其他年级每天书面作业完成时间平均不超过 60 分钟；初中每天书面作业完成时间平均不超过 90 分钟。[13] 这个时间额度要分配给多个学科教师共同使用，单个学科教师实际可支配的时间并不多。所以，教师可以考虑将传统意义上的单元测验，拆分成若干次评价性质的随堂作业，通过整合随堂作业所提供的过程性评价数据，推断学生单元目标达成的程度。

在单元作业整体设计中，将原有单元测验分解到评价性随堂作业——随堂小测——中，是强化过程评价的有益尝试，还可以在一定程度上缓解学生学业压力。[19] 在这种努力中，需要注意的问题有：(1) 随堂小测要发挥的功能是评价学生学习，所以要随堂完成。如果不能随堂完成，学生将作业带回家做完再交上来，那么依据这种课后作业有时候教师难以准确评判学生的学习进展。因为学生在家里把题目做对了，他是自己独立完成的，还是在别人帮助下完成的？他是在规定时间内完成的，还是查了很多资料，花了很多时间才做对的？这些教师都不得而知。（2）随堂小测必须精心设计，每道题的考查目标要清晰，在保证每一题结构效度的同时，还要从单元整体上保证内容效度。（3）控制随堂小测的次数。虽然没有了月考和单元测试，但如果每天都要进行随堂小测，学生的学业压力无疑难以真正减轻。因此，备课阶段教师要在单元水平上统筹好随堂小测，最大限度地减负。

明确评价标准与评分细则

作业都需要评价，无论是作为学习任务的作业，还是作为评价任务的作业。《作业管理通知》强调，教师要“认真批改反馈作业”，做到全批全改，且不得要求学生自批自改，以强化作业批改与反馈的育人功能。[13] 因此，教师在提出作业任务后，需明确评价标准和评分办法。

客观题评分办法比较容易操作，一般是先统计学生答对题目的个数，然后加权得出总分。相对而言，主观题评分要复杂一些，需要有评分标准，有的还需要量化的评分细则。然而，评分细则的编制在作业设计实践中尚未受到足够的重视，有作业任务无评分细则的现象时有发生。以历史学科为例，历史学科具有综合性特点，强调时空观念、史料实证、历史解释、家国情怀、唯物史观等核心素养。早些年，有位高中教师在历史期末测验中曾出过这样一道题：

> 中央电视台拟拍一部电视连续剧《重庆谈判》，假如你是编剧，请结合所学知识，展开合理想象，为毛泽东设计一段到达重庆机场时的讲话稿。（150 字左右）

这道题拓展了目标指向的范围和深度，不仅考查学生对历史事件记忆和理解的程度，而且有很好的核心素养立意，给人耳目一新的感觉。但令人遗憾的是，当我们询问该校教师如何评分时，他们却声称没有明确的评分细则，当时的评分由教师根据经验进行。这是期末测验题目，评估主观性这么大是不可接受的。即便将其转化成平时作业，如果缺乏可操作的评分标准和规则，评价主观性太大仍不是好事。这在一定程度上表明教师在作业设计之初没有明确的目标指向，对学生把作业做成怎样才算好作业没有想法，那么作业的效果必然会打折扣。

教师必须在作业任务确定的基础上开发出相应的评价标准和评分细则，以克服评分主观性，也向学生传达积极明确的导向作用。像“为毛泽东设计讲话稿”这道历史题，教师可以从史料实证、历史解释或时空观念等方面设计评价标准。实际上，拟订评价标准是将作业目标进一步操作化的过程，因而作业评价标准必须紧密围绕其所针对的目标，不能脱离目标设置标准。

再以历史学科为例，教师为了培养学生历史解释这一核心素养，布置了这样一道思考题作业：

> 象棋是中国人发明的，围棋据说也是中国人发明的，那么，在历史上象棋出现得早，还是围棋出现得早？请不要查阅教材以外的材料，结合所学进行分析。

在评分时，学生即使正确回答围棋产生得早，但若不能以史料为依据进行合理分析，也不给分；如果学生指出围棋产生得早，理由是象棋在楚汉之争后出现，而更早文献有记载说古人也下棋，下的应该是围棋，给一半分数；如果学生透过两种棋上有没有文字，或者两种棋所反映的生产关系和社会结构差异进行分析，指出围棋产生得更早，给满分。这种评分细则围绕和支持了作业目标，引导学生用历史的观点分析问题，有效培养了学生的历史解释核心素养。

国际学生评价项目（PISA）是经济合作与发展组织（Organization for Economic Co-operation and Development，OECD）针对15岁青少年在校生，组织实施的一项国际性学生学业成就水平测试。PISA测试中很多题目都带有开放性，他们设计的评分标准和规则非常细致，具有可操作性，其经验可给我们很多启示。以下呈现的是一道数学题及其评分细则，需要说明的是，PISA项目采用双位编码评分，评定分数两位数中第一位数是题目得分，第二位数表示不同的得分理由。

抢劫案

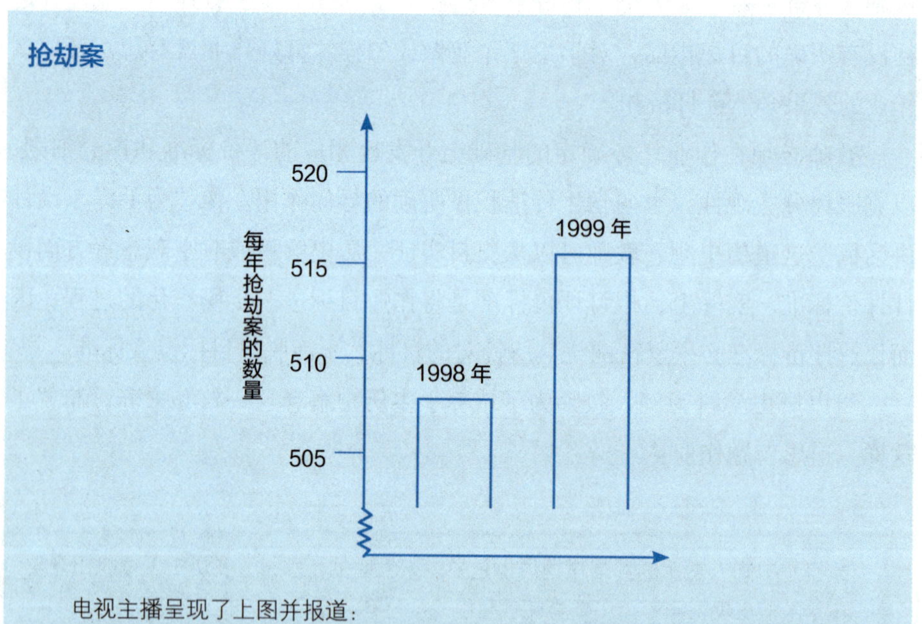

电视主播呈现了上图并报道：

"如图所示，从 1998 年到 1999 年抢劫案数量有巨幅上升。"

你认为这位主播对上图的解释是否合理？请写出一个理由来支持你的观点。

评分办法

注意：

以下代号中，答案"否"包括所有认为"该解释不合理"的句子，而答案"是"

则包括所有认为“该解释合理”的句子。请不要仅凭“是”或“否”来评分，而应看看答案解释是否合理。

满分

代号 21：不，不合理。指出我们看到的只是整个图表的其中一小部分。

● 不合理，需显示整个图表。

● 我不认为那是合理的解释，因为如果显示全图的话，便能看到抢劫案数目只是轻微上升。

● 不合理，因为他只用了图表的小部分。如果看到全图由 0 到 520 的情况，便知道上升的幅度不是那么大。

● 不，那只是因为该图表表达人觉得数字巨幅上升，看数字增加并不多。

代号 22：不，不合理，用比率或百分比的数字作论据，论点才正确。

● 不，不合理。与总数 500 多比较，10 不是巨幅的增加。

● 不，不合理。计算百分比，只有约 2% 的增加。

● 不，多 8 起抢劫案，即上升了 1.5%。我认为那不是很多！

● 不，今年只多了 8 起或 9 起，与 507 起比较，那不是很大的数字。

部分分数

代号 11：不，不合理，但欠缺详细解释。

● 只有讨论抢劫案的实际增加数字，但没有将它与总数比较。

● 不合理。抢劫案数量大约增加了 10 起，用“巨幅”一词形容抢劫案数目增加的真实情况不准确。抢劫案数量只大约增加了 10 起，我不会称之为“巨幅”。

● 由 508 到 515 不是一个大幅增加。

● 不，因为 8 和 9 不是大数目。

● 有点不合理。由 508 到 515 是有增加的，但不是巨幅增加。

注意：

由于图表的比例尺不是太清楚，因此如果抢劫案增加的数字在 5—15 之间，都可以接受。

代号 12：不，不合理。方法正确但有轻微计算错误。

● 方法和结论皆正确，但计算出来的百分比是 0.03%。

零分

代号 01：不。表示不合理，但没有提供解释，没有充分解释或解释不正确。

● 不，我不同意。

● 主播不应用“巨幅”这个字眼。

● 不，这是不合理的。主播经常喜欢夸大。

代号 02：是。基于图表的形状，因而指出抢劫案数量双倍增加。

- 是，图形的高度双倍增加。
- 是，抢劫案数量差不多双倍增加。

代号 03：是。没有提供解释，或提供代号 02 以外的解释。

代号 04：其他答案。

代号 99：没有作答。

教师日常教学中给学生布置作业，评价标准和评分细则可以不用如此复杂，但方法是基本一致的。在开放式作业中，教师不仅要明确不同分数的标准，而且要列举不同分数情况下学生的典型表现。另外，这份评价标准在适当的时机要告诉学生，一方面发挥其导向作用，让学生知道作业该怎样完成，另一方面则发挥其发展性功能，引导学生利用这一标准开展自我评价与反思，使评价过程成为自我学习与成长的一个重要历程。

PISA 项目测试内容

PISA 项目把教育视为社会最重要的投资，其关注焦点是各个国家 / 经济体的教育是否为未来劳动力市场提供优质人力资源。其测试内容为：青少年学生在现实生活情境中获取或应用知识与技能的能力，以及相应的兴趣、动机、策略等非认知表现，PISA 称之为素养（literacy）。具体测试内容分为阅读、数学与科学三个领域。每一轮测试都覆盖这三个领域，但其中一个为主要领域，题目占绝大多数，另两个则为次要领域，题目较少。正是因为 PISA 项目不仅考查了各国基础教育成就水平，而且预测了未来人力资源储备情况，所以受到全球普遍关注，已经吸引超过 70 个国家 / 经济体的参与。

审查与改进

教材和教参中的作业通常要经过严格的试用与审查，如果发现问题要及时改进，完善后才能收录。对教师在日常教学中布置的作业要求相对宽松，但也需要教师设置一个自我审查与改进的过程。作业设计初步完成后，教师要尝试从学生视角进行自我审查，设想学生会如何理解和完成这份作业，预见学生在完成作业过程中可能遇到的问题。条件允许时，教师还可以找少数学生进行认知性访谈，让学生说说自己完成作业的基本认知过程及其对作业的看法和建议。如果通过自我审查或认知性访谈发现作业不能有效激活特定的目标行为，或者难度不适合，教师需要对作业设计予以完善后才能投入使用。

作业设计 AB 案

作业设计 A 案是教师设计或布置的作业，B 案则是我们针对相同或相似目标设计的改进作业。从 A 案到 B 案，作业设计实现了一次“华丽的转身”。在每一章结尾，我们将正文中提及的作业设计改进过程，总结在作业设计 AB 案对比表中，供大家在对比中学习与思考。

序号	内容	A 案	B 案
1	五年级数学《组合图形的面积》	智慧老人要装修自家的客厅，客厅形状及各面墙的长度如右图所示（略），他家客厅的面积有多大？（参见本书第 230 页）	张爷爷买了一套小单元房，房产证上说这套房子的面积是 63 平方米，可张爷爷感觉家里没有那么大。他测量了家里几面墙的长度，如右图（略），请问：开发商是不是量错了？（参见本书第 232 页）
2	初中语文寒假作业书面表达与交流	以时间为序，借鉴编年史体例，简要记录自己的寒假生活。（参见本书第 233 页）	坚持做一件事很重要。今年寒假给自己定个小目标：坚持 2 周以上持续做一件事情。比如，坚持每天锻炼 1 小时；又如，坚持每天学做一样菜。事情可大可小，贵在坚持。请在坚持做这件事的同时借鉴编年史体例做一份简要记录，也可以写下你的心得。（参见本书第 233 页）

续表

序号	内容	A案	B案
3	初中数学寒假作业生活中的统计	记录每一笔压岁钱的来源及金额，制订一份压岁钱使用计划。（参见本书第233页）	过年了，家家户户都要置办很多东西。请你去家附近的农贸市场（或者小商店）和大型超市去考察物价，记录5种以上常见蔬菜或肉类食品的价格，年前和年后至少各去2次。请设计记录表，对数据进行初步的统计分析，并说说你的发现和思考。（参见本书第233页）
4	初中英语寒假作业创意口语表达	用英语介绍自己的家人，并拍摄视频上传到班级群，比比谁的介绍更有创意。（参见本书第233页）	过年是一次很好的社交机会，也是我们了解社会的重要时机。请你主动跟一个以前不太熟悉的人或陌生人交流一下，了解一下他/她过去一年的生活、收获及新年的展望，然后用英语跟同学们介绍“His/Her past year”，形式不限，可以是手抄报、新闻稿，也可以是视频故事。（参见本书第234页）
5	二年级语文识字	认读课文中的食谱，找出各种美食的烹饪方法并圈画出来，说说你的发现。（参见本书第235页）	认读课文中的食谱，看看哪个字或词大致传达了美食制作方法的信息，把它圈画出来，并说说你的发现。（参见本书第235页）
6	初中语文口语交际	同学们，我们每个人都有自己心底的秘密，今天晚上回家后，请你和父母说说你心底的秘密。你会如何说呢？请你把它写下来。（参见本书第237页）	同学们，我们刚读过《少年爱因斯坦》一文，你怎样看待爱因斯坦对当时学校教育的不满？如果有同学对我校某些教育方式也不满意，你觉得怎样做合适？请同学们每四人分成一组，就上述问题进行小组讨论。（参见本书第240页）
7	三年级数学《长方形和正方形》	有一个正方形，它的边长是12厘米，用两条线段将其分割成三个相等的小长方形后，如右图（略），求每一个小长方形的周长。（参见本书第243页）	有一个长方形，已知它的长是16厘米，在其中截取一个最大的正方形后，还剩下一个小长方形，求这个小长方形的周长。（参见本书第243页）

1. 为客观评价学生学情，很多教师会布置前置性作业。要充分发挥前置性作业诊断学情的功能，你有哪些意见与建议？

2. 某高中英语教师在讲完“The New Australians”一课后，提出的作业目标是掌握有关单词和理解课文内容。你认为这个目标表述得清晰具体吗？按照 SMART 原则，这个作业目标可以怎样修改？

3. 很多教师都注重创新作业类型。以教研组为单位，结合教学进度选定一个单元进行“同题异构”，每位教师设计一份创新型作业，然后进行批判性分析，说说每份作业的优点与不足。

4. 2023 年高考全国乙卷作文题是：吹灭别人的灯，并不会让自己更加光明；阻挡别人的路，也不会让自己行得更远。“一花独放不是春，百花齐放春满园。”如果世界上只有一种花朵，就算这种花朵再美，那也是单调的。以上两则材料出自习近平总书记的讲话，以生动形象的语言说出了普遍的道理。请据此写一篇文章，体现你的认识与思考。要求：选准角度，确定立意，明确文体，自拟标题；不要套作，不得抄袭；不得泄露个人信息；不少于 800 字。请你参考本章提供的一些评分标准样例，为这道作文题设计一份评分标准和细则。

本章参考文献

[1] 奥苏伯尔．教育心理学：认知观点 [M]. 任夫松，译．北京：人民教育出版社，1978：序言.

[2] 布卢姆，等．教育评价 [M]. 邱渊，王钢，夏孝川，等译．上海：华东师范大学出版社，1987：230.

[3] 教育部办公厅．教育部办公厅关于加强义务教育学校考试管理的通知 [EB/OL].（2021-08-30）[2022-01-05]. http://www.moe.gov.cn/srcsite/A06/s3321/202108/t20210830_555640.html.

[4] 哈蒂．可见的学习：对 800 多项关于学业成就的元分析的综合报告 [M]. 彭正梅，邓莉，高原，等译. 北京：教育科学出版社，2015：162.

[5] 顾明远. 教育大辞典（第 1 卷）[Z]. 上海：上海教育出版社，1990：280.

[6] 教育部．关于全面深化课程改革落实立德树人根本任务的意见 [EB/OL].（2014-03-30）[2022-01-05]. http://www.moe.gov.cn/srcsite/A26/jcj_kcjcgh/201404/t20140408_167226.html.

[7] 教育部．义务教育课程方案（2022 年版）[S]. 北京：北京师范大学出版社，2022.

[8] 教育部．义务教育语文课程标准（2022 年版）[S]. 北京：北京师范大学出版社，2022.

[9] 教育部．义务教育数学课程标准（2022 年版）[S]. 北京：北京师范大学出版社，2022.

[10] BLOOM B S, MADAUS G F, HASTINGS J T. Evaluation to improve learning[M]. New York: McGraw-Hill, 1971.

[11] 布卢姆，等. 教育目标分类学提纲：认知领域 [M]// 瞿葆奎. 教育评价．北京：人民教育出版社，1989：390-412.

[12] 安德森，等．布卢姆教育目标分类学：分类学视野下的学与教及其测评：完整版 [M]. 蒋小平，张琴美，罗晶晶，等译．北京：外语教学与研究出版社，2009.

[13] 教育部办公厅．关于加强义务教育学校作业管理的通知 [EB/OL].（2021-04-06）[2022-01-05]. http://www.moe.gov.cn/srcsite/A06/s3321/202104/t20210425_528077.html.

[14] 雷新勇．大规模教育考试：命题与评价 [M]. 上海：华东师范大学出版社，2006：182.

[15] 教育部．普通高中生物学课程标准（2020 年版）[S]. 北京：人民教育出版社，2020：5.

[16] 张海和，刘恩山．科学探究能力评价的作业设计 [J]. 生物学通报，2006，41（02）：34-36.

[17] 佚名．国科大生物试卷玩诗意走红网络 [EB/OL].（2015-05-17）[2015-05-17]. http://epaper.bjnews.com.cn/html/2015-05/17/content_577211.htm.

[18]教育部基础教育司义务教育高质量基础性作业体系建设项目组．学科作业体系设计指引 [M]. 北京：教育科学出版社，2022：4-5.

[19] 赵德成．“双减”政策背景下学生学业评价问题的若干思考 [J]. 课程 · 教材 · 教法，2022，42（01）：140-146.

第七章

作业质量提升的保障机制

本章导读

教师是教学的实施者和学生学习的促进者，也是作业设计的主体。教师的素质决定作业设计的质量，也在很大程度上影响课程改革的深度、教学方式转变的力度以及教育质量提升的幅度。学校要重视并加强校本研训，建立促进作业设计质量提升的保障机制。一方面，学校要改进校本教研，将作业设计作为校本教研重点，在教研活动中重点反思与改进作业设计；另一方面，学校要加强教师培训，不断提高教师的理论水平，优化教师知识结构，提高教师自主设计作业能力。

概览

1. 教师是教学的实施者和学生学习的促进者，也是作业设计的主体。教师的素质决定作业设计的质量，也在很大程度上影响课程改革的深度、教学方式转变的力度以及教育质量提升的幅度。

2. 一般而言，校本教研以实施新课程新教材、探索新方法新技术、提高教师专业能力为重点。在“双减”政策和教育高质量发展背景下，校本教研要将作业设计作为重点。

3. 高质量的作业才能引发高水平的学习。教师只有会分析作业的认知过程，设计出能激发高阶认知和复杂能力的作业，才能在教学中真正转变教学方式，促进深度学习。

4. 中小学要以促进作业设计质量提升为突破口，全面提高教研活动效率，让教师在教研活动中有切实的成长，将教研组建设成一个教师之间相互切磋、合作共赢的学习共同体。

5. 作业设计能力不足，教师不仅难以根据教学需要独立设计作业，而且选择作业时也无从下手，随意性比较大。这直接导致作业难以达到预期的效果。因此，中小学要加强相关教师的作业设计培训。

6. 要做好作业设计，不断提升作业设计质量，教师需要接受的培训内容涉及多个方面，主要有教育心理学、课程理论、学科教学知识、教育政策、教育评价等。

7. 作业设计看上去是小事，但要做好作业设计，需要教师具备深厚的理论基础和丰富的知识结构。此外，教师还要发展研究意识、批判性思考能力以及创造性，这样才能发现已有作业设计中的潜在问题，并提出有针对性的改进意见，切实促进作业设计质量不断提升。

2021年4月，教育部办公厅发布《关于加强义务教育学校作业管理的通知》(以下简称《作业管理通知》)，强调中小学要加强组织与管理，建立促进作业质量不断提升的保障机制。具体要求有：学校要将作业设计作为校本教研重点，系统化选编、改编、创编符合学习规律、体现素质教育导向的基础性作业。教师要提高自主设计作业能力，针对学生不同情况，精准设计作业，根据实际学情，精选作业内容，合理确定作业数量，作业难度不得超过国家课程标准要求。[1]那么，要建立作业质量提升的保障机制，教研活动如何开展，以及教师培训如何进行，一系列问题亟待深入讨论。

改进校本教研

教研活动是保障基础教育质量的重要支撑。中小学都非常重视校本教研工作，将其摆在重要位置，经常性地组织各种教研活动。然而，教研实践中不同程度地存在主题泛化、研究不够深入等问题。为促进作业设计质量不断提升，校本教研需要反思与改进。

以作业设计为重点推动校本教研

校本教研是基于学校教学实际，为了学校教学改进而在学校中进行的教研活动。一般而言，校本教研以实施新课程新教材、探索新方法新技术、提高教师专业能力为重点。[2]在“双减”政策和教育高质量发展背景下，校本教研要加强对课程、教学、作业和考试评价等育人关键环节的研究，特别是要将作业设计作为校本教研的重点。[1]

实践中，不少教师的作业布置比较随意，一般是从教材或练习册中选几道题布置给学生。也有自己设计作业的教师，而且，在作业质量备受关注的当下，自己设计作业的教师越来越多，但总体上相对数量仍然较少。值得注意的是，作业设计看上去是小事，但其不仅关乎知识的预习、巩固和练习，也深刻体现了教师的知识观、学生观、学习观与教学观。有什么样的作业，就会有什么样的学习。如果教师布置的作业主要是简单、机械、重复性的练习，那么学生学习到的东西也只局限于知识与技能，深度的学习没有发生，也就很难有效培养学生的高阶思维和复杂能力。作业设计是课程改革与教育高质量发展进程中不容忽视的重要工作。

以六年级语文上册第五单元为例。这一单元的教学重点是：体会文章是怎样围绕中心意思来写的；从不同方面或选取不同事例，表达中心意思。利用两课时讲完这一单元第一篇课文《夏天里的成长》后，有教师布置了这样的课后作业：

一、读下面的句子，看拼音写词语

初夏的原野上，万物生机勃勃，cǎo píng（　　）绿油油的，月季长出了一个个bāo lěi（　　），gān zhè（　　）已经长高了不少。远处的pù bù（　　）因为下雨水量大增，背阴的石头上满是tái xiǎn（　　）。蝴蝶翩翩飞舞，给这美丽的初夏原野增加了一抹灵动。

二、字词综合练习

1. 小明在作文中写道：“秋天，高梁涨红了脸。”这句话中有一个错别字是（　　），应改为（　　）。

2. “蔓”字用部首查字法查字典，先查（　　）部，再查（　　）画，其意思是（　　）。

3. “生物从小到大，本来是天天长的，不过夏天的长是飞快的长，跳跃的长，活生生的看得见的长。”这句话中“活生生”的格式是（　　　），像这样格式的词语还有（　　）（　　）等。

三、读句子，按要求完成练习

1. 你在棚架上看瓜藤，一天可以长出几寸；你到竹子林、高粱地里听声音，在叭叭的声响里，一夜可以多出半节。

（1）这句话主要从（　　）（　　）的角度写植物的生长，其中“一天可以长出几寸”“一夜可以多出半节”表现了夏天植物生长的（　　）。

（2）夏天里还有哪些生物生长迅速？请你模仿上面的句子写一写。

____

2. 草长，树木长，山是一天一天地变丰满。（加上关联词，意思保持不变）

____

这份作业主要让学生识字写字、阅读理解、写句子等，指向基础知识与基本技能的掌握。这些对于语文学习来说很重要，但它所激发的学习深度不够。特别是，本单元的教学重点是“围绕中心意思写作”，可这份作业基本没有涉及教学重点，没有围绕教学重点设计。这份作业如果放在课前，作为前置性作业也许更合适。当然，是否合适，要看教师在课上到底教什么以及怎么教。一般意义而言，难度相对较低的任务可以放在课前，让学生通过自主学习完成，更有利于培养学生的主动性，也可以带给学生积极的学习体验。

另外一位教师在讲完《夏天里的成长》一课后，布置了这样的作业：

读课文，找出课文的中心句，说说课文是怎样围绕中心句来写的。

教师设计的参考答案是：“课文中心句是‘夏天是万物迅速生长的季节’，作者通过描写夏天的植物、动物，乃至没有生命的山水、铁轨和柏油路等生长的现象，说明夏天的确是万物迅速生长的季节，最后水到渠成地说明人也一样，要在自己的‘夏季’尽量地用力地长。”

这道作业题围绕本单元的教学重点设计，让学生说出课文是怎样围绕中心句写作的，思维难度有所提升。然而，这道题作为课后作业来说，难度仍然不够，没有落在学生踩着支架可以达到的“最近发展区”。因为教师在课上已经带着学生通读过课文，并重点讨论过课文是怎样围绕中心意思写作的，所以，这道题仅要求学生整理、归纳、重复课上所学，本质上属于记诵标准答案的复习题，探究性不够，开放性也“捉襟见肘”。

如果将课后作业改成如下这样，增加了探究性与开放性，那么它能引发的学习深度就会明显增加。

《夏天里的成长》一文分三个方面，围绕“夏天是万物迅速生长的季节”，层层深入地展开写作。请你多读几遍这篇课文，总结课文围绕中心意思写作的技巧，至少写 3 点。如果你发现的不止 3 点，可以多写，越多、越具体，越好。

注意，这道作业题首先回顾课上所学。课文围绕什么中心意思写以及用总分总的结构写，这些内容教师课上刚刚讲过，这里带领学生重温一下即可。这道作业题在课上所学的基础上提出了新任务，要求学生多读几遍课文，然后概括围绕中心意思写作的技巧。也就是说，学生除了要说出这篇课文用总分总的篇章结构，从哪几个方面围绕中心意思写作之外，还要归纳出更多写作技巧。任务具有一定的挑战性，所激发的学习就更复杂、更有深度。在这样的探究性作业中，学生可以自主归纳出不同的写作技巧，作业交上来后，经过合作交流，学生就能发现更多围绕中心意思写作的技巧，诸如，“标题要亮明中心意思”“中间的部分不能简单罗列，各个部分之间的逻辑关系要清晰”“结尾部分要总结、深化中心意思，与开头部分相互呼应”等。这样，围绕中心意思写作不再只停留在“总分总结构”这个低年级就已经掌握的写作技能上，而是有了新的拓展，新的学习发生了，学习的深度加强了。

由上述作业设计的改进过程可见，高质量的作业设计不仅能拓展学习内容，而且能促进学生学习方式的变革。教师设计高质量的作业，才能引发高水平的学习。**教师只有会分析作业的认知过程，设计出能激发高阶认知和复杂能力的作业，才能在教学中真正转变教学方式，促进深度学习。**从这一意义来看，教师的作业设计能力非常重要。教师在教研活动中要深化作业设计研究，对已有的随堂作业和家庭作业进行批判性反思，不断提升作业质量。

中小学要多研究如何设计高质量作业，以作业设计为重点推动校本教研，以作业设计为突破口优化教学整体设计，不断提升教学效益，进而实现减负提质。

开发作业质量评估工具

前述几章对“什么样的作业是好作业”“作业设计新理念”已有深入讨论。然而，不同学科、不同类型、不同功能的作业有着不同的要求，所以教研组需要讨论并开发简便易用的作业质量评估工具，一般可采用核查表的形式。

在设计作业时，教师需要考虑许多因素，以确保达成良好的效果。以下核查表从 8 个方面评估作业设计，教师可以判断作业设计是否达成了既定标准，如果达成，在“是”一栏中画对号，否则在“否”一栏画对号。

表 7-1　作业设计评估核查表

作业设计者：____________　评估者：____________　评估时间：____________

标准		是	否
目的	明确作业布置的目的，并确保这种目的能够最终达成。		
目标	清晰界定作业所针对的学业目标，并确保作业能激发目标行为。		
效率	评估作业带给学生的负担与收获，确保学生的付出是值得的。		
难度	减少低难度、重复性作业，适当增加作业的挑战性。		
适应	作业要面向全体学生，但也要适应不同学生的成长需求。		
伦理	保护学生及家庭隐私，不能让某个特定群体因作业而受伤害。		
兴趣	有效激发学生完成作业的兴趣，带给学生积极的学习体验。		
印象	作业要经过排版设计，做到版式美观，有吸引力。		

这个核查表提供了 8 条评估标准，每一条标准都不难理解，需要特别

强调的是前 3 条。其中，第 1 条“目的”标准分析的是作业达成既定目的的程度。任何作业都有其目的，可以是预习新知，可以是复习所学，可以是延伸探索，可以是评价检查，抑或几者兼而有之。能达成目的的作业才是好作业，反之则需要反思与改进。例如，三年级语文教师为巩固所学，在识字课后针对当天所学生字词，设计了一套识字家庭作业题。可如果评估者有证据证明学生在课上已熟练掌握了目标字词，那么课后马上再让学生做重复性练习，意义就不是很大。根据遗忘曲线所表明的记忆规律，如果将这份作业放在本课学习一天或两天后，复习巩固的效果会更好。

第 2 条“目标”标准分析的是作业是否激发、培养或评价了目标行为。如果作业要培养或提升的是 A 能力，可实际上激发的是 B 能力的相关行为，这样的作业就不是好作业。例如，五年级语文教师讲授《自相矛盾》一课，第 2 课时主要指向“思维能力”核心素养，他设定的教学重点是：通过分析人物对话，运用思维推演图分析路人的思维过程，明白楚人的错误原因。教师在课后布置的基础性家庭作业是：背熟课文，用自己的话把《自相矛盾》的故事引人入胜地讲出来。一般来说，课后家庭作业要指向课上的重点学业目标，除非教学重点在课上已经被完全突破。在这堂课上，学生能大致表述路人的思维过程，但多数学生只能列举“以子之矛攻子之盾”可能产生的部分情况，结果列举不全面（比如只提到矛折、盾陷，没有提矛和盾都完好、矛盾俱损的情况），逻辑性也有欠缺。那么，这节课后家庭作业如果改成如下这样，目标指向更清晰，就能有效促进思维提升目标的达成：背熟课文，用自己的话给身边人讲一讲《自相矛盾》的故事，要求讲得生动，有吸引力，特别是把路人的思维过程讲全面、讲清楚。

第 3 条“效率”标准分析的是投入与产出之间的关系，也就是学生花费时间和精力做这些作业是否值得。在“双减”政策背景下，这个标准很重要。如果以少量的时间和精力投入，换取的是更多的知识与技能，或者对学生发展更重要的复杂能力，效率就更高；如果学生花的时间多，但获得的只是机械、孤立、静止、碎片化，且数量相对较少的知识，那么教师可能就需要反思了。当然，在学生一无所知的情况下，通过作业让学生增加了知识，哪怕是碎片化的知识，有时候也是值得的。效率的判断虽然有点复杂，但有经验的教师达成共识并不难。

需要注意的是，作业设计存在学科差异，用于不同目的的作业在设计上也有所不同。比如，评价性质的作业更强调效度，即能准确评价既定学业目标的达成程度，而巩固练习性质的作业则更强调兴趣、趣味、印象和吸引力，让学生愿意完成作业。另外，不同学校和学科组在不同阶段面临的问题不一样，对作业设计的关注点也不一样。因此，**作业设计评估核查表必须以校为本，要符合教学实际需求**。上述核查表只是一个参考，学校和教师在实践中可以根据需要进行增删调整。

学校还可以将评估工具由核查表改编为等级评估表，让教师不是简单判断做到与未做到，而是对达成标准的程度做多个等级评定。以下就是一个由表 7-1 改编而成的三等级评估表。

表 7-2　作业设计评估表

作业设计者：__________　评估者：__________　评估时间：__________

标准		达成度		
		未达成	部分达成	已达成
目的	明确作业布置的目的，并确保这种目的能够最终达成。	1	2	3
目标	清晰界定作业所针对的学业目标，并确保作业能激发目标行为。	1	2	3
效率	评估作业带给学生的收获与负担，确保学生的付出是值得的。	1	2	3
难度	减少低难度、重复性作业，适当增加作业的挑战性。	1	2	3
适应	作业要面向全体学生，但也要适应不同学生的成长需求。	1	2	3
伦理	保护学生及家庭隐私，不能让某个特定群体因作业而受伤害。	1	2	3
兴趣	有效激发学生完成作业的兴趣，带给学生积极的学习体验。	1	2	3
印象	作业要经过排版设计，做到版式美观，有吸引力。	1	2	3

建设学习共同体

教研活动低效是中小学普遍存在的问题。以促进作业设计质量提升为突破口，全面提高教研活动效率，让教师在教研活动中有切实的成长，将教研组建设成一个教师之间相互切磋、合作共赢的学习共同体，是摆在中小学面前的重要任务。

美国麻省理工学院的彼得·圣吉（Peter Senge）教授在《第五项修炼——学习型组织的艺术与实践》一书中，提出建设学习共同体的“五项修炼”，可以带给我们很多启发。[3]

第一项修炼是自我超越（Personal Mastery）。个人学习是组织学习的基础。教师不断进行个体学习，掌握了作业设计的基本原理，提升了作业设计的技能，才能与同事就作业设计产生有意义、有深度的对话。一群对作业设计都知之甚少的教师，即便在讨论中充分地发表了意见，也难以准确评判现有作业设计中的优势与局限，不能提出有效的改进方案。自我超越以磨炼个人才能为基础。每个教师个体要先学习，先把自己武装起来，发挥自身的批判性思考与创造性思考能力，实现自我超越和提升。

第二项修炼是改善心智模式（Improving Mental Models）。心智模式是指存在于个人和群体中的重要观点、方法和准则。对于作业设计而言，心智模式可以具体化为判断作业设计质量的标准、对作业设计新理念的思考。如果教师群体对什么样的作业是好作业缺乏共识，或者达成的共识存在问题，那就会影响教师对作业设计的分析与判断。于是，一份不好的作业被当成优秀作业使用，而优秀的作业设计却无人问津。不良的心智模式不易被察觉，一般需要通过理论学习、专家培训等方式予以发现、改变。因而，学校要加强教师校本培训，不断提升教师的理论素养与批判性反思能力。

第三项修炼是建立共同愿景（Building Shared Vision）。共同愿景是指组织成员与组织拥有共同的目标。就作业设计而言，学校和教师群体的共同愿景指向改变教学方式，减轻学生负担，促进深度学习的发生，最终实现轻负高质。那么，作业设计是否促进了共同愿景的达成，即是否引导、促进了教学方式的变革，是否减轻了学生负担，是否促进了学生深度学习发生，应成为判断作业设计质量的重要标准。当教师将共同愿景融入相关思考，转化成讨论语言，作业设计的分析与改进就会更加生动和深入。

第四项修炼是团队学习（Team Learning）。团队学习是建设学习共同体的关键。团队学习追求 1+1 > 2。每个教师都努力学习、自我超越，而且在教研活动中充分发表见解，与同事展开有启发性的对话，就可以发现自己原本视而不见的问题，形成新的思考和创意，找到突破现状的新思路。团队学习的氛围很重要，教研组内要形成相互尊重、相互支持的心理氛围。值得注意的是，目前，很多学校都会评选骨干教师或学科带头人，在教研组中还推行师徒制。在这种体制下，要适当给骨干教师“祛魅”，在师傅与徒弟之间建立平等对话的机制，这样才更有可能突破不合理的心智模式，实现新的突破。

第五项修炼是系统思考（Systems Thinking）。系统思考是一种综合分析系统内外反馈信息、非线性特征和时滞影响的整体动态思考方法。作业设计的反思与改进需要系统思考。一份作业设计得好不好，需要从多个方面——如课标、教材、教学重难点、学情、后续学习等——进行系统判断。有时候，一份作业从某个标准看是好的，但换个视角和标准就有问题。比如，有的教师设计的实践性作业，情境和任务很真实，但换个角度就发现这一情境下的任务可能涉嫌侵犯学生的家庭隐私权，那么这份作业就需要改进。增加系统思考，而不是顾此失彼，才能更好地反思与改进作业设计，促进教师个人专业发展与群体共同进步。

促进教师专业成长

教师是教学的实施者和学生学习的促进者，也是作业设计的主体。教师是促进作业设计质量提升的关键。教师的素质决定作业设计的质量，也在很大程度上影响课程改革的深度、教学方式转变的力度，以及教育质量提升的幅度。

教师需要学习

教师在学生阶段做过不计其数的作业，从学校毕业做了教师之后也给学生布置过很多作业，但不是每个教师都能设计出高质量的作业。本书在前面各章一直在探讨作业设计如何改进，在很多章的末尾，我们还总结了作业设计 AB 案，让大家看到一份作业怎样通过反思与改进，实现“华丽的转身”。每一次作业设计的“转身”，都使我们深切意识到，要促进作业设计质量提升，教师需要学习。

在我国，教师在职前教育阶段学习的内容主要包括教育基本原理、课程与教学论、学习心理、儿童发展心理、心理辅导、班级管理等，关于作业设计以及与作业设计相关的内容（如课程标准、学业质量标准、教学活动设计、评价设计等）相对较少，而且这些内容理论性较强，操作性略显不足。当教师走上工作岗位，自己设计作业的能力就比较薄弱，主要是从教材和练习册中选择一些题目作为作业，布置给学生。

作业设计能力不足，教师不仅难以根据教学需要独立设计作业，而且选择作业时也无从下手，随意性比较大，这直接导致作业难以达到预期的效果。如果教师的作业设计能力有所提升，他就能评判作业的质量，基于反思有针对性地改进作业设计。从作业设计 AB 案中每一次从 A 案到 B 案的转变过程来看，一名会分析与改进作业设计的教师，就知道如何教，就可以教得更好。

教师需要学习什么

要做好作业设计，不断提升作业设计质量，教师需要具备什么素养？需要学习什么？我们可以通过关键事件访谈，试图获得能回答这些问题的信息。我们可以对一些擅长作业设计的教师或教研员实施访谈，让他们介绍自己认为设计得最好的三份作业，说说为什么这样设计而不那样设计。访谈多人后，可以从中归纳出做好作业设计所需要的素养。从内容角度来看，为了提升作业设计质量，教师需要重点关注以下几个方面：

教育心理学

在第二章，我们阐释了作业设计的学习心理学基础。学习心理学是专门研究人类（主要是学生群体）学习的一门科学，探讨学习的本质与发生机制，可以为作业设计提供丰富的启发。实际上，学习心理学是教育心理学的一个分支。教育心理学主要研究教育教学情境中教师教与学生学的相互作用过程中的心理现象，其重点是把心理学理论或研究成果应用在教育实践中，以有效促进人类的学习与发展。教育心理学所涉及的很多理论知识可以为作业设计提供理论启发。

举例来说，认知心理学重视变式在教学中的应用。认知心理学家认为，在一般性、包摄性较广的陈述性知识教学中，除了要唤起学生已有的相关概念外，还需要为学生提供一些他们不曾了解的、与已有认知结构有差异的实例，使学生全面掌握该知识，把握概念或命题的本质。[4] 这就是变式的价值，它通过变换同类事物的非本质表现形式，变更观察事物的角度和方法，突出事物的本质特征，突出那些隐蔽的本质要素，让学生在变式中掌握事物的本质和规律。受此启发，教师在作业设计中要用好变式。某位四年级数学教师在讲授相遇问题时，在课上呈现了两个人用不同的速度相向而行的情境，让学生通过多种方式计算两人何时能够相遇。在课上讲解随堂作业或课后作业时，教师可以使用变式，创设变化的情境，提出不同的任务。如，两个人从不同的地方开车出发去同一个地点会合，其中 A 和 B 到会合地点的距离、A 和 B 的速度已知，而且 A 和 B 到会合地点的距离不同，A 和 B 的速度也不同，问两人要同时到达，那么谁应该先出发，后出发的人可以晚多长时间出发。这道数学作业题的本质是一个相遇问题，但与课上示例存在很多差异，学生要在变式中建构出基本数学模型，把握相遇问题的本质，才能解决这个问题。包含变式的作业拓展了学习的深度，促进了知识的掌握与巩固。

教育心理学之父

教育心理学之父是桑代克（Edward Lee Thorndike，1874—1949）。他是美国心理学家、动物心理学的开创者、心理学联结主义的建立者和教育心理学体系的创始人。尽管桑代克的部分见解受到很多反驳，引发了不少争议，但他的学习理论在心理学史中始终占有重要地位。

桑代克的主要贡献如下：（1）创立教育心理学学科，使教育心理学从教育学和儿童心理学中分化出来，成为一门独立的学科；（2）借用大量生物学和生理学概念，建立联结主义心理学说，其结论大多建立在心理学实验基础上，为实验心理学的发展做出了贡献；（3）发展古典联结主义心理学，强调情境与反应之间的联结，将完全客观的参照系与他的心理学理论结合起来。

课程理论

课程（curriculum）一词是从拉丁语“currere”一词派生而来的，其本意是跑道。依据这一词源，最常见的课程定义是“学习的进程”（course of study），这种解释在英文词典中比较普遍。现在，人们通常用课程指代学生在学校应学习的学科总和及其进程安排。课程是对教育目标、教学内容、教学活动方式的规划和设计，是教学计划、教学大纲等诸多方面实施过程的总和。因而，课程理论研究的是课程目标定位、课程内容编制、课程实施方式、课程评价方法等。课程理论流派多种多样，不同理论流派有不同的课程观、教师观和学生观。埃利斯将课程理论分成进步主义课程、学习者中心课程、社会中心课程、知识中心课程等几种理论模式，每一种课程理论模式都可以为作业设计提供启示。比如，学习者中心课程理论特别强调尊重学习者的兴趣，因而教师在作业设计中要尽量联系学习者熟悉或未来会接触的情境，提出对学习者有意义、有吸引力的任务，让学习者学习他们真正感兴趣的东西。[5]59 社会中心课程理论强调探究和解决社会问题，教师要创设真实的生产生活情境，引导学生通过协作努力解决问题[5]83–90，所以教师要加强综合性作业、跨学科作业、实践性作业的设计。

现代课程理论之父

现代课程理论之父是泰勒（Ralph W. Tyler，1902—1994）。二十世纪三四十年代，他参与了美国教育史上著名的八年研究，提出两条基本原理：一条是评价设计原理，以《成就测验的编制》为书名于1934年首次发表，这为他赢得了现代教育评价之父的美誉；另一条是课程编制原理，1949年以《课程与教学的基本原理》为书名出版，这本书后来被称为“现代课程理论的圣经”，使泰勒被誉为现代课程理论之父。

在《课程与教学的基本原理》中，泰勒提出了课程编制的四个基本问题：学校应该追求哪些目标？提供哪些教育经验才能实现这些目标？怎样才能有效组织这些教育经验？如何确定这些目标正在得以实现？这四个基本问题对应了课程编制中目标、内容、教学实施、评价四个方面。这种以目标为中心的课程开发模式对作业设计具有直接的启发。

学科教学知识

学科教学知识（Pedagogical Content Knowledge，PCK）是教师关于如何将自己所知，以学生易理解的方式加工、转化、表达与传授给学生的知识。

PCK是教师最重要的必备素质之一，是最有用的知识。格罗斯曼（Pamela L. Grossman）将学科教学知识分为四种类型：关于学科性质和哪些学科内容更重要的知识；关于学生对某一课题理解和误解的知识；关于课程和教材的知识；关于特定主题教学策略和表征的知识。[6] 每类知识对于作业设计都非常重要。作业应该针对更重要的学科内容，越是学生容易出错的地方，教师越应该针对其设计作业帮学生加以辨别和巩固。作业设计是教师综合运用PCK及其他相关理论、政策和知识的结果。

教育政策

党的十八大以来，中共中央、国务院就教育改革颁布了诸多政策，不少政策都与作业设计息息相关。本书第三章已经对现有与作业设计相关的政策进行了系统梳理。教师要加强政策意识，用政策引领作业设计。2020年10月，中共中央、国务院颁布《深化新时代教育评价改革总体方案》，强调坚决克服唯分数、唯升学、唯文凭、唯论文、唯帽子的顽瘴痼疾，系统推进教育评价改革，发展素质教育，用新的教育发展观、人才成长观、选人用人观，推动构建服务全民终身学习的教育体系，努力培养担当民族复兴大任的时代新人，培养德智体美劳全面发展的社会主义建设者和接班人。[7] 作业作为重要的教学与评价活动，要贯彻落实新的作业质量观，不仅要指向基础知识与基本技能的掌握，更要面向学生的全面发展与核心素养。

教育评价

教育评价是考查学生达成既定目标程度的手段。很多时候作业都带有评价功能，如随堂作业和家庭作业都可以发挥评价功能。因此，教师要掌握教育评价、测验与考试的相关知识，特别是要树立与加强效度意识，也就是学会分析作业是否能准确评判学习目标的达成程度。如果作业意欲评价A目标的达成程度，然而通过作业收集的数据却不能让教师对A目标达成度做出准确判断，那么这份评价性作业的效度就亟待改进。在培育核心素养备受关注的背景下，怎样理解某一特定核心素养，如何将核心素养目标操作化，以及设计的作业能否帮助教师就学生的核心素养表现做出有效的推论，需要给予高度重视。

综上，作业设计看上去是小事，但要做好作业设计，需要教师具备深厚的理论基础和丰富的知识结构。此外，教师还要发展研究意识、批判性思考能力以及创造性，才能发现已有作业设计中的潜在问题，并提出有针对性的改进意见，切实促进作业设计质量不断提升。

作业设计 AB 案

作业设计 A 案是教师设计或布置的作业，B 案则是我们针对相同或相似目标设计的改进作业。从 A 案到 B 案，作业设计实现了一次“华丽的转身”。在每一章结尾，我们将正文中提及的作业设计改进过程，总结在作业设计 AB 案对比表中，供大家在对比中学习与思考。

序号	内容	A 案	B 案
1	六年级语文《夏天里的成长》	读课文，找出课文的中心句，说说课文是怎样围绕中心句来写的。（参见本书第 262 页）	《夏天里的成长》一文分三个方面，围绕“夏天是万物迅速生长的季节”，层层深入地展开写作。请你多读几遍这篇课文，总结课文围绕中心意思写作的技巧，至少写 3 点。如果你发现的不止 3 点，可以多写，越多、越具体，越好。（参见本书第 263 页）

续表

序号	内容	A案	B案
2	五年级语文《自相矛盾》	背熟课文，用自己的话把《自相矛盾》的故事引人入胜地讲出来。（参见本书第 265 页）	背熟课文，用自己的话给身边人讲一讲《自相矛盾》的故事，要求讲得生动，有吸引力，特别是把路人的思维过程讲全面、讲清楚。（参见本书第 265 页）

思考与练习

1. 校本教研可以针对课程、教学、作业和考试评价等育人关键环节展开。为什么当下特别强调以作业设计研究为重点？请谈谈你的认识。

2. 开发作业质量评估工具可以有力推动作业设计研究。请以教研组为单位，通过讨论设计一份适合本学段、本学科的作业质量评估核查表。

3. 要做好作业设计，不断提升作业设计质量，教师需要接受多方面的培训。哪些内容的培训相对更重要？请你说一说，并把你对校本培训的建议提供给学校。

本章参考文献

[1] 教育部办公厅 . 关于加强义务教育学校作业管理的通知 [EB/OL]. (2021-04-25)[2022-01-05]. http://www.moe.gov.cn/srcsite/A06/s3321/202104/t20210425_528077.html.

[2] 教育部 . 关于加强和改进新时代基础教育教研工作的意见 [EB/OL]. (2019-11-20)[2022-01-05]. http://www.moe.gov.cn/srcsite/A06/s3321/201911/t20191128_409950.html.

[3] 圣吉 . 第五项修炼：学习型组织的艺术与实践 [M]. 张成林，译 . 2 版 . 北京：中信出版社，2018.

[4] 褚小婧，张维忠 . 从认知心理学对知识的分类看数学变式教学 [J]. 阜阳师范学院学报（自然科学版），2007（03）：85-88.

[5] 埃利斯 . 课程理论及其实践范例 [M]. 张文军，译 . 北京：教育科学出版社，2005.

[6] GROSSMAN. A study in contrast: sources of pedagogical content knowkedge for secondary english. Journal of Teacher Education, 1989, 40(5)：24-31.

[7] 中共中央，国务院 . 深化新时代教育评价改革总体方案 [EB/OL]. (2020-10-13)[2021-10-13]. http://www.gov.cn/zhengce/2020-10/13/content_5551032.htm.